Gesamtkurs
Latein

Ausgabe **B**

Band 2

C.C. BUCHNER

Campus

Gesamtkurs Latein. Ausgabe B

Herausgegeben von Clement Utz (Regensburg), Andrea Kammerer (Schwabach) und Reinhard Heydenreich (Fürth).

Erarbeitet von Dr. Wolfgang Freytag (München), Johannes Fuchs (Passau), Reinhard Heydenreich (Fürth), Ulf Jesper (Kiel), Andrea Kammerer (Schwabach), Elisabeth Kattler (Würzburg), Birgit Korda (Freising), Dr. Michael Lobe (Nürnberg), Diana Lohmer (Cham), Dr. Stefan Müller (Hagen), Dr. Wilhelm Pfaffel (Regensburg), Andreas Rohbogner (Altötting), Dr. Anne Uhl (Buxtehude), Clement Utz (Regensburg) und Christian Zitzl (Freyung).

Band 2 wurde bearbeitet von Johannes Fuchs, Reinhard Heydenreich, Ulf Jesper, Andrea Kammerer, Elisabeth Kattler, Birgit Korda, Dr. Michael Lobe, Diana Lohmer, Dr. Stefan Müller, Dr. Wilhelm Pfaffel, Clement Utz und Christian Zitzl.

1. Aufl. 1 $^{6\,5\,4\,3\,2\,1}$ 2012 11 10 09
Die letzte Zahl bedeutet das Jahr dieses Drucks.
Alle Drucke dieser Auflage sind, weil unverändert, nebeneinander benutzbar.

© C.C. Buchners Verlag 2009
Das Werk und seine Teile sind urheberrechtlich geschützt. Jede Nutzung in anderen als den gesetzlich zugelassenen Fällen bedarf der vorherigen schriftlichen Einwilligung des Verlages. Hinweis zu § 52 a UrhG: Weder das Werk noch seine Teile dürfen ohne eine solche Einwilligung eingescannt und in ein Netzwerk eingestellt werden. Dies gilt auch für Intranets von Schulen und sonstigen Bildungseinrichtungen.

www.ccbuchner.de

Lektorat: Bernd Weber
Illustrationen und Karten: tiff.any GmbH / Heimo Brandt, Berlin
Gestaltung und Satz: creo Druck & Medienservice GmbH, Bamberg / Ines Müller, Bamberg
Druck und Bindung: creo Druck & Medienservice GmbH, Bamberg

ISBN 978-3-7661-7802-2

Hinweise zur Konzeption und zur Arbeit mit *Campus*

Das Lehrwerk *Campus* bietet einen systematischen und altersgerechten Latein-kurs für den Sprachunterricht. Die **Grammatikstoffe** werden kleinschrittig und behut-sam vorgestellt, intensiv eingeübt und von Beginn an verlässlich in ansprechenden Texten repräsentiert. Das **Vokabular** basiert auf den statistischen Untersuchungen des Bamberger Wortschatzes und bezieht darüber hinaus den sog. Kulturwortschatz ein.

Jeder Band enthält den Stoff eines Schuljahres und ist in zwei Teile gegliedert: Teil 1 umfasst die Lektionen mit Texten und Übungen, Teil 2 Wortschatz und Grammatik. Das Buch für das zweite Lernjahr bietet fünf Themenkreise aus der antiken Welt. Jeder Themenkreis wird durch eine Doppelseite mit den nötigen Basisinformationen einge-leitet. Diese enthält – in den weiß unterlegten Flächen – das **kulturkundliche Grundwissen**, das mit dem Schriftzug *fundamentum* gekennzeichnet ist.

Jede **Lektion** umfasst eine Doppelseite, die den Stoff übersichtlich und leicht zugäng-lich vorstellt; diese hat regelmäßig folgendes Aufbauschema (vgl. S. 4 f.):

❙ Linke Seite (enthält keinen neuen Wortschatz, allenfalls einige Vokabeln, die den neuen Grammatikstoff repräsentieren):

E Lateinischer Text zur Einführung des Grammatikstoffs
Ü Aufgaben zur (ersten) Übung des Grammatikstoffs
I Sachinformation zum kulturellen Hintergrund der Lektion

❙ Rechte Seite (enthält den gesamten neuen Wortschatz):

T Lektionstext mit dem aktuellen Grammatikstoff und allen neuen Vokabeln
V Aufgaben zur inhaltlichen und sprachlichen Vertiefung

Für die Behandlung einer Lektion bieten sich – vereinfacht dargestellt – **zwei metho-dische Verfahren** an:

von links nach rechts: ❙ Behandlung des Grammatikstoffs und ggf. seiner Repräsentanten im Vokabular (E) ❙ Einübung des Grammatikstoffs (Auswahl aus Ü) ❙ Übersetzung und Erschließung des Lektionstextes, Erarbeitung des (restlichen) Lek-tionswortschatzes (T, V a) ❙ Sprachliche Vertiefung (Auswahl aus V)

von rechts nach links: ❙ Behandlung des Lektionstextes (T, V a) ❙ dabei: Erarbeitung des Grammatikstoffs und des Vokabulars (T) ❙ Einübung des Grammatikstoffs (Auswahl aus Ü, E) ❙ Sprachliche Vertiefung (Auswahl aus V)

Die Behandlung der Lektionstexte ist verbindlich; die anderen Bestandteile der Doppel-seiten sind ein **Angebot**, aus dem die Lehrkraft gezielt auswählen muss.

Weiteres **fakultatives Zusatzmaterial** – beispielsweise für Intensivierungsstunden – bieten die neun *plus*-Lektionen, die den Stoff der jeweils vorangegangenen Kapitel umwälzen und vertiefen.

Bei der **Zeitplanung** sollte man Folgendes berücksichtigen:

❙ Für eine Lektion können (bei vier Stunden pro Woche) gut 3,5 Unterrichtsstunden veranschlagt werden, wenn man auf die *plus*-Lektionen verzichtet.

❙ Durchschnittlich drei Unterrichtsstunden sind pro Lektion anzusetzen, wenn man alle *plus*-Lektionen in den Unterricht integrieren möchte.

Die Lektion – Auf einen Blick

Linke Seite

keine neuen Vokabeln
Ausnahme: beispielhafte Repräsentanten des neuen Grammatikstoffs

Einfacher Text:
gezielte **Einführung** bzw. Systematisierung des neuen **Grammatikstoffs**

Übungen
präzise und kleinschrittige Festigung der Grammatik, steigernde Anordnung, von der Einzelform zum Kontext

Kleiner Text,
als **Hausaufgabe** geeignet (hier Ü f)

Sachinformation
Vorbereitung auf T

8

Illustration
motivierender Einstieg in E

E
1. Dominus servam monere debet. Serva cibos parare debet.
2. Serva semper cibos domini parat.
3. Dominus vocat: „Para cibos, Homilia! Parate cibos, servi!"
4. Syrus: „Statim cibos paro."
5. Syrus et serva cibos parant.
6. Cornelia intrat et rogat:
7. „Cur cibos paras, Homilia? Cui cibos paratis, servi?"
8. Homilia et servus: „Domino cibos paramus."

Ü
a) Ordne jedem Wortstamm eine Endung zu. Übersetze die gebildeten Verbformen:

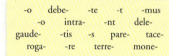

b) Konjugiere:
1. rogare et gaudere 2. intrare et videre
3. vocare et tacere 4. parare et parere

c) Irrläufer. Eine Verbform hat sich verirrt und gehört nicht in die Reihe. Begründe:
1. intramus - paremus - rogamus - vocamus
2. dolent - rogant - terrent - parant - monet
3. gaudes - taces - vides - pares - paras
4. paro - pareo - gaudes - terreo - taceo

d) Cornelia und Julia spielen. Sie springen imm[er] vom Singular in den Plural und umgekehrt: intro, rogat, mones, parant, timemus, voca[t], rogamus, vocant, paratis, paretis, dolent

e) Regentropfen haben die Endungen unleserli[ch] gemacht. Ergänze sie und übersetze:
Servi cibos para◊◊. Syrus puellas statim voca◊. Iulia intra◊: „Cur voca◊, Syre? Et cur cibos para◊◊◊, servi?" Statim Syru[s:] „Domino cibum para◊◊ debemus. Itaque cibos para◊◊◊. Domino et amicis placet cibos habere." Iulia: „Para◊◊ cibos, servi!"

f) 1. Quis ibi vocat? Iulia vocat. 2. Avus et Cornelia rident et gaudent. Nam amica puellae villam domini intrat. 3. Dominus servas vocat. Servae domino parent et statim cibos parant.

T
Das Abendessen
Ganz Rom freute sich auf die wichtigste Mahlzeit des Tages, die cena. Da man Heizmaterial und Beleuchtung sparen musste, fand die cena normalerweise am späteren Nachmittag bis zum Einbruch der Dunkelheit statt. Bis zur cena blieb bei den meisten Römern die Küche kalt. Die cena war Mittelpunkt des Familienlebens und bestand aus mindestens drei Gängen: Vor-, Haupt- und Nachspeise. Bei keiner Vorspeise durften Eier fehlen. Den Hauptgang bildeten Fisch- und Fleisch[ge]gerichte. Zum Nachtisch gab es meist mit Honig bestr[i]chene Süßigkeiten. Der Tisch der einfacheren Leu[te] war nicht so reich gedeckt. Sie aßen häufig einen Br[ei] aus Getreide oder Bohnen, dem man auch ander[es] Gemüse hinzufügte. Fleisch gab es sehr selten, au[ch] Fisch konnte man sich nicht täglich leisten.

34   a-Konjugation

Auf den **Lektionsdoppelseiten** ist nur die Behandlung des **T-Stückes** obligatorisch. Alle anderen Elemente – hier grün unterlegt – stellen ein Angebot dar, aus dem die Lehrkraft eine Auswahl nach methodischen und didaktischen Kriterien treffen wird.

Die römisch bezifferten *plus*-**Lektionen** haben fakultativen Charakter: Sie bieten keinen neuen Wortschatz und keinen neuen Grammatikstoff. Sie dienen der Festigung und Vertiefung der unmittelbar vorausgegangenen 3-4 Lektionen. Über ihre Durchnahme wird die Lehrkraft nach Bedarf entscheiden.

Die Lektion – Auf einen Blick

Rechte Seite
alle neuen Vokabeln

Zum Abendessen: Käse und Oliven

Der Sklave Syrus soll in Rom bei Julias und Cornelias Eltern übernachten und am nächsten Morgen zum Großvater, seinem Besitzer, zurückkehren. Die Mutter Corinna arbeitet schon nebenan in einer kleinen Küche. Syrus schaut ihr dabei zu, während die Töchter noch auf der Straße mit ihrem Freund Gajus spielen.

Syro servo placet dominae respondere et dominam rogare; nam linguam nunc amat. Dominam rogat: „Cur tu[1] cibos paras, domina? Cur tu laboras, domina? Cur puellae non laborant?"
Itaque Quintus puellas nunc vocat: „Iulia, propera! Cornelia, propera!
5 Properate! Cenam parare debetis." Filiae properant; statim intrant. Et Gaius amicus intrat.

Quintus: „Parate caseum[2] et olivas[3], filiae! Tum mensam ornate!"
Puellae: „Primo mensam ornamus. Tum caseum paramus, ... non olivas. Nam Gaius olivas non amat."
10 Gaius: „Sic est. Olivas non amo, sed caseum et fabas[4] amo."
Corinna: „Parate amico fabas, filiae! Sic amicum
15 delectatis." Profecto Gaius amicus gaudet; itaque Corinnae gratiam habet.

tū
du

cāseus
Käse
olīva
Olive

faba
Bohne

Zentraler Lektionstext mit dem aktuellen Grammatikstoff und allen neuen Vokabeln — T

Abbildung
Auseinandersetzung mit T und I

Vom Speisezettel der Römer: Brötchen, Eier, Oliven, Artischocken, Schnecken und verschiedene angemachte Speisen.

a) Entscheide, ob die folgenden Aussagen richtig, falsch oder nicht in T enthalten sind:
1. Dominus puellas vocat. 2. Filiae statim intrant. 3. Servus copias complet.
4. Puellae olivas (Oliven) parant. 5. Gaius olivas non amat. 6. Gaius Quinto gratiam habet.

b) Ergänze die Prädikate in der angegebenen Form und übersetze:
1. Muros (augere, 3. Pl.) 2. Filiam (amare, 1. Sg.) 3. Turbam (videre, 1. Pl.)
4. Amicos (vocare, 2. Pl.) 5. Domino (parere, 1. Sg.) 6. Insulam (intrare, 2. Sg.)
7. Amicas (delectare, 2. Pl.) 8. Mensam (ornare, 3. Sg.)

c) *Iulia* Immer ich!
1. Die Herrin bereitet Speisen vor. Deshalb ruft sie Claudia und Tullia: „Ihr müsst arbeiten, Töchter! Bereitet das Essen vor und schmückt den Tisch!" 2. Claudia: „Immer muss ich arbeiten, immer muss ich gehorchen, immer muss ich eilen." 3. Tullia: „Immer arbeite ich, immer gehorche ich." 4. Die Mädchen: „Immer eilen wir, immer bereiten wir Speisen vor. Niemals sehen wir die Freundinnen."

V

Vertiefende Aufgaben

Inhaltliche Aufgabe:
Erfassung / Erschließung von T, ggf. weiterführende Recherche oder produktive Rezeption (hier V a)

Aufgabe(n):
zusammenfassende **Sicherung** des neuen Grammatikstoffs (hier V b)

Kleiner **Text** mit hoher Repräsentanz der neuen Vokabeln, als **Hausaufgabe** geeignet (hier V c)

Ferien – Auf dem Land   35

Theater, Thermen, Spiele – Freizeit der Römer 12

45 Aufregung auf der Pferderennbahn 14
- W Wortschatz 108
- F Verben: ire und Komposita 109

XIV *plus* Tarquinius – Wohltäter oder Tyrann? 16

46 So ein Angeber! 18
- W Wortschatz 110
- F Demonstrativpronomina: hic und ille 111
- S Demonstrativpronomina hic und ille: Verwendung 111
- M Wörter wiederholen: vergessene Vokabeln sichern 112

47 Thermen – Erlebnisbäder der Antike 20
- W Wortschatz 113
- F Adjektive: 3. Deklination (einendige) 114
- S Adjektive: Substantivierung 114

48 Ein Kampftag in der Arena – der Vormittag 22
- W Wortschatz 115
- F Verben: Passiv (Präsens) 116
- S1 Verwendung des Passivs 118
- S2 Wiedergabe des Passivs 118
- S3 AcI im Passiv (Präsens) 118

49 **Ein Kampftag in der Arena – der Nachmittag** 24

  W Wortschatz 119
  F Verben: Passiv (Imperfekt) 120
  M Wörter lernen: individuelle Lernstrategien entwickeln 120

50 **Eine künstliche Seeschlacht** 26

  W Wortschatz 122
  M Formen unterscheiden: Das Hilfsverb „werden" 122

XV *plus* Das Kolosseum – das achte Weltwunder 28

Geheimnisvolle Nachbarn – Rom und die Etrusker 30

51 **Ein Diebstahl mit Folgen** 32

  W Wortschatz 123
  F Substantive: 3. Deklination (Neutra) 124

52 **Ein Buch und seine Geheimnisse** 34

  W Wortschatz 125
  F Verben: Passiv (Futur I) 126

53 **Ein Zeuge berichtet** 36

  W Wortschatz 127
  F1 Substantive: 3. Deklination (i-Stämme) 128
  F2 Grundzahlen 1–20 129
  F3 Deklination von unus, duo und tres 129

54 **Was die Leber verrät** 38

  W Wortschatz 130
  F Substantive der 3. Deklination: Zusammenfassung 131

XVI *plus* Brot und Spiele 40

55 **Auf der Spur** 42

  W Wortschatz 132
  F Verben: Passiv (Perfekt) 133
  S1 Verwendung des Perfekt Passiv 133
  S2 AcI im Passiv (Perfekt) 134

56 **Der Sklave packt aus** 44

  W Wortschatz 135
  F1 Verben: Stammformen 136
  F2 Ordnungszahlen 136

57 **Ein schnelles Ende** 46

  W Wortschatz 137
  F Verben: Stammformen 138

XVII *plus* Das geheime Wissen der Etrusker 48

Menschen und Götter – die Welt der Mythen

50

58 **Europa und der Stier** **52**

W Wortschatz 139
F Verben: Passiv (Plusquamperfekt, Futur II) 140
S1 Verwendung des Plusquamperfekt Passiv 140
S2 Verwendung des Futur II Passiv 140

59 **Ein Ende der Qualen** **54**

W Wortschatz 141
S1 Genitiv der Beschaffenheit 142
S2 Ablativ der Beschaffenheit 142

60 **Flugpioniere** **56**

W Wortschatz 143
S Verwendung des Partizip Perfekt Passiv (PPP) 144
M Übersetzen: Partizipien analysieren 146

Spezial Kreta und die minoische Kultur **58**

61 **Allein auf Naxos** **60**

W Wortschatz 148
M Übersetzen: Partizipien wiedergeben 149

XVIII *plus* Proserpina – eine Königin für die Unterwelt **62**

62 **Göttlicher Zorn** **64**

W Wortschatz 150
F Pronomen ipse 151
S1 Pronomen ipse: Verwendung 152
S2 Doppelter Akkusativ 152

63 **Ein verbotener Blick** **66**

W Wortschatz 153
F Verben: Partizip Präsens Aktiv (PPA) 154
S Verwendung des Partizip Präsens Aktiv 154

64 **Die Götter kann man nicht betrügen** **68**

W Wortschatz 156
S Partizip als Adverbiale: Überblick 157

XIX *plus* Proserpina – der Kompromiss zwischen Pluto und Ceres **70**

Rom in Gefahr – die Zeit der Republik 72

65 Vom Befehlshaber zum Schuldknecht 74

W Wortschatz 159
S1 Verben mit abweichender Kasusrektion 160
S2 Verben mit unterschiedlicher Kasusrektion 161

66 Am Ende siegen die Frauen 76

W Wortschatz 162
S1 Dativ des Zwecks 163
S2 Dativ des Vorteils 163
S3 Partizipien: Substantivierung 163

67 Wer rettet das Kapitol? 78

W Wortschatz 164
F Pronomen idem 165
S Korrelativa 165

XX *plus* Der Streit zwischen dem Magen und den Gliedern 80

68 Ein kindlicher Schwur 82

W Wortschatz 166
F Verben: Konjunktiv Imperfekt 167
S Konjunktiv Imperfekt als Irrealis der Gegenwart 168

69 Die Karthager auf dem Gipfel 84

W Wortschatz 169
F Verben: Konjunktiv Plusquamperfekt 170
S Konjunktiv Plusquamperfekt als Irrealis der Vergangenheit 170

70 Hannibal ante portas! 86

W Wortschatz 171
S1 Gliedsätze als Objekt: Begehrsätze 172
S2 Genitiv der Zugehörigkeit 172

71 Das bittere Ende der Geometrie 88

W Wortschatz 173
M1 Übersetzen: Modi wiedergeben 173
M2 Sprache betrachten: Verbformen analysieren 174

XXI *plus* Was wäre gewesen, wenn …? 90

9

Götter, Kulte und Orakel –
Aspekte des religiösen Lebens 92

72 Der Rat des Orakels 94

- W Wortschatz 175
- S1 Genitivus subiectivus / obiectivus 176
- S2 Gliedsätze als Adverbiale (konsekutiv, final) 177
- M ut und ne: Bedeutungen unterscheiden 178

73 Ein gefährlicher Kult 96

- W Wortschatz 179
- F Demonstrativpronomen iste 180
- S1 Demonstrativpronomen iste: Verwendung 180
- S2 Prädikativum 180

74 Augustus und die Götter 98

- W Wortschatz 182
- F Indefinitpronomen quidam 183
- S1 Indefinitpronomen quidam: Verwendung 183
- S2 Gliedsätze als Adverbiale (temporal, kausal, konzessiv, adversativ) 184
- M cum: Bedeutungen unterscheiden 186

75 Sündenböcke gesucht! 100

- W Wortschatz 187
- M Texte erschließen: Pro-Formen nutzen 187

XXII *plus* Hilfe für den Mitmenschen 102

Tabellarium	190
Stammformen wichtiger Verben	203
Grammatisches Register	210
Lateinisch-deutsches Register	213
Eigennamenverzeichnis	227
Zeittafel zur römischen Geschichte	240
Das Stadtzentrum von Rom	242
Abkürzungen / Bildnachweis	244

Theater, Thermen, Spiele – Freizeit der Römer

Heutzutage gibt es zahlreiche Möglichkeiten, seine Freizeit zu verbringen: Kino, Theater, der Besuch großer Sportereignisse oder Ausflüge in Freizeitparks, Zoos, Erlebnisbäder und vieles andere mehr. Auch die Römer kannten Massenvergnügungen, wie den Besuch in den Thermen und im Theater, Gladiatorenkämpfe und Tierhetzen im Amphitheater, Pferderennen, ja sogar nachgestellte Seeschlachten. Anders als heute aber fanden im alten Rom die „Spiele" – wie diese Großveranstaltungen genannt wurden – anlässlich religiöser Feste oder militärischer Siege statt, um beim römischen Volk ein Gemeinschaftsgefühl zu schaffen. In der Kaiserzeit schließlich dienten die von den Herrschern veranstalteten Spiele und Getreidespenden dazu, das einfache Volk von seiner Armut abzulenken – das ist der Sinn des berühmten Spruchs „Brot und Spiele" (panem et circenses).

Thermen
fundamentum

Die Römer hatten eine hochentwickelte Badekultur: Seit dem 2. Jh. v. Chr. gab es einfache Bäder für alle, die in der Kaiserzeit zunehmend luxuriöser wurden: Den Namen „Thermen" erhielten sie wegen ihrer Warmbecken und Dampfbäder – nach dem altgriechischen Adjektiv thermós („warm", vgl. „Thermoskanne"). Am ehesten sind die kaiserzeitlichen Thermen mit modernen Erlebnisbädern zu vergleichen, in denen es verschiedene Wellness-, Sauna- oder Sportangebote gibt. Neben Schwimmbecken und Gärten beherbergten manche dieser Badeanlagen Gymnastik- und Versammlungsräume, Bibliotheken und Geschäfte.

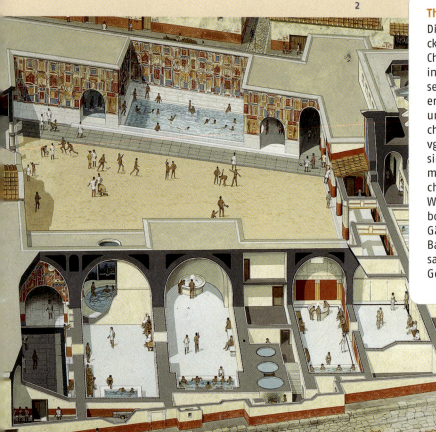

1 Zwei Komödienschauspieler. Terrakottafiguren von der griechischen Insel Lemnos. 1. Jh. v. Chr. Paris, Musée du Louvre.
2 Rekonstruktion der Stabianer Thermen in Pompeji. 1. Jh. n. Chr.
3 Kämpfende Gladiatoren. Römisches Relief. 2. Jh. n. Chr. Rom, Museo Nazionale delle Terme.
4 Alexander von Wagner: Das Wagenrennen. 19. Jh. Manchester, Art Gallery.

Theater und Amphitheater   *fundamentum*

Theaterstücke wurden bei den Römern zunächst unter freiem Himmel auf holzgezimmerten Bühnen gespielt. Die Schauspieler der Trauerspiele (Tragödien) und lustigen Stücke (Komödien) waren Sklaven oder Freigelassene, denn für frei geborene Römer galt es als unpassend, sich auf einer Bühne zur Schau zu stellen. Es spielten nur Männer – auch die Frauenrollen, was dadurch ermöglicht wurde, dass die Schauspieler Masken trugen.

Im Amphitheater wurden Gladiatorenkämpfe oder Tierhetzen ausgetragen. Auch die ersten Amphitheater bestanden aus Holztribünen, die rund um den Kampfplatz, die sog. Arena, gebaut waren und schnell wieder abgebaut werden konnten. Das bedeutendste Amphitheater aus Stein, das Kolosseum, erbauten die Kaiser Vespasian und Titus in den Jahren 72–80 n. Chr. in Rom.

Circus Maximus und Naumachie   *fundamentum*

Der Circus Maximus war eine riesige Rennbahn in Rom, auf der Wettrennen von Pferdegespannen stattfanden. Vieles ist mit heutigen Autorennen vergleichbar: Die Fans, die Fahnen mit den Farben ihres jeweiligen Lieblingsrennstalls schwenkten, die Spannung vor dem Start, bevor die Pferde aus den Boxen gelassen wurden, und die mitunter lebensgefährlichen Überholmanöver der Wagenlenker an den Wendemarken. Übrigens leitet sich unser Begriff „Zirkus" vom Circus Maximus her.

Das griechische Wort Naumachie heißt „Seeschlacht" und bezeichnet darüber hinaus auch die dafür gebaute Stätte, ein künstlich angelegtes Seebecken. Dabei kämpften meist Kriegsgefangene oder verurteilte Verbrecher in zwei Flotten gegeneinander.

Seinen Namen erhielt es, weil in unmittelbarer Nähe eine Kolossalstatue des Sonnengottes stand. Kolossal ist auch das Fassungsvermögen dieses Amphitheaters: 50.000 Zuschauer fanden darin Platz, so viele, wie heute in ein Bundesligastadion passen.

45

E
1. Tarpeia ad portam ire studet.
2. Tarpeia: „Praemium exspecto; itaque ad portam eo."
3. Milites Romani Tarpeiam vident et ad eam eunt.
4. Milites: „Cur nocte per urbem is, Tarpeia?"
5. Tarpeia: „Fontem peto. Etiamne vos ad fontem itis, milites?"
6. Milites: „Nos ad forum imus, Tarpeia."
7. Tandem Tarpeia ad portam it.
8. Sabini: „Iam ad portam iimus, mox in urbem ibimus."
9. Sabini portam adeunt.
   Tarpeia portam aperit et exit et dicit: „Inite, Sabini!"

Ü
a) Präsens oder Perfekt? Entscheide und übersetze:
it – iit – īsti – īstis – ītis – īs – iī – iimus – īmus – eō – eunt – iērunt

b) Formenstaffel
1. eo → Pl. → 3. Pers. → Perf. → Sg. → 1. Pers.
2. eunt → Sg. → Fut. → 2. Pers. → Pl. → 1. Pers.
3. ii → Pl. → 3. Pers. → Sg. → Plusqpf. → Pl.
4. adeo → 2. Pers. → Pl. → Impf. → Sg. → 1. Pers.
5. exit → Perf. → Pl. → 1. Pers. → Sg. → Plusqpf.

c) Zu welchem Tor geht Tarpeia? Folge den Formen von ire. ↓

e	u	m	i	u	s	i	e
o	i	b	a	m	a	i	e
s	b	o	b	i	m	i	o
t	i	s	i	t	i	b	i
i	o	t	e	g	b	e	n
e	r	a	m	e	u	n	e
u	n	h	e	u	s	t	u
p	o	l	t	s	s	i	m

porta I   II   III   IV

d) Kapitol, Aventin, Palatin, Caelius, Esquilin, Viminal, Quirinal – die sieben Hügel Roms
1. „In Capitolium imus. Ite nobiscum!"
2. „In Capitolium heri iimus. Hodie in Aventinum ibimus." 3. „Ego, si in Palatium iero, in Caelium ibo." 4. „I nobiscum in montem Esquilinum, amice!" 5. „Quis mecum in montem Viminalem ibit?"
6. „Ecce, multi cives in montem Quirinalem eunt."

I
Wagenrennen in Rom
Schon lange vor den Römern gab es Wagenrennen bei den Griechen und Etruskern. Zunächst standen diese Spiele in religiösem Zusammenhang, wurden aber bald um der bloßen Unterhaltung willen aufgeführt. In Rom wurde eigens dafür zwischen dem Palatin und dem Aventin der Circus Maximus angelegt, eine Pferderennbahn, die in der Kaiserzeit bis zu 250.000 Zuschauern Platz bot. Ein römisches Wagenrennen bestand normalerweise aus sieben Runden zu je 1.200 m um die Wendepfeiler. Die Wagen waren meist Zwei- oder Viergespanne. Auf den geraden Strecken erreichten die Gespanne bis zu 75 km/h, vor den Wendepfeilern wurde das Tempo auf ungefähr 25–30 km/h reduziert. Ein Rennen dauerte circa acht bis neun Minuten.

ire und Komposita

Aufregung auf der Pferderennbahn

König Tarquinius Priscus hatte den Circus Maximus erbauen lassen und lud das Volk zu einem Wagenrennen ein.

Parvus puer patrem rogavit: „Quin imus ad spectaculum, pater? I mecum, quaeso[1]!" Pater respondit: „Etsi multi homines ad spectaculum eunt, ego tecum ire non possum: Nam Publius mercator me exspectat."

Zum Glück für den Jungen hat ein Freund des Vaters das Gespräch mitbekommen und schlägt vor, den Jungen mitzunehmen:

„Ego cum puero Circum Maximum adibo, amice! Tu ad mercatorem
5 ibis." Id consilium patri placuit. Iam amicus et puer abibant. Paulo post locum spectaculi adierunt. Amicus: „Is locus, quem nunc iniimus, Circus Maximus est. Mox equos celeres videbis, puer. Ecce! Iam
10 quadrigae[2] e carceribus[3] exeunt. Videsne equos properare, audisne multitudinem hominum clamare? Ecce! Iam quadri-
15 gae quadrigas praetereunt. Sed quid id est? Equi ceciderunt! Di boni!"

[1] quaesō bitte

[2] quadrīgae, ārum Viergespann

[3] carcer, carceris Startbox

Wagenrennen im Circus Maximus. Aquarell von Peter Connolly.

Voller Spannung sieht der Junge zu, wie die übrigen Wagenlenker am Unfallgespann vorbeizukommen versuchen.

a) 1. Untersuche, mit welchen Mitteln der Freund das Interesse des Jungen an den Zirkusspielen zu wecken sucht. 2. Mit welchem heutigen Sportereignis lässt sich das Geschehen im Circus Maximus vergleichen? Führe die Parallelen auf, indem du von den Details in T ausgehst.

b) Ein aufdringlicher Kaufmann. Ergänze die verlangten Formen und übersetze dann:
1. Mercator magna voce clamat: „(adire, Imp. 2. Pl.), viri et mulieres! 2. Credite mihi: Si in tabernam meam (inire, Fut. II, 2. Pl.), diu non iam (exire, Fut. I, 2. Pl.).

c) Wettrennen mit zwei PS
1. Marcus et Secundus fratres matrem adierunt et rogaverunt: „Licetne nobis cum equis in campum exire?" 2. Mater cara id concessit. Paulo post fratres stabulum (Stall) inierant, equos eduxerant, campum petiverant. 3. Marcus: „Ecce, frater! Videsne silvam? Silva finis erit. Equus meus victor erit – ut ventus celer abibit. I, eque! Abi tandem, eque! Cur stas?" 4. Dum Secundus equum fratris praeterit, risit: „Sic abit gloria victoris!"

Theater, Thermen, Spiele – Freizeit der Römer

Tarquinius – Wohltäter oder Tyrann?

Nach der Vertreibung des Tarquinius herrscht Unsicherheit in Rom:

Postquam Tarquinius Superbus ab urbe abiit, cives magnam controversiam[1] habebant. „Regem quidem pepulimus, sed quid erit?", multi Romani magno cum metu et vultu tristi dicebant. „Reges tamquam patres populi Romani erant nobisque bene imperabant."

5 Alii etiam quaesiverunt: „Quis res adversas a populo Romano prohibebit? Quis salutem omnium civium ita curabit ut rex? An Brutus novus rex esse vult?"

Sed alii Brutum laudabant: „Tarquinium non solum regem malum, sed etiam tyrannum[2] crudelem fuisse constat. Multos homines torsit

10 et interfecit! Itaque Brutus non solum libertatem nobis dedit, sed etiam sceleratum pepulit. Tyrannum tam crudelem non iam habebimus; nam consules[3], quorum unus Brutus esse debet, cives curabunt et perniciem a re publica prohibebunt. Brutus libertatem nobis dedit. Itaque libertatem etiam servabit."

[1] contrōversia
Streit

[2] tyrannus
Tyrann, Gewaltherrscher

[3] cōnsul, is
Konsul (einer der beiden höchsten röm. Beamten)

---

a) Was bewegte die Bürger nach der Vertreibung des Tarquinius? Sortiere nach einem aufmerksamen Durchlesen die falsche Antwort aus:
- das Wohlergehen der Bürger
- die Befreiung durch Brutus
- die Rückkehr des Tarquinius

b) Versuche, vor der Übersetzung anhand von Wortfeldern und Satzzeichen zu erschließen, wie der letzte König Tarquinius Superbus im ersten Absatz und wie er im zweiten Absatz gesehen wird.

c) 1. In beiden Absätzen finden sich erst Perfekt- und Imperfekt-, danach Futurformen. Erkläre dieses „Tempusprofil" aus dem Inhalt.
2. Diskutiert darüber, ob in dem Text beide Sichtweisen des Tarquinius gleich gut begründet werden oder ob eine überzeugender dargestellt wird. Begründet eure Meinung durch Belege aus dem Text.

Der sog. Brutus Capitolinus: Das einzige erhaltene Bronzeporträt aus der mittleren Republik wird oft als Lucius Iunius Brutus gedeutet. 3.–1. Jh. v. Chr. Rom, Konservatorenpalast.

XIV plus

a) Tarquinius hat vor seiner Flucht aus Rom fünf Geheimschriften am Verb ire ausprobiert. Finde heraus, welche Geheimcodes er verwendet hat, und bestimme die Formen.

b) Doppelte Angst. Bilde die entsprechende Form von metus oder timor.
1. timorem et (metus) 2. (timor) et metu
3. (timor) et metui 4. timoris et (metus)
5. timor et (metus) 6. (timor) et metum
Hand und Schwert. Bilde die entsprechende Form von manus oder gladius.
1. (manus) et gladios 2. manibus et (gladius) 3. (manus) et gladium 4. manu et (gladius) 5. (manus) et gladiorum
6. (manus) et gladii 7. manui et (gladius)

c) Gib an, welche Veränderung vorgenommen wurde, um den jeweils nächsten Schritt zu erreichen. Beachte: Es gibt jeweils nur eine Veränderung; entweder ändert sich der Kasus oder der Numerus.
1. res → re → rem → res → rebus → re
2. die → diebus → dies → diem → diei → dierum
3. rem → res → rebus → rei → re → rebus
4. dierum → diei → diem → die → diebus → dierum

d) Tarquinius gibt nicht auf. Ergänze die Form im Perfekt durch eine entsprechende Form im Futur I nach folgendem Muster: Rex fui et [?].
Rex fui et ero. Übersetze dann.

Tarquinius secum cogitat:
1. Imperium tenui et [?]. 2. Cives me timuerunt et [?]. 3. Res malas feci et [?].
4. Populo Romano imperavi et [?].
5. Romani paruerunt et [?].

e) Wird Tarquinius zurückkehren? Bilde jeweils die passende Form des Adjektivs und übersetze dann.
1. „Tarquinium, regem (crudelis), etiam nunc timeo." 2. „Nondum vitam (dulcis) vivimus." 3. „Bellum (crudelis) me terret."
4. „Sed Brutus vir (fortis) est." 5. „Ingenio (acer) nos servabit." 6. „Et (omnis) viri Romani Bruto adsunt."

f) In einer englischen Buchhandlung:
„Do you **have** a book about the **port** of Rotterdam?" – „Yes, it's here in the **middle** of the shop." – „The author of this book has a **Greek** name." – „I can't **resist** buying it. I love inter**national** books."

Theater, Thermen, Spiele – Freizeit der Römer

46

E

1. Hic vir est miles. Ille vir est eius servus.
2. Haec turba militem salutat.
3. Hoc factum militem delectat.
4. Videsne hunc virum et hanc turbam?
5. Turba virtutem huius militis laudat:
6. „Hostes huic viro resistere non potuerunt.
7. Cum hoc viro semper vincemus."
8. Miles: „Verba horum hominum me movent.
9. Hi viri, hae mulieres, haec verba me delectant."
10. Servus: „Illa turba dominum meum laudat.
11. Sed illud bellum crudele fuit."

Ü

a) Buchstabensalat! Bilde mit folgenden Buchstaben so viele Formen von hic und ille wie möglich. Mehrfachverwendung ist erlaubt.

R · A · U · B · O · S · C · H · L · E · I · M

b) Gegensätze. Übersetze treffend:
1. Haec puella nobilis (vornehm) est, ille puer miser est. 2. Huius pater senator est, illius pater servus. 3. Haec ludit, ille in agris laborat. 4. Hanc magister docet, illi dominus imperat.

c) Wähle die passende(n) Form(en) von hic oder ille aus und bestimme Kasus, Numerus und Genus:
1. (hic, hunc, horum) nuntium 2. (huius, huic, hōc) marito 3. (illa, illae, illā) signa 4. (illam, illorum, illarum) rem 5. (hunc, hōc, hoc) verbum 6. (huius, hae, has) manūs 7. (illi, illae, illius) copiae 8. (huic, hi, huius) gladii 9. (hunc, hanc, hoc) honorem

d) Was für ein Theater! Wer ist mit den Formen von hic und ille jeweils gemeint?
1. In scaena (Bühne) et miles et servus stant: Ille imperat et hic paret. 2. Illius vultus superbus est, huius miser. 3. Subito ille huic dicit: „Ecce, ibi magna urbs est. 4. Illam temptabo et capiam. Da mihi arma!" 5. Sed hic illi dicit: „Illam urbem temptare et capere non potes, domine." 6. Miles: „Tace, serve! Ego miles fortis sum, ego illam urbem et illos hostes vincam." 7. Servus: „Sed te hoc facere non oportet: Illa enim urbs patria est tua."

I

Die römische Komödie

In den römischen Komödien, also Theaterstücken mit lustigem Inhalt, gab es feste Rollentypen, wie den listigen Sklaven, den strengen Vater, den verliebten jungen Mann, das verführte Mädchen, den angeberischen Soldaten usw. Ort der Handlung war meist Athen. Komödien unterhielten die Zuschauer, indem sie eine verkehrte Welt darstellten, etwa wenn pfiffige Sklaven ihre Herren an der Nase herumführten. Zur Zeit des berühmten Komödiendichters Plautus (254 – 184 v. Chr.) wurde noch auf Holzbühnen gespielt.

So ein Angeber!

Der römische Dichter Plautus hat eine berühmte Komödie über einen angeberischen Soldaten geschrieben. Der Diener des Soldaten stellt ihn dem Theaterpublikum vor …

Zwei Theatermasken. Mosaik aus der Villa Hadriana in Tivoli. 2. Jh. n. Chr. Rom, Musei Capitolini.

Servus: „Hic vir dominus meus est. Semper se et facta sua laudat. Etiam ego hunc virum laudo. Huic enim gratiam habeo, quod mihi semper pecuniam et cibos bonos dat. Audite huius verba!"

5 Miles: „Videte hos umeros meos! Quis umquam tam fortes umeros vidit? His umeris meis omnes hostes superabo. Sed ubi est servus? Vocem illius audivi – ubi est ille?"

Servus: „Stat apud virum fortem, qui etiam Martem deum superat."

Miles: „Nonne ego sine copiis cunctos hostes vici? Ne Mars quidem 10 me superat."

Servus: „Hoc tibi dico: Etiam discipuli de audacia et gloria tua legunt semperque legent. Tenesne memoria te in India[1] his manibus tuis elephantum[2] superavisse?"

Miles: „Pah! Facile fuit illud monstrum occidere."

15 Servus: „Neque mirum est te apud feminas multum valere.

(augenzwinkernd ins Publikum deutend:) Illae feminae, quas ibi vides, tecum vivere volunt. Formam tuam laudant."

Miles: „Haec iam scio. Sed nunc duc me ad tabernas! Hac enim hora vinum dulce bibere volo. Etiam te hodie vinum bibere sinam."

[1] India: vgl. Fw.
[2] elephantus: vgl. Fw.

---

a) 1. Gib die Angebergeschichten des Soldaten der Reihe nach an. 2. Beschreibe das Auftreten des Dieners. Warum verhält er sich so? 3. Begründe die Verwendung der Demonstrativpronomina hic und ille. Beachte eine treffende Wiedergabe der Formen von ille.

b) 1. Hic locus pulcher est, ille locus mihi non placet. 2. Haec femina in foro cibos vendit, illa femina templum adit. 3. Hoc monumentum novum, illud antiquum est. 4. Huic viro magnum donum, illi ne parvum quidem dedi.

c) Vokabeltheater. Stellt euch möglichst viele der neuen Lernwörter gegenseitig vor, indem ihr sie pantomimisch darstellt.

d) Plautus – ein beliebter Theaterdichter in Rom
1. Romani fabulas Plauti et legebant et in theatro (vgl. Fw.) libenter spectabant.
2. Facile erat fabulas huius viri amare.
3. Etiam fabulam de illo milite superbo, qui formam suam laudabat, diu memoria tenebant. 4. Cum Romani Plautum in via vel in taberna aspexerant, clamabant: „Ecce hunc virum clarum! 5. Quis umquam nos tam pulchris fabulis delectavit?"

Theater, Thermen, Spiele – Freizeit der Römer

47

E

1. Servus: „Iuppiter deus sapiens est.
2. Minerva dea sapiens est.
3. Eorum consilium sapiens est.
4. Sed homines sapientes non sunt.
5. Nam consilia sapientia non capiunt:
6. Dominus meus in taberna vinum vetus et carum (vina vetera et cara) bibit. Di magni!
7. Is dives non est, quamquam multas res (multa) habet.
8. Ego cum domino sapienti et divite vivere volo.
9. Quam bene vivunt servi sapientium et divitum!"

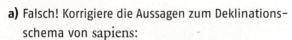

Ü

a) Falsch! Korrigiere die Aussagen zum Deklinationsschema von sapiens:
1. Die Form sapiens kommt dreimal vor. 2. Die Form sapientibus kommt häufiger vor als sapienti. 3. Im Akkusativ Plural gibt es eine Form. 4. Die Form sapientis kommt viermal vor.

b) Dekliniere:
1. servus sapiens 2. oppidum vetus 3. dea sapiens 4. mercator dives 5. res vetus

c) Bilde die passende(n) Form(en) des Adjektivs:
hominem (sapiens) - hominum (dives) - hominum (sapiens) - provincias (dives) - tabernae (vetus) - consilio (sapiens) - civibus (dives) - armorum (vetus) - viro (dives) - verbum (sapiens) - regem (dives)

d) Kurz und knapp. Beschreibe die Veränderung und verwandle die weiteren Sätze in gleicher Weise. Übersetze dann:

Homines divites video. → Divites video.
Res veteres amo. → Vetera amo.

1. Hominibus sapientibus credo. 2. Multas res desidero. 3. Homines mortuos fleo.

e) Theater in der Bibliothek
1. In bibliotheca (!) vetere sapientes sedent. 2. Fabulas Graecorum sapientium libenter legunt. 3. Sed etiam fabulae Romanae apud illos viros veteres in honore sunt. 4. Veteres enim fabulas Plauti (Plautus) et Terentii (Terenz) saepe legunt. 5. Rident, cum Plautus de stultis narrat, et gaudent, quia Terentius verba sapientia scripsit.

I

Ein typischer Thermenbesuch
Bei einem Thermenbesuch legte der Römer im Umkleideraum (apodyterium) seine Kleider ab und betätigte sich auf dem Sportplatz (palaestra). Dann betrat er das Warmbad (caldarium). Dort hielt er sich sitzend im Warmwasserbecken auf. Um wieder abzukühlen, begab er sich über den Raum mittlerer Temperatur (tepidarium) in das Kaltwasserbad (frigidarium) und wenn vorhanden – in das Freischwimmbad (piscina). Zum Schluss ölte man sich zur Körperpflege ein. Den Eintritt zu den Thermen konnte sich übrigens jedermann leisten.

Adjektive: 3. Deklination (einendige) – Substantivierung

Thermen – Erlebnisbäder der Antike

Der Stadtrömer Marcellinus hat seinen Freund Septimius aus der entfernten Provinz Noricum – dort hatten sich die beiden vor vielen Jahren im Militärdienst kennengelernt – nach Rom eingeladen, um ihm die Sehenswürdigkeiten der Großstadt am Tiber zu zeigen.

Septimius gaudet: „Ego felix sum, quia mihi Romam ostendis. Quam pulchrum est hoc aedificium! Vir dives, ut puto, hoc pulchro aedificio gaudet. Solum homines honesti et divites tanta aedificia habent."
Marcellinus: „Thermae sunt. Huius aedificii auctor Caesar fuit. Is
5 architectum[1] diligentem delegit, qui has thermas aedificavit. Thermae cunctis civibus patent – et pauperibus et divitibus. Multis Romanis mos vetus est ante cenam thermas adire. Veni mecum! Intus tibi omnia ostendam."

Marcellinus zeigt seinem Freund die kaiserliche Pracht der weitläufigen Badeanlagen.

Marcellinus: „Ecce haec! Videsne felices, qui in alveis[2] variis se delectant?
10 Nonnulli in tectis thermarum iacent: Ibi sole gaudent. Et vide has tabernas: Hic mercatores multa vendunt. Caesar etiam viris sapientibus donum dedit: Sapientibus licet in hac bibliotheca[3] libros veterum auctorum legere."
Septimius: „Nunc scio
15 te felicem esse. Nam sors hominum felicium est in urbe tam pulchra habitare!"

[1] architectus: vgl. Fw.
[2] alveus Wasserbecken
[3] bibliothēca: vgl. Fw.

Das Heizsystem der Bäder (hypocaustum) war perfekt ausgeklügelt: In den Hohlräumen unter den Fußböden wurde die Luft von außen durch Öfen erhitzt, die Sklaven mit Holz beheizten. Die Wärme stieg auch in Hohlziegeln in den Raumwänden auf.

a) 1. Zähle die in T aufgeführten Attraktionen antiker Thermen auf und vergleiche sie mit modernen Erlebnisbädern. 2. Warum machte der Kaiser die Thermen dem Volk zum Geschenk?

b) Passe die Adjektive an und übersetze:
1. monumenta (vetus) 2. turba hominum (pauper) 3. servae (diligens) 4. uxor (felix) 5. consilium (felix) 6. cum viro (sapiens)

c) 1. Divites multa habent. 2. Hoc dico, illud taceo. 3. Cuncti bona petunt. 4. Mala nos terrent. 5. Bonos laudamus, malos ab iniuria prohibemus.

d) Ein schönes Geburtstagsgeschenk
1. Quam felix fuit hic dies! 2. Amicus enim mihi librum de Roma vetere donavit. 3. Intus tabulae sunt, quae templa, fora, thermas urbis ostendunt. 4. Etiam nonnullas tabulas virorum divitum et sapientium in hoc libro inveniebam. 5. Auctor diligens haec omnia scripsit. 6. Nam et de Romanis divitibus et de pauperibus multa narrat.

Theater, Thermen, Spiele – Freizeit der Römer

48

E

1. Marcellinus Septimium per vias ducit.

   Septimius a Marcellino per vias ducitur.

2. Septimius: „Ducisne me ad thermas?"

   Marcellinus: „Hodie a me ad bestias duceris."

3. Septimius: „Nunc scio: Ad amphitheatrum ducor."

4. In amphitheatro Marcellinus et Septimius amicos
   vident. Sed Marcellinus et Septimius ab iis non videntur.

5. Septimius: „Ab amicis non videmur."

6. Marcellinus: „Audite, amici! Vos a nobis vocamini."

7. Sed verba eius ab amicis audiri non possunt. Nam populus clamat.

8. Amici non animadvertunt se a Marcellino vocari.

Ü

a) Eine kleine Vorübung. Verwandle im Deutschen
die folgenden Verbformen ins Passiv:
1. ich führe 2. du rufst 3. wir holen
4. sie sehen 5. er ermahnt 6. ihr bereitet vor

b) Setze die Formen ins Passiv und übersetze:
vocat - moveo - audimus - traho - aperiunt
- mittunt - capitis - confirmas - petit - servo
- arcessis - monetis - laudare - agere

c) Ein Gladiator schmückt
seinen Helm mit
einem sprechen-
den Federbusch.
Welche Formen
kannst du
bilden?

d) Verwandle die Sätze nach dem Muster ins Passiv:

① Marcellinus amicos vocat.
② Marcellinus ruft die Freunde.
③ Die Freunde werden von Marcellinus gerufen.
④ Amici a Marcellino vocantur.

1. Septimius amicam videt. 2. Omnes
gladiatorem salutant. 3. Tu me non audis.

e) Großvater sieht und hört nicht mehr gut.
1. Marcellinus avo suo id narrat, quod in
amphitheatro agitur: 2. „Nunc porta aperitur." 3. Avus: „Quid? Nuntiusne portatur
...?" 4. Marcellinus: „Ecce, equus a leone
temptatur." 5. Avus: „Tune a leone tempta-
ris ...?" 6. Marcellinus ridet et magna voce
dicit: „Non ego temptor, sed equus temptatur!" 7. Avus: „Bene!"

I

Tierhetzen

Bei Tierhetzen (venationes) traten Tiere gegen Tiere oder
gegen Menschen an. Bedeutende römische Feldherrn
und Kaiser veranstalteten Tierhetzen in großem
Umfang. Der Feldherr Pompejus etwa ließ in einer
venatio 20 Elefanten, 600 Löwen und 410 Leoparden
töten. Die Tiere wollten oft nicht gegeneinander
kämpfen; deshalb wurden sie aneinandergekettet
oder mit Stacheln und Peitschen angetrieben.
Daneben zeigte man aber auch seltene Tiere, die wie
bei einer Tierschau in der Arena vorgeführt wurden.

Passiv (Präsens)

Ein Kampftag in der Arena – der Vormittag

Marcellinus nimmt seinen Gast auch mit in das Amphitheatrum Flavium. Das riesige Rund ist schon am Morgen bis auf den letzten Platz besetzt und die Zuschauer warten voller Vorfreude auf den Beginn der Spiele. Nur Septimius scheint bedrückt …

Marcellinus: „Cur taces, amice? Nonne tibi haec omnia placent?"
Septimius: „Clamore atque turba maxime torqueor. Nonne tu quoque multitudine hominum moveris?"

Ein Trompetensignal lässt den eingeschüchterten Septimius zusammenfahren.

Marcellinus: „Equidem hac re non iam sollicitor, quia saepe in amphi-
5 theatro fui. Nunc ludi incipiunt. Ecce! Portae paulatim aperiuntur:
Ex hac porta ingens elephantus[1] adducitur; ex illa porta magnus taurus[2] a viris fortibus in arenam trahitur. Vide! Illa monstra pugnare non cessant. Ecce! Elephantus celeri impetu tauri temptatur – et laeditur! Animadvertisne elephantum magno dolore torqueri?" Septimius: „Vos
10 Romanos his ludis crudelibus delectari non probo. Nonne conspectu huius bestiae miserae movemini ac turbamini?" Marcellinus: „Hoc conspectu non iam movemur, quia saepe haec vidimus. Ecce! Nunc elephantus in taurum currit – taurus dentibus[3] ingentibus elephanti laeditur. Vide! Taurus cadit – nunc in arena iacet. Quam pulchra fuit illa pugna!"

[1] elephantus: vgl. Fw.
[2] taurus Stier
[3] dēns, dentis Zahn

Marcellinus bemerkt in seiner Begeisterung nicht, dass Septimius seinen Platz längst verlassen hat und durch die jubelnden Zuschauerreihen zum Ausgang geeilt ist …

Verschiffung eines Elefanten von Alexandria nach Italien. Römisches Mosaik. 4. Jh. n. Chr. Sizilien, Piazza Armerina.

a) 1. Stelle fest, welche Satzarten die beiden Sprecher jeweils verwenden. Versuche aus deinem Befund Rückschlüsse auf die Haltung beider zum Geschehen in der Arena zu ziehen. 2. Was versteht Marcellinus in Z. 14 unter pugna pulchra? Wie könnte Septimius dagegen argumentieren?

b) Übersetze nach dem folgenden Muster:
Terra movetur. (Die Erde wird bewegt.)
→ Die Erde bewegt sich.
1. Arena paulatim completur. 2. Gladiatores armis ornantur. 3. Nunc portae moventur et aperiuntur. 4. Gladiatores ad leones vertuntur. 5. Metus gladiatorum ostenditur. 6. Omnis quoque turba nunc terretur (!).

c) Lob und Kritik im Amphitheater:
1. Cum imperator ludos spectat, populus conspectu eius sollicitatur. 2. Tum variae voces audiuntur: 3. „Salve, imperator! Te laudare non cessamus, quia ingentibus beneficiis tuis delectamur." 4. Sed imperator vocibus quoque turpibus turbatur atque laeditur: 5. „Scire debes, imperator, non cuncta consilia tua a nobis probari."

Theater, Thermen, Spiele – Freizeit der Römer

49

E 1. Viri bestias in arenam ducebant.
   Bestiae a viris in arenam ducebantur.
2. Marcellinus: „Pugnis bestiarum nos omnes delectabamur."
3. Septimius: „Vos delectabamini, ego terrebar."
4. Marcellinus: „Tu terrebaris. Tamen audi id, quod postea agebatur!"

Ü a) Ein Löwe hat folgende Passivformen zerbissen. Füge sie wieder zusammen und übersetze sie:
  1. vide - ntur - ba
  2. mur - ba - ama
  3. ba - mitte - r
  4. e - mini - audi - ba
  5. tur - e - capi - ba
  6. ris - ba - mone

b) Bilde Formen nach dem folgenden Muster:

Präs. Aktiv	Impf. Aktiv	Impf. Passiv
1. augent	augebant	augebantur

2. temptat 3. delectamus 4. confirmatis
5. accuso 6. trahunt 7. dat 8. terreo
9. deducimus 10. aperiunt 11. aspicit

Hinrichtungen in der Arena
Hatten die Zuschauer am Vormittag mit den Tierhetzen den Sieg des Menschen über die wilde Natur gesehen, so sollten die öffentlichen Tötungen von Schwerverbrechern in der Mittagspause zeigen, dass die Gerechtigkeit über das Böse siegt und der Staat sich um die Sicherheit seiner Bürger kümmert. Dabei konnten Verbrecher verbrannt, von wilden Tieren zerrissen oder zu Tode gefoltert werden: Die Schwere der Strafe sollte der Schwere des Verbrechens entsprechen und mögliche weitere Täter abschrecken.

c) Einige Buchstaben sind vom Sand der Arena verdeckt worden. Vervollständige die Wörter zu Passivformen:
  1. audiebamu_, laudaba_tur, traheb_r
  2. videbam_n_, ducebat_, vocaba_s
  3. exerceba_r, salutabam_

d) Der Großvater von Marcellinus erinnert sich an frühere Besuche im Amphitheater, nickt aber immer wieder ein. Ergänze und übersetze:
  1. „Porta aperieba ... 2. Bestiae educeb ...
  3. Elephantus (!) a multis viris duce ...
  4. Etiam leones in arenam mitt ... 5. Nos sollicita ... 6. Equi laed ... 7. Populus delecta ... 8. Ego metu move ..."

e) Ein Löwe, der nicht kämpfen wollte
1. A servis multae bestiae in arenam ducebantur – etiam leo ingens. 2. Magna voce eius omnes terrebantur. 3. Paulo post is leo, qui ab omnibus timebatur, media in arena iacuit, nihil fecit, omnes vultu superbo aspexit. 4. Mox ab aliis bestiis temptabatur; sed leo solum clamore se defendebat. 5. Illae a leone neque laedebantur neque interficiebantur. 6. Sed boni mores leonis a populo non laudabantur.

f) Ist das auch deine Erfahrung?
  1. Non omnia possumus omnes.
  2. Videre nostra mala non possumus.

24 Passiv (Imperfekt)

Ein Kampftag in der Arena – der Nachmittag

Der ehemalige Gladiator Velox, inzwischen ein alter Mann und Besitzer eines bescheidenen Töpferladens in Ostia, erzählt seiner neugierigen Enkeltochter Perenna, wie zu seiner aktiven Zeit Kampftage im Kolosseum abliefen.

[1] vēnātor Tierkämpfer
[2] ursus Bär
[3] elephantus: vgl. Fw.

Velox: „Post pugnam bestiarum venatores[1] arenam intrabant. Ii gladiis et telis contra leones, ursos[2], elephantos[3] pugnabant. Quam
5 multae bestiae tum interficiebantur! Etiam scelerati in arenam ducebantur. Illi sciebant supplicium crudele sibi instare: Saepe sine armis bestiis obiciebantur."
Perenna puella: „Nonne fortunā hominum infelicium movebaris?"

[4] pompa Einzug

10 Velox: „Hi omnes morte digni erant; flagitia enim fecerant. Mortem igitur eorum spectabamus. Sed nunc audi de ceteris pugnis! Semper nos omnes pompa[4] gladiatorum excitabamur! Deinde, ut erat mos, prima pugna gladiatorum populo indicabatur. Tum gladiatores pugnam inibant.

Diu bene se tegebant; tamen multi lae-
15 debantur. Victores voluntatem populi exspectabant. Iterum atque iterum clamor hominum audiebatur: ‚Iugula! Iugula!'[5]

[5] iugulā! Stich ihn ab!

Denique, ut mos in ludis est, a Caesare signum dabatur: Profecto is, qui in arena
20 iacebat, ferro interficiebatur." Perenna: „Hoc credere vix possum. Nonne vos his pugnis crudelibus perterrebamini?"

Jean-Léon Gérôme: Pollice verso (Details). 1872. Phoenix (Arizona), Phoenix Art Museum.

a) 1. Ordne folgende Begriffe den Äußerungen beider Sprecher zu: Mitgefühl – Sensationsgier – Entsetzen – Schaulust – Gnadenlosigkeit – Erstaunen – Abgebrühtheit. 2. Versuche, aus 48 und 49 T den Ablauf eines typischen Tages im Amphitheater zu rekonstruieren.

b) Vokabelduell
Sage mit einem Partner abwechselnd die neuen Lernwörter – lateinisch und deutsch – auf. Wer weiß mehr und hat das letzte Wort?

c) Androklus und der Löwe
1. Imperator Androclum servum in arena bestiis obiecit, etsi is supplicio dignus non erat. 2. Sed imperator putavit eum sceleratum esse. 3. Diu servus infelix in arena stabat. 4. Denique leo ingens arenam intravit. 5. Cuncti conspectu leonis excitabantur et perterrebantur. 6. Leo iterum atque iterum viro instabat, is telo se contra bestiam tegere temptabat …
Informiere dich, wie die Geschichte ausgeht.

Theater, Thermen, Spiele – Freizeit der Römer

50

E
1. Mox Caesar clamorem populi audiet.
2. Nunc clamor a Caesare auditur.
3. Ideo Caesar mox signum dabit.
4. Iam signum a Caesare datur.

Ü

a) Wohin mit dem Schwert? Ordne jeweils eine lateinische Form der passenden Übersetzung zu:

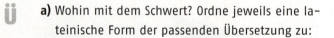

videbo	sie werden sehen
videtur	er wird sehen
videntur	ich werde sehen
videmur	ich werde gesehen
videbimus	wir werden gesehen
videbit	wir werden sehen
videbunt	er wird gesehen
videor	sie werden gesehen

b) Duell der Verbformen. Übersetze:
1. laedent - laeduntur 2. interficiet - interficitur 3. capiam - capior 4. mittemus - mittimur 5. vocaris - vocabis 6. observamini - observabitis 7. movebit - movetur 8. custodient - custodiuntur 9. ducor - ducam 10. defendimini - defendetis

c) Daumen hoch oder Daumen runter? Entscheide, welche Form stehen bleiben soll und welche nicht. Übersetze.

1. Porta (aperitur / aperiet). 2. Populus: „Mox gladiatores (videmur / videbimus)." 3. Spectaculum a populo (exspectatur / exspectabit). 4. Tandem gladiatores in arenam (mittuntur / mittent). 5. Gladiator ad gladiatorem: „Te (vincor / vincam)."

d) Geheime Absprache

1. Gladiator ad comitem: „Nunc in arenam mittimur. 2. Sed audi consilium meum, amice! Primo ego te laedam, deinde tu me laedes. 3. Primo ego cadam et surgam, deinde etiam tu. 4. Acri pugna populum delectabimus, sed neuter (keiner) victor erit. 5. Ecce, porta aperitur. 6. Nos iam a populo exspectamur et vocamur." 7. Gladiatores sic pugnant, a populo observantur et laudantur: „Vivite, gladiatores!"

e) Passt der Satz zu Ü d?
   Serva me, servabo te.

I

Die Naumachie
Auch Seeschlachten dienten der Massenunterhaltung. Die erste Naumachie wurde 46 v. Chr. von Julius Cäsar veranstaltet, der eigens zu diesem Zweck einen künstlichen See auf dem Marsfeld hatte anlegen lassen. Bei den Kämpfern, sog. naumacharii, handelte es sich meist um Kriegsgefangene oder verurteilte Verbrecher.

Oft wurden Seeschlachten aus der Wirklichkeit nachgestellt. So ließ z.B. Kaiser Augustus eine Schlacht nachstellen, die zwischen Persern und Athenern stattgefunden hatte. Gekämpft wurde, bis eine Flotte unterlag – entweder wurden alle getötet oder vom Kaiser begnadigt.

Hilfsverb „werden"

Eine künstliche Seeschlacht

Ein einflussreicher Ratgeber des Kaisers Claudius, der 41–54 n. Chr. regierte, war Narcissus. Dieser war durch Spione stets gut informiert über die Stimmungen, die im Volk herrschten.

T

Narcissus: „Romani pugnis gladiatorum non iam delectantur – cottidie nova videre volunt. Cives te amabunt, si eos ad novum spectaculum invitaveris. Nonne hoc consilio moveris?"
Claudius: „Semper consiliis bonis moveor. Ideo dabo magnificam
5 naumachiam¹. Romani talem pugnam nondum viderunt. Volo omnia parari, quae ad hanc pugnam eximiam pertinent."

¹ naumachia Naumachie, künstliche Seeschlacht

Im Jahre 52 n. Chr. war es so weit: Kaiser Claudius ließ auf dem Fuciner See die größte künstliche Seeschlacht der Antike aufführen. Dazu traten zwei Flotten mit insgesamt 19.000 verurteilten Verbrechern gegeneinander an. Für den Fall, dass diese sich gewaltsam befreien wollten, hatte Claudius den See mit einer riesigen Armee umstellen lassen …

Mos tum erat Caesarem ante pugnam a gladiatoribus salutari. Scelerati cum appropinquabant Caesari, magna voce clamabant: „Morituri² te salutant." Naumacharii³ post haec verba tamen confligere non incipie-
10 bant. Itaque imperator surrexit et severa voce clamavit: „Pugnate, scelerati! An vultis milites meos ad navigia vestra vocari? Illi navigia vestra ascendent et vos omnes telis occident." Profecto scelerati his verbis atrocibus terrentur. Statim tela mittuntur, navigia capiuntur, multi homines vul-
15 nerantur et interficiuntur.

² moritūrī *m Pl.* die Todgeweihten
³ naumachārius Seekämpfer

Am Ende hatten ca. 3.000 Menschen ihr Leben in der Seeschlacht verloren.

Naumachie. Römische Wandmalerei aus dem Tempel der Isis in Pompeji. 1. Jh. n. Chr. Neapel, Museo Nazionale Archeologico.

a) 1. Erschließe aus T, Z. 1–6, wie der Kaiser und sein Berater das Volk einschätzen. Welche Idee steckt hinter ihrem Plan? 2. Welche unterschiedlichen Haltungen zum Tod lassen sich aus dem Satz morituri te salutant herauslesen? Beziehe das in T geschilderte Verhalten der scelerati in deine Überlegungen mit ein.

b) Kaiser Claudius und Narcissus im Gespräch:
1. Narcissus: „Nunc ludi pulchri populo dantur; nos autem nova spectacula Romanis dabimus. 2. Hodie pugnae gladiatorum in arena spectantur, mox cives nostri pugnas navigiorum spectabunt." 3. Imperator Claudius: „Verbis tuis delector."

V

c) Piratenangriff im Mittelmeer
1. Mercator infelix amicis narrat: „Heri piratae (!) navigium nostrum temptaverunt. 2. Unus e piratis severa voce imperavit: ‚Ascendite navigium mercatorum, comites!' 3. Diu pugna erat atrox. Piratae multos amicos vulnerabant. 4. Iam de salute desperaveram, cum … ecce! Milites Romani adfuerunt et eximia virtute cum sceleratis conflixerunt.

Das Kolosseum – das achte Weltwunder

T

Prima luce Romani ad amphitheatrum properant. Nam hodie amphitheatrum novum aperitur, quod a Caesare aedificabatur. Homines magnitudine aedificii moventur. Voces variae audiuntur: „Quam altum et magnum est!" „Hoc amphitheatrum Caesar populo Romano donavit." „Semper potestas populi Romani magnis aedificiis demonstrabatur." „Magnitudine aedificii cuncta monumenta aliorum populorum superantur, etiam pyramides Aegyptiae[1]." Postquam multitudo hominum amphitheatrum intravit, omnes ludos exspectant. Subito autem sonus mirus auditur: Servi, qui sub arena latent, machinis[2] ingentibus solum[3] arenae aperiunt. Media in arena multae arbores[4] surgunt. Eo conspectu omnes delectantur atque moventur. Tum autem multae bestiae per scalas[5] in arenam aguntur. Iterum multae voces turbae audiuntur: „Ecce, ibi bestiae sunt!" „Nondum tales bestias vidi! Quam mirae sunt!" „Felices sumus! Nam alii homines tali conspectu numquam delectabantur!" Tum autem bestiae ex arena aguntur; nam servi solum arenae removent[6]; deinde arena aqua completur.

[1] pȳramidēs Aegyptiae
Pyramiden in Ägypten
[2] māchina
Maschine
[3] solum
Boden
[4] arbor, arboris *f*
Baum
[5] scālae, scālārum *f*
Treppe, Rampe
[6] removēre
entfernen, ausbauen

Rekonstruktion des Kolosseums. Über Aufzüge und Treppen konnten Tiere, Bäume und Bühnenaufbauten in die Arena gebracht werden.

V

a) Welche unterschiedlichen Aspekte des „Wunderwerks" Amphitheater werden im Text angesprochen? Berücksichtige bei der Beantwortung der Frage auch die Abbildung und die jeweils vorherrschenden Wortfelder.

b) Von antiken Autoren wird das Amphitheater häufig als „achtes Weltwunder" dargestellt. Informiere dich über die anderen sieben Weltwunder der Antike. Welche anderen berühmten Gebäude kennst du, die man zu den „Weltwundern" zählen könnte?

XV plus

a) Auch Nashörner sah man in der Arena. Was aber heißt „Nashorn" auf Lateinisch? Löse dazu das Rätsel, bei dem du Formen von hic bilden musst. Die römische Zahl gibt an, welcher Buchstabe aus dem Wort zu wählen ist.

1.	Gen. Pl. *m*	III.
2.	Abl. Sg. *n*	I.
3.	Nom. Pl. *m*	II.
4.	Akk. Sg. *f*	III.
5.	Akk. Sg. *n*	II.
6.	Dat. Sg. *m*	IV.
7.	Akk. Pl. *n*	III.
8.	Gen. Pl. *f*	III.
9.	Abl. Sg. *n*	II.
10.	Abl. Pl. *f*	III.

Und auch dieses Tier war zu sehen. Bilde die Formen von ille.

1.	„c"	
2.	Nom. Pl. *n*	IV.
3.	Akk. Sg. *f*	V.
4.	Nom. Pl. *f*	V.
5.	Gen. Pl. *m*	III.
6.	Gen. Sg. *f*	V.
7.	Dat. Pl. *n*	V.

b) Bilde die passende Form und übersetze:
1. Omnes amphitheatrum (vetus) petunt. 2. Cives (pauper et dives) amphitheatrum intrant. 3. Gladiatores populum (felix) salutant. 4. Gladiatores in arena (ingens) pugnant. 5. Pugna viris (sapiens) non placet.

c) Interview mit einem wortkargen Gladiator: Quid in arena facis? - Multa. - Quid amas: clamorem populi, dona mulierum, verba Caesaris? - Omnia. - Quis te non timet? - Fortis. - Quid te delectat? - Bona. - Quid speras? - Magna.

d) Bilde zu jeder Form auf dem Schild die entsprechende Form des Passivs und übersetze diese.

e) Vermeide bei der Übersetzung Passivformen: 1. Prima luce gladiatores in castris excitantur. 2. Tum gladiatores armis exercentur. 3. Postea turba gladiatorum in arena ostenditur. 4. Multi homines non animadvertunt gladiatores quoque terreri. 5. Gladiatores saepe e periculo servari non possunt.

f) Verwandle jeweils in einen AcI und übersetze: Populus videt: 1. Portae aperiuntur. 2. Bestiae pugnant. 3. Leo vincitur.

g) Von welchen lateinischen Wörtern lassen sich diese Fremdwörter herleiten und was bedeuten sie? 1. feminin 2. turbulent 3. lädiert

h) Englische Touristen betrachten ein antikes Mosaik. Versuche ihren Kommentar zu verstehen, indem du die fettgedruckten Wörter auf die zu Grunde liegenden lateinischen Vokabeln zurückführst: „How **exciting**! An elephant is fighting with **lions**." – „The **poor** elephant! He's in big **trouble**." – „It's **cruel**, but the **Roman people** loved it."

Theater, Thermen, Spiele – Freizeit der Römer

Geheimnisvolle Nachbarn – Rom und die Etrusker

In den folgenden Lektionen erlebt ihr zusammen mit der zwölfjährigen Larisa eine spannende Kriminalgeschichte, die in Etrurien, einem geheimnisvollen Land in Mittelitalien spielt – besser bekannt vielleicht unter dem heutigen Namen Toskana. Es ist benannt nach seinen Ureinwohnern, den Tusci (Etruskern).

Geschichte

fundamentum

Das Volk der Etrusker herrschte lange über große Teile Italiens und hat mit Tarquinius Priscus, Servius Tullius und Tarquinius Superbus drei der sieben Könige Roms hervorgebracht. Bis heute weiß man nicht genau, woher dieses geheimnisumwobene Volk eigentlich stammt.

Es gab keinen etruskischen Gesamtstaat, sondern einzelne Stadtstaaten, von denen sich die wichtigsten Städte zu einem Zwölferbund zusammenschlossen. Tonangebend in der etruskischen Gesellschaft war die Schicht der Adligen. Im Unterschied zu den Verhältnissen in Rom hatten die Frauen die gleichen Rechte wie die Männer.

Die Glanzzeit Etruriens war die Zeit vom 7. bis zum 5. Jh. v. Chr. Allmählich aber geriet Etrurien unter den Einfluss der mächtiger werdenden Römer, bis es im 1. Jh. v. Chr. in den römischen Staatsverband eingegliedert und das Lateinische anstelle des Etruskischen Amtssprache wurde.

1 Der lituus, ein bronzener Krummstab, wurde von etruskischen Priestern und Würdenträgern bei rituellen Handlung verwendet. Um 580 v. Chr. Rom, Museo Nazionale di Villa Giulia.
2 Die sog. Chimäre von Arezzo: ein Fabelwesen aus Löwe, Ziege und Schlange. Etruskische Bronze aus dem 5./4. Jh. v. Chr. Florenz, Museo Archeologico.
3 Etruskische Nekropole bei Orvieto. 6./5. v. Chr.
4 Etruskisches Modell einer Schafsleber mit einer genauen Einteilung der verschiedenen Sphären und Deutungsbereiche. 3. Jh. v. Chr. Piacenza, Museo Civico.
5 Terrakotta-Sarkophag eines etruskischen Ehepaares aus Caere (Cerveteri). Um 510 v. Chr. Paris, Musée du Louvre.
6 Etruskische Grabkammer. Die Wandmalerei stellt den Eingang zur Unterwelt dar. 530–520 v. Chr. Tarquinia, Tomba degli Auguri.

4

Religion und Kunst

Nach etruskischer Vorstellung standen die Götter in ständigem Kontakt mit der Menschenwelt. Den Willen der Götter zu erkennen war das Hauptanliegen der etruskischen Religion, eine Aufgabe, die von Priestern übernommen wurde. Sie deuteten die Zukunft aus den Eingeweiden von Opfertieren oder aus der Beobachtung von Blitzen. Dargelegt war das Wissen um die Wahrsagekunst in streng gehüteten und geheim gehaltenen Büchern.

Die Etrusker pflegten einen aufwändigen Totenkult, den man noch heute in sog. Totenstädten (Nekropolen) besichtigen kann: Man baute den Verstorbenen hausähnliche Gräber. Sie wurden mit fein gearbeiteten Kunstgegenständen und schönen Wandmalereien ausgestattet, die bis heute in ihrer Farbenpracht erhalten sind.

Etruskisches bei den Römern

Von den benachbarten Etruskern übernahmen die Römer die Schrift, wohl auch das Zahlensystem und die Sitte, einen Vor- und Nachnamen zu tragen. Auch das römische Atriumhaus hatte seine Wurzeln in Etrurien. Außerdem übernahmen die Römer die äußeren Herrschaftsabzeichen für Konsuln und Triumphatoren von den Etruskern: den Purpurmantel, das Rutenbündel (fasces) und den Amtssessel von Würdenträgern (sella curulis). Möglicherweise gehen auch die Gladiatorenspiele auf bewaffnete Zweikämpfe anlässlich etruskischer Totenbegräbnisse zurück.

6

51

E

1. Corpus huius viri pulchrum est.
2. Hic vir forma corporis gaudet.
3. Corpore pulchro multos viros superare vult.
4. Corpora pulchra etiam a Romanis laudabantur.
5. Hic vir temporibus antiquis vivebat.
6. Hic vir fur erat, qui magnum scelus fecit.
7. Nomen huius viri (et nomina ceterorum furum) nondum scimus.
8. Hic vir auctor criminis mali erat.

Ü

a) Bilde die in Klammern angegebene Form:
crimen (Abl. Sg.), tempus (Akk. Pl.), nomen (Nom. Pl.), corpus (Dat. Pl.), tempus (Abl. Pl.), corpus (Akk. Sg.), scelus (Gen. Pl.), crimen (Gen. Sg.), corpus (Dat. Sg.), scelus (Akk. Pl.)

b) Nominativ oder Akkusativ?
Entscheide und übersetze:
1. Fures scelera faciunt. 2. Quis scelera eorum non timet? 3. Nam scelera eorum turpia sunt. 4. Crimen est pecuniam aliorum hominum petere et capere. 5. Fures tenebras exspectant; tum dicunt: „Hoc tempus desideravimus. 6. Tempus est portam aperire et villam intrare." 7. Cives nomina furum scire volunt: 8. „Quis nomina eorum dicere potest?"

c) Früher war alles besser
1. Pater filio dicit: „Temporibus antiquis viri fortes erant. 2. Adhuc nomina eorum scimus. 3. Hercules corpore forti magnas bestias vicit. 4. Aeneas patrem et filium eo tempore servavit, quo Graeci urbem deleverunt. 5. Romulus et Remus cum furibus pugnaverunt, quia comites eorum sceleribus terrebantur." 6. Filius: „Dic mihi, pater: Tune quoque vir fortis es, cuius nomen omnes sciunt?" 7. Pater: „... Nondum."

d) Diebe hinterlassen Trümmer. Setze die Brocken zu richtigen Wortformen zusammen:

I

Ein Blick in die Zukunft
Auch die Menschen der Antike wollten gerne wissen, was die Zukunft bringt. Dazu deuteten sie Naturerscheinungen wie Blitze oder den Flug der Vögel, und sie untersuchten die Eingeweide der Opfertiere, vor allem die Leber. Für die Deutung des Vogelfluges waren die Auguren (augures) zuständig, für die Eingeweideschau die haruspices. Die Römer selbst hatten diese Techniken von den Etruskern (Tusci oder Etrusci) übernommen, die bis zum 3. Jh. v. Chr. die stärkste Kraft in Mittelitalien waren.

Substantive: 3. Deklination (Neutra)

Ein Diebstahl mit Folgen

Die folgende Geschichte spielt um das Jahr 40 n. Chr. im Hause des Opferpriesters Velthurius in Rom, der einer alten etruskischen Familie entstammt. Er besitzt zwei Sklaven und hat eine zwölfjährige Tochter, Larisa. Eines Morgens, als alles noch schläft, tönen Klagerufe durch das Haus des Priesters.

[1] haruspex, icis *m* Opferpriester, Zeichendeuter

„O di magni!" Velthurius haruspex[1] clamat. „Tale flagitium, tale scelus! De tali scelere nondum audivi! Id genus sceleris novum est! Semper putaveram nos a deis tegi!" Statim Larisa, filia haruspicis, pedibus celeribus
5 venit. „Quid accidit, pater? Cur clamas, cur de scelere narras? Nullum sceleratum videre possum; nullum vulnus in te aspicio, pater!" Velthurius: „O Larisa! Vulnus mihi non in corpore est, sed in pectore! Fur in domo nostra fuit! Fur malus librum haruspi-
10 cum rapuit! Nonne furem vidisti, qui librum rapuit?" Larisa negat. Velthurius: „Nullum furem vidi, nullum nomen scio. Sed scio furem in hanc domum nostram venisse. Temporibus antiquis patres nostri tale scelus non viderunt.
15 O tempora, o mores! Nova quidem tempora crimina nova creant."

Etruskische Bronzestatuette eines Haruspex. Um 300 v. Chr. Rom, Museo Nazionale di Villa Giulia.

a) 1. Welche Wörter aus T passen zu einer Kriminalgeschichte? 2. Inwiefern unterstreicht der Satzbau das Entsetzen des Opferpriesters?

b) Füge die in Klammern stehenden Substantive im passenden Kasus und Numerus ein. Übersetze, was Larisas Mutter ihrer Nachbarin erzählt hat:
1. „Genus talis (crimen) novum est.
2. Visne huic (scelus) (nomen) novum dare?
3. Nostra (tempus) iam multa (scelus) viderunt. 4. In nonnullis (pectus) hominum animus malus latet."

c) Vokabeldetektive. Welche neuen Lernwörter haben sich in den folgenden Wortformen ver-

steckt? Manchmal musst du einen Buchstaben zweimal verwenden, z.B.: voluntas → vulnus.
1. pugnare 2. aspicere 3. impetus
4. monumentum 5. donamus 6. pulchros
Überlegt euch ähnliche Rätselwörter zu Vokabeln der vorangegangenen Lektionen.

d) Auch damals ...
1. Iam antiquis temporibus multa genera scelerum acciderunt. 2. Scelerati pedibus celeribus in domos civium bonorum veniebant et ornamenta rapiebant. 3. Vulneribus torquebant corpora miserorum, quorum nomina nesciebant. 4. Postea autem crimina sua negabant.

Geheimnisvolle Nachbarn – Rom und die Etrusker

52

E

1. Velthurius: „Amici me de libro mox rogabunt.
   Mox ab amicis de libro nostro rogabor.
2. Et tu, Larisa, rogaberis.
3. Nostra familia rogabitur; etiam servi de libro rogabuntur.
4. Quando liber noster invenietur?
5. Quid, si liber noster a furibus laedētur?
6. Tum ego non iam ad sacra vocabor, non iam arcessar."

Ü

a) Gestohlen! Ergänze die fehlenden Buchstaben, sodass Futurformen entstehen:
vocab_ntur, tempta_imini, pet_r, delig_m_r, dele__tur, relinqu_ntu_, audi_r_s, mone__tur, libera__r, ger___ur, educ___ni, aper___tur

b) Setze ins Futur und übersetze dann:
1. laudatur, amantur, moneor, donamur
2. omittuntur, munitur, deducimini, audiris
3. defenderis, capimini, appetor, tenemur

c) Unterscheide und übersetze:
1. liberatur - liberabitur - liberabit
2. mittam - mittar - mittor
3. audiuntur - audientur - audient

I

Bücher bei den Etruskern
Die Lehre der Opferpriester wurde schriftlich festgehalten. Diese Aufzeichnungen waren aber nur Eingeweihten zugänglich. Die heiligen Bücher der Etrusker waren auf Leinwand geschrieben und wurden so gefaltet, dass man größere Ausschnitte lesen konnte und nicht mühsam rollen musste wie bei den Buchrollen aus Papyrus, die leicht brachen. Teile eines solchen Leinenbuches mit Opferanweisungen sind noch erhalten, weil damit später eine ägyptische Mumie eingewickelt wurde. Dieser Band ist das älteste erhaltene Buch Europas.

d) Velthurius malt sich aus, was passieren wird. Verwandle seine Gedanken nach folgendem Muster ins Passiv. Übersetze jeweils beide Sätze:

> Senatores Larisam rogabunt.
> Larisa a senatoribus rogabitur.

1. Fures librum vendent. 2. Fures numquam comprehendemus. 3. Omnes me accusabunt. 4. Omnes nos ridebunt.

e) Fromme Diebe
1. „Primo villae pulchrae a nobis quaerentur." 2. „Mox invenientur." 3. „Tum una deligetur." 4. „Nocte eam petemus; sic neque a domino neque a servis videbimur." 5. „Etiam tacebimus; sic non audiemur." 6. „Porta sine sonis aperietur." 7. „Servus, si nos animadverterit, comprehendetur et tenebitur." 8. „Deinde omnia ornamenta aurea a nobis rapientur." 9. „Villam relinquemus et Mercurio sacra faciemus, qui non solum nuntius deorum, sed etiam deus furum est."

f) Ein Buchstabe macht den Unterschied:
1. Omnia tempus habet.
2. Omnia tempus habent.

Ein Buch und seine Geheimnisse

Der verzweifelte Vater erklärt seiner Tochter den Inhalt des geraubten Buches: Es enthält Gebete, Vorschriften für die Opfer und geheime Angaben über die Teile der Leber, die bei der Leberschau günstige oder ungünstige Vorzeichen geben.

Larisa: „Quid accidet, nisi librum sanctum mox invenerimus?"
Velthurius: „Senatus haruspices[1] reprehendet; senatores clamabunt. Ego a senatu non iam de rebus futuris rogabor; nos sacerdotes non iam rogabimur. In honore non iam erimus. Nomen honestum domus
5 nostrae ridebitur. Tu quoque, infelix filia, rideberis; vos omnes – tu, mater, servi – a ceteris civibus ridebimini. Puto nos servari non posse. Sine libro nostro nulla iam hostia deis praebebitur. Dei carmina sancta non iam audient; nam ea carmina sine libro nostro non iam cantabuntur. Ita res
10 publica in periculum veniet et peribit."
Larisa: „Res publica? Cur id times, pater?"
Velthurius: „Sine certis verbis et carminibus idoneis preces nostrae a deis non iam audientur. Dei sacra repellent; atque dona, quae eis tribuimus, non iam
15 accipientur; ne sanguis quidem hostiarum ab eis accipietur. Haruspices hostias non iam interficient, sanguinem hostiarum non iam fundent. Itaque ego a senatu reprehendar et ex urbe pellar. Denique nos cum omni gente ex urbe pellemur. Periimus!"

Der Haruspex ist völlig aufgelöst; auch seine Gattin kann ihn nicht trösten, als sie hinzukommt. Doch die kluge Larisa weiß Rat: Da gibt es doch den Hausklaven Fidus, den „Treuen" – der müsste doch etwas gehört haben! Schnell läuft sie los, um ihn zu wecken.

[1] haruspex, icis m Opferpriester, Zeichendeuter

Der etruskische Unterweltsdämon Phersu.
Wandmalerei aus einer Grabkammer des 6. Jh.s v. Chr.
Tarquinia, Tomba degli Auguri.

a) 1. Warum überwiegt in den Sätzen des Opferpriesters das Futur Passiv? 2. Welche Auswirkung hätte der Verlust des Buches für den Staat haben können?

b) Ängste des Opferpriesters. Ergänze das Verb im Futur Passiv und übersetze:
1. Sine illo libro nullum carmen sanctum (cantare). 2. Preces nostrae a deis non iam (audire). 3. Sine auxilio deorum Roma ab hostibus mox (vincere). 4. Nos, sacerdotes infelices, a senatu ex urbe (pellere).

c) Auch Politiker haben Ängste. Vor einer wichtigen Rede hat ein Senator einen Albtraum:
1. Nisi verba certa et sancta invenero, in senatu ridebor et reprehendar. 2. Gens nostra honesta ab omnibus ridebitur. 3. Carmina mala contra me cantabuntur. 4. A senatoribus sacerdotibusque non iam salutabor. 5. Ad sacra non iam arcessar. Infelix ero. Perii!

Geheimnisvolle Nachbarn – Rom und die Etrusker

53

E
1. Cum Velthurio uxor et una filia et duo servi in villa habitabant.
2. Tres homines liberi cum duobus servis ibi habitabant.
3. Velthurius iam duodecim annos in urbe vivebat.
4. Velthurius sic credebat: „Caelum, terra, mare deis parent.
5. Dei omnes terras et omnia maria tenent.
6. Dei domini terrarum et marium, hominum et animalium sunt.
7. Dei homines et animalia, naves et tecta servant."

Ü

a) Rechnungen
Duo et duo sunt quattuor. - Quattuor et quattuor sunt octo. - Duo et octo sunt decem. - Duo et tria sunt quinque. - Tria et quattuor sunt septem. - Duo et quattuor sunt sex. - Quattuor et quinque sunt novem.

b) Bringe die folgenden Zahlwörter von 11 bis 20 in die richtige Reihenfolge:

c) Ein seltsames Lebewesen schwimmt im Meer: ein Octopus (Achtfüßler). Welche Formen von mare und animal lassen sich mit Hilfe der acht Beine bilden? Die Buchstaben dürfen mehrfach verwendet werden.

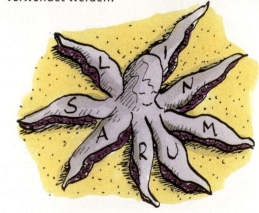

d) Welches Tier ist jeweils gemeint?
1. Hoc animal ubique (überall) vivere potest. Magna multitudo horum animalium in Nilo (Nil) fluvio vivit. Diu haec animalia in aqua maris vel fluvii manent et alia animalia exspectant, quae subito petunt, capiunt, in mare trahunt. His animalibus crudelibus corpora ingentia et mira sunt.
2. Constat hoc animal a Graecis iam laudatum esse. In mari vivit et saepe comes navium est. Vox huius animalis omnes delectat. Hoc animal celere per mare properat et semper ridet. Huic animali ingenium acre est.

I
Rom – Hauptstadt ohne Seehafen
Das mächtige Rom hatte nur einen Flusshafen am Tiber. Die Versorgung mit Getreide und anderen wichtigen Gütern musste deshalb über den Seehafen Ostia (ostium lat. Eingang, Mündung) – etwa 25 km westlich von Rom – gesichert werden. Die Waren aus den Provinzen kamen auf Segelschiffen nach Ostia und wurden dort in leichte Transportkähne umgeladen. Diese Kähne gelangten dann auf dem Tiber bis nach Rom. Wahrzeichen von Ostia war der große Leuchtturm. Handelsgesellschaften aus dem ganzen Mittelmeerraum hatten in der Stadt ihre Niederlassungen. Ihre Grundmauern und die berühmten Fußbodenmosaiken sind dort noch zu sehen.

Ein Zeuge berichtet

Mit Mühe gelingt es Larisa, den Sklaven Fidus wachzurütteln. Sie bringt ihn zu ihrem Vater Velthurius. Doch Fidus wirkt wie betäubt.

Velthurius servum manibus capit: „Nihilne audivisti, Fide?" Fidus: „Au-, au-, audivi." Velthurius: „Quin me excitavisti? Quot viri fuerunt? Dic mihi numerum: Unus an duo?" Fidus: „Clamor me excitaverat! Subito tres viros vidi. Omnes pallia[1] nigra gesserunt. Eos rogavi: ‚Quid
5 vultis?', cum post me sonos pedum audivi. Au, au! Nunc caput mihi dolet, domine!"

Er zeigt auf eine Beule an seinem Hinterkopf. Rasch holt Larisa einen nassen Lappen, um Fidus den Kopf zu kühlen. Da macht sie im Staub auf dem Fußboden eine Entdeckung:

„Vide, pater! Video multa vestigia[2]: octo, decem, duodecim varios pedes! Non quattuor vel quinque, sed sex scelerati fuerunt!" Velthurius: „Etiam si septem vel viginti fures fuerunt: Liber meus deest!"

Als sich Fidus die Beule gekühlt hat, kann er sich plötzlich erinnern:

10 „Unus e viris dixerat: ‚Omittite arcam[3]! Tantam arcam ne animalia quidem fortia portare possunt. Nos eam trans[4] moenia trahere non possumus; capite librum solum! Tandem ad mare currere volumus! Ibi tuti erimus.'" Velthurius: „Puto eos ad portum fugisse."
15 Larisa: „Hoc certum est. Quin nave celeri portum petimus? Ad turrim novam Rufus amicus vivit; de turri omnia videt."

Larisa und Fidus eilen zum Tiber, wo Velthurius ein kleines Ruderboot liegen hat; Velthurius selbst bleibt in Rom.

[1] pallium Mantel
[2] vestīgium Fußspur
[3] arca Truhe
[4] trāns *Präp. m. Akk* über

Schifffahrtsszene auf einem römischen Sarkophag. Rechts ist der berühmte Leuchtturm von Ostia zu sehen. 3. Jh. n. Chr. Kopenhagen, Ny Carlsberg Glyptothek.

a) 1. In welchem Zusammenhang gebraucht Larisa so viele Zahlen? 2. Inwiefern verhält sich Larisa in dieser Szene wie ein Kriminalkommissar?

b) Was Larisa in der Hafenstadt Ostia alles sah! Bilde die passenden Formen im Akkusativ und lies lateinisch vor: Vidi …
I (turris), II (basilica), III (ludus), VIII (templum), X (navis), XII (insulae), XX (animal)

c) Die sechs Gangster beraten sich:
1. „Nisi cauti (vorsichtig) erimus, familia sacerdotis excitabitur. 2. Si servum in capite violaverimus, nihil iam narrare poterit. 3. Post moenia non iam ut animalia capi poterimus. 4. In portu turris nobis lucem dabit. 5. Non cessabimus, sed nave per mare fugiemus."

Geheimnisvolle Nachbarn – Rom und die Etrusker

54

E
1. Velthurius et Larisa timorem sentiebant.
2. Etiam Fidus servus timore movebatur; doloribus laborabat.
3. Fidus servus non in libertate, sed in servitute vivebat.
4. Temporibus Romanorum domini servis imperabant.

Ü

a) Dekliniere:

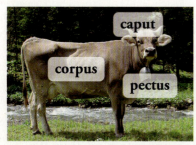

b) Lauter Götter. Bilde jeweils den Genitiv Plural der in Klammern stehenden Wörter und übersetze: deae (fons) - deus (mare) - deus (fur) - dea (mulier) - dei (urbs) - dei (mons) - dei (gens) - deus (mercator) - dei (natio) - dei (pater et mater)

c) Turan, Laran und die anderen
1. Sacerdotes Etruscorum (der Etrusker) magnae multitudini deorum sacra fecerunt.
2. His deis nomina mira erant: **Turan** erat dea amoris, **Laran** deus belli, **Aita** deus finis et mortis, **Nethuns** deus fontium et maris.
3. Rex deorum et dominus lucis erat **Tinia**, deus severus, qui ignem (Feuer) e caelo in terram mittebat – ut Iuppiter. 4. Dei in variis regionibus vivebant: pars eorum in caelo, pars in terra, ceteri sub terra.

d) Wähle die Aufgabe mit dem für dich passenden Schwierigkeitsgrad aus:

Schwierigkeitsgrad 1
Gib an, welche Veränderung vorgenommen wurde, um den jeweils nächsten Schritt zu erreichen. Beachte: Es gibt jeweils nur eine Veränderung; entweder ändert sich der Kasus oder der Numerus.
1. labor → labore → laboribus → laborum → laboris → labori
2. civitas → civitati → civitatibus → civitates → civitatem → civitatis
3. rex → reges → regum → regis → regi → regibus

Schwierigkeitsgrad 2
Staffellauf
1. uxor → Pl. → Akk. → Sg. → Abl. → Gen.
2. potestas → Abl. → Pl. → Gen. → Akk. → Sg.
3. nox → Akk. → Pl. → Nom. → Gen. → Sg.

Schwierigkeitsgrad 3
Wie wird aus der Ausgangsform die Endform? Gib fünf Veränderungen an und bilde die entsprechenden Formen.
1. dolor → ? → ? → ? → ? → dolorem
2. voluntas → ? → ? → ? → ? → voluntatibus
3. vox → ? → ? → ? → ? → vocis

I

Eingeweideschau
Den etruskischen Opferpriestern galt die Leber als besonders bedeutsames Organ, weil es Rückschlüsse auf den Willen der Götter zuließ. Das Modell einer Schafsleber, die sog. Bronzeleber von Piacenza, hat sich erhalten. In etruskischer Schrift sind dort die Namen von Gottheiten eingetragen, an die man sich jeweils wenden musste; am Rande entlang sind die sechzehn Gegenden angeführt, in die bei den Etruskern der Himmel – wohl für die Deutung der Blitze – eingeteilt war. Die Schrift verläuft von rechts nach links (vgl. Abb. 4 auf S. 31).

38   Substantive: 3. Deklination (Zusammenfassung)

Was die Leber verrät …

Auf dem Weg zum Hafen will Larisa mehr über die Opfer wissen:

Larisa: „O Fide, sacra nondum vidi. Neque mulieribus neque liberis sacra observare licet. Dic mihi: Quid sacerdotes in sacris faciunt? Nonne hostiae miserae, quarum sanguis effunditur, dolores sentiunt?"
Fidus: „Primo bestiae deliguntur, quae deis hominibusque placent.
5 Deinde corpora hostiarum floribus variis ornantur, tum cum sonis tibiarum[1] ad templum ducuntur. Ideo sine timore cum sacerdotibus eunt." Larisa: „Quam infelices hostiae sunt! Antea in libertate vivebant, nunc in servitute; cruciatus et mors eis imminent!" Fidus: „Sed hostiae deis sanctae sunt! Et audi: Ante templum carmina sancta canuntur,
10 vinum hostiis infunditur."

Fidus schildert, wie die Tiere mit einem Hammer betäubt, schließlich mit Beilen getötet werden. Als er Larisa erklären will, wie ihnen die Leber entnommen wird, unterbricht sie ihn: Das sei ihr alles zu blutig. Dennoch will sie mehr über die Leberschau wissen.

Fidus: „Iecur[2] aperitur, deinde ab haruspicibus[3] probatur. In iecore sedecim regiones caeli invenis; illis partibus haruspices fulmina tribu-
15 unt. Fulmina, quae e variis partibus caeli veniunt, voluntatem deorum et res futuras patefaciunt."

[1] tībiae, ārum Flöte
[2] iecur, iecoris Leber
[3] haruspex, icis m Opferpriester, Zeichendeuter

Ein Haruspex untersucht eine Leber. Die Flügel, mit denen der Priester dargestellt ist, sind ein Symbol für seine besondere Fähigkeit, sich den Göttern zu nähern. Rückseite eines etruskischen Bronzespiegels. 5. Jh. v. Chr. Vatikan, Museo Gregoriano Etrusco

a) 1. An welchen Substantiven und Adjektiven wird deutlich, wie Larisa über die Opfer denkt?
2. Welche Einstellung hättest du zu einem solchen Opfer?

b) Unsinnssätze, die selbst der Haruspex nicht entschlüsseln kann! Übersetze:
1. Fons montium gentibus aquam adducit.
2. Sacerdotes liberis militum auxilium dant.
3. Uxores sunt feminae sine timore, sed eximio cum honore, labore, amore bonoque more. 4. Rex nocte precibus atrocibus non movetur. 5. Aestate libertas civitatis servitutem vincit. 6. Multitudo hominum variarum nationum leones custodit.

c) Die Substantive der 3. Deklination in den Sätzen aus Übung b) haben jeweils den gleichen Stammauslaut. Ordne ihnen das passende von den folgenden Substantiven zu: lux - mors - senator - magnitudo - virtus - comes. Ein Tipp: Bilde zu den Substantiven erst den Genitiv!

Geheimnisvolle Nachbarn – Rom und die Etrusker

Brot und Spiele

T

Manchmal wurden die Zuschauer bei Spielen mit Geschenken geradezu überhäuft: Zur Abkühlung wurden sie mit parfümiertem Wasser besprengt, aus Netzen fielen Obst, Kuchen, kostbare Speisen oder Gutscheine auf sie herab. In den Pausen verteilten Sklaven Brot, Wein und kleine Imbisse. Der Text beschreibt die Stimmung unter den Zuschauern:

Iam prima luce turba amphitheatrum complet. Homines gaudent:
„Pugnis delectabimur et imperator nobis multa alia beneficia dabit:
Vela[1] nobis umbram praebebunt, et aqua, cibi varii, vina vetera a servis
portabuntur. His rebus omnes gaudebimus, nam omnes uno tempore
5 cum imperatore cenabimus. Tum etiam sortes in turbam mittentur.
Beatus erit, a quo talis sors comprehendetur, nam is ab imperatore servos, villam vel aliud praemium accipiet." Omnes gaudent, clamant et
imperatori gratiam habent. Unus autem spectaculum non probat et de
pugnis veteribus narrat: „Spectacula antiquis temporibus ab Etruscis[2]
10 inveniebantur. Apud illos captivi damnati[3] ad sepulcra[4] ducebantur. Ibi
inter se[5] pugnabant. Ii, qui superabantur, statim a sacerdote interficiebantur, nam illis sacris dei delectabantur, ut Etrusci existimabant.
Nostra autem spectacula non deis, sed imperatori placent, qui nobis ea
spectacula praebet. Nam putat eos homines, qui gaudent et spectaculis
15 delectantur, iniurias imperatoris non animadvertere."

[1] vēlum
Sonnensegel

[2] Etrūscī *m Pl.*
die Etrusker

[3] damnātus
verurteilt

[4] sepulcrum
Grab

[5] inter sē
gegeneinander

Etruskische Wandmalerei in der Tomba degli Auguri. 530–520 v. Chr. Zwei Ringer mit einem Schiedsrichter, die um Preisgefäße ringen; rechts der Unterweltsdämon Phersu, der einen Hund auf einen Verurteilten hetzt, dem eine Kapuze über den Kopf gezogen wurde. Manche Forscher halten dies für den Vorläufer des Gladiatorenkampfs.

V

a) In dem Text kommen Anhänger und Kritiker der Gladiatorenkämpfe zu Wort. Versuche anhand sprachlicher Merkmale (Tempora, Wortfelder, Satzbau o.Ä.) zu erkennen, wo die Anhänger und wo die Kritiker sprechen.

b) Was haltet ihr von den römischen Massenvergnügungen, besonders den Gladiatorenkämpfen? Berücksichtigt in eurer Diskussion auch die moderne „Unterhaltungsindustrie" und „Spaßgesellschaft".

XVI plus

a) Ein Dieb hat alle Formen von tempus und crimen gestohlen. Einige hat er wieder verloren. Welche befinden sich noch im Sack?

b) Welche Buchstaben gehören in die dunkelblauen Felder, damit alle Formen von mare vorhanden sind?

c) Ersetze die Zahlen durch Zahlwörter:
III et IV sunt VII. – V et VII sunt XII. – IV et VI sunt X. – II et V sunt VII. – II et III et V et X sunt XX.

d) Seemannsgarn
1. „Ego omnes terras omniaque maria vidi, amici. 2. Etiam animal crudele aspexi, quod duas naves delevit et decem vel viginti homines interfecit. 3. Tum navem nostram temptavit, di magni, et statim quattuor viros e nave tuta in mare altum traxit. 4. Nos omnes timebamus, cum subito ante oculos nostros insula mira e mari surrexit. 5. Vix hanc terram intraveramus, cum insula moveri coepit et tamquam navis nos per mare in patriam portavit."

e) Larisa hat einen (etwas zu jungen) Verehrer:
1. Te amo, Larisa. Etiamne ego a te amor? 2. Tu a me amabaris, amaris, amaberis. 3. Nisi a te amabor, tristis ero. 4. Semper dicam nullam puellam a me magis amari quam te. 5. Sed etiam mater, pater, canis (Hund) meus a me amantur. 6. Etiamne a te canis meus amabitur?

f) Wähle das passende Relativpronomen aus und übersetze:
1. Fidus fures, (quos / qui / quem) librum rapuerunt, vidit. 2. Velthurius, (cuius / quem / quorum) librum fures rapuerunt, tristis est. 3. Larisa, (quae / cui / quod) ingenium acre est, vestigia (Fußspuren) invenit.

g) Die italienischen, französischen und spanischen Zahlwörter ähneln den lateinischen sehr. Auf den Flaggen stehen sie ungeordnet. Bringe sie mit Hilfe des Lateinischen in die richtige Reihenfolge.

h) Englische Zahlen sind einfach – übersetze sie ins Lateinische und sortiere anschließend die lateinischen Zahlen von eins bis zehn:
two, four, eight, five, three, seven, six, nine, ten, one

Geheimnisvolle Nachbarn – Rom und die Etrusker

55

E
1. Velthurius semper luce solis excitabatur:
   Sed hac nocte sonis miris excitatus est.
2. Larisa clamore patris excitata est.
3. Voce Velthurii villa completa est.
4. Etiam ab uxore Velthurii clamor auditus est.
5. Velthurius: „Violatus et deletus sum."
6. Uxor: „A quo violatus es, vir?"
7. Velthurius: „A fure nos omnes violati sumus."
8. Hodie omnes sacerdotes a furibus violati sunt.
9. Omnes sciunt nos a furibus violatos esse."

Ü

a) Gedächtnislücken. Fidus kann sich an einige Buchstaben der PPP-Formen nicht mehr erinnern. Ergänze sie:
aud[?]tus, indic[?]ta, compl[?]tum, turb[?]ti, orn[?]tus, del[?]ta

b) Bearbeite die Infinitive nach dem folgenden Muster und übersetze die Sätze:
Fidus (excitare) → Fidus excitatus est.

1. Velthurius (turbare). 2. Verba tristia (audire). 3. Sacerdotes (sollicitare). 4. Auxilium (nuntiare). 5. Larisa a patre (laudare). 6. Liber e villa (portare). 7. Sonus (audire). 8. Portae (delere). 9. Voces (audire). 10. Navis (occupare). 11. Nihil (audire). 12. Fidus (temptare). 13. Familia (turbare).

c) Prudens – ein kluger Papagei im Haus des Velthurius. Er wiederholt Sätze, verwandelt sie aber ins Passiv. Übernimm seine Rolle:

1. Fidus: „Scelerati me audiverunt."
   Prudens: „Ego a sceleratis ..."
2. Larisa: „Fures me sollicitaverunt."
   Prudens: „Ego a furibus ..."
3. Velthurius: „Fures nos turbaverunt."
   Prudens: „Nos ..."
4. Velthurius: „Scelerati te temptaverunt."
   Prudens: „Tu ..."
5. Fidus: „Fures etiam vos temptaverunt."
   Prudens: „Etiam vos ..."
6. Velthurius: „Fures nos deleverunt."
   Prudens: „Nos ..."

d) Gaius Cornelius Rufus – Importe aller Art
1. Velthurius a Larisa rogatus est: „Quis est ille Rufus?" 2. Velthurius: „Quia a te rogatus sum, respondere volo. 3. Rufus mercator dives est: Viginti naves ab eo aedificatae sunt, quas in multa maria eduxit. 4. E variis terris a Rufo res carae et mirae in Italiam portatae sunt. 5. His rebus Romani semper delectati sunt. 6. Etiam bestiae ab hoc viro importatae (!) sunt: Equi, leones et ... psittaci (Papageien)."

42 Passiv (Perfekt)

Auf der Spur

Mit einem Ruderboot fahren Fidus und Larisa den Tiber hinab und kommen im Morgengrauen in Ostia an, während Velthurius in Rom bleiben muss. Lange klopfen die beiden bei Rufus an die Tür; da sein Schlafzimmer im ersten Stock liegt, wird er nicht sofort wach.

Paulatim Rufus excitatus est. Tum Larisa ei totam fabulam narravit. Postquam fabula narrata est, Rufus ira completus est: „Tale flagitium in urbe Roma nondum auditum est. Certe fures mox capientur; tum damnabuntur." Larisa: „Id speramus! Narra tandem! Quid hic accidit?"

5 Rufus: „Prima luce vocibus complurium virorum excitatus sum, qui ad portum venerant. Postquam ad fenestram properavi, eos aspexi: Erant circiter quinque vel sex viri; unus ex iis servus erat. Pallia[1] nigra gerebant; speciem sceleratorum praebebant. Unus cistellam[2] secum gessit. Audivi eos navem in portu petivisse;

10 eorum fugam bene paratam esse puto. Servus autem in urbe remansit."

[1] pallium
Mantel

[2] cistella
Kistchen

Als er hierauf nichts mehr bemerkte, so erzählt Rufus, habe er sich wieder schlafen gelegt.

Postquam omnia narrata sunt, Larisa: „Certe illi viri fuerunt, a quibus tu, Fide, heri violatus es. Puto ab iis etiam nomen patris paene violatum esse. Sed

15 haec res ad finem nondum venit! Fugam sceleratorum impediemus; poena eis certa est. Nam leges nostrae tale flagitium non concedunt, iudices nostri sceleratos damnabunt."

Das bekräftigt auch Rufus. Er rät, die Polizei zu rufen, ohne die man kein Verbrechen verfolgen könne. Außerdem sei der Polizeichef Lucius sein Freund. Larisa und Fidus stimmen zu.

Kopf eines etruskischen Kriegers. Bemalter Ton.
6. Jh. v. Chr. Rom, Museo Etrusco di Villa Giulia.

a) Mit welchen Substantiven und Adjektiven beschreibt Rufus die sechs Diebe? Wo mischt sich in seinen Bericht eine Wertung?

b) Setze Formen im Perfekt Passiv ein und übersetze: 1. Fidus: „Ego vulnere malo a fure (wurde verletzt)." 2. Fabula Fidi a Larisa (wurde gehört). 3. Sed nomina sceleratorum a Fido non (wurden angezeigt). 4. Constat honorem Velthurii scelere (vernichtet wurde).

c) Aus dem Polizeitagebuch von Ostia: 1. Heri res mira Rufo narrata est. 2. Illa re Rufus paene ira completus est. 3. Complures viri – circiter sex erant – nocte in portum venerunt. 4. Tota autem species eorum certe turpis erat. 5. Illi viri servum ebrium (betrunken) reliquerunt.

Geheimnisvolle Nachbarn – Rom und die Etrusker

56

E

1. Rufus Larisam monuit. Larisa a Rufo monita est.
2. Larisa et Rufus periculis territi non sunt.
3. Rufus Lucium arcessivit et ab eo auxilium petivit.
4. Lucius a Rufo arcessītus est.
   A Lucio auxilium petītum est.
5. Rufus prima hora diei fures viderat.
6. Tertia hora Larisa ad portum venit;
   quarta hora Lucius tandem aderat.

Ü

a) Debstahl! Be deser Aufgabe fehlt en bestmmter Buchstabe. Welcher? Korrgere und übersetze:
Serv terrt sunt; nam magna voce domn arcesst sunt.

b) Zeitverschiebung.
Verwandle ins Perfekt und übersetze:
1. Rufus vocibus terretur. 2. Lucius et comites arcessuntur. 3. Viri a Lucio monentur. 4. Tabernae a viris petuntur. 5. Viri unum e furibus inveniunt; tum Lucius arcessitur.

c) Bilde Sätze nach folgendem Muster:
„Tu monitus es." → „Ego monitus non sum."

1. „Ego arcessita sum." → „Tu …" 2. „Vos territi estis." → „Nos …" 3. „Hoc petitum est." → „Illud …" 4. „Nos monitae sumus." → „Vos …" 5. „Tu territa es." → „Ego …"

d) Zehn Verdächtige
Primus fugere vult. - Secundus flet. - Tertius resistit. - Quartus ad caelum spectat. - Quintus ad terram spectat. - Sextus ridet. - Septimus clamat. - Octavus tacet. - Nonus arma capit. - Decimus alios accusat.

e) Fünf Tage im Leben des Polizisten Lucius
1. Primo die a Lucio forum petitum est: Ibi Lucius mercatores convenit et pretia omnium rerum probavit. 2. Secundo die in thermas arcessitus est, quia populus fures timebat. 3. Tertio die duo viri a Lucio moniti sunt, qui carris celeribus tamquam in Circo Maximo per vias properaverant. 4. Quarto die vidit equos a liberis in campo territos esse; itaque hi a Lucio moniti sunt. 5. Quinto die Lucius in tabernam arcessitus est et sceleratum comprehendit; crudeli vultu eius etiam Lucius territus est.

I

Polizei und Feuerwehr
Für die Gewährleistung der öffentlichen Ordnung – auch für die Ausrichtung von Spielen, den Bau und die Instandhaltung von öffentlichen Straßen und Gebäuden – waren bestimmte Beamte, die Ädilen (aediles), zuständig. Kaiser Augustus richtete nach einem großen Brand in Rom Spezialeinheiten ein, die für die Brandbekämpfung zuständig waren. Daneben konnten sie auch für andere Aufgaben – wie für die öffentliche Sicherheit – eingesetzt werden. Die Grundmauern des Dienstgebäudes dieser vigiles (Wächter) in Ostia sind erhalten.

Stammformen – Ordnungszahlen

Der Sklave packt aus

Kaum hat Rufus die Stadtpolizei herbeigerufen, finden die Wächter den besagten Sklaven weintrunken in einer Nische des Theaters von Ostia liegen. Rufus holt für Lucius, den obersten Stadtpolizisten, einen Kübel kaltes Wasser herbei.

[1] vigil, vigilis *m*
Wächter, Polizist

[2] hama
Eimer

[3] respōnsum
Antwort

Iam vigiles[1] armati aderant. Rufus Lucio hamam[2] praebuit. Lucius, postquam hama ei data est, servum aquā excitavit. A Lucio servus monitus est: „Surge, scelerate!" Servus autem conspectu vigilum armatorum territus est nihilque respondit. Nunc Lucius clamavit: „Narra
5 tandem! Quemadmodum huc venisti? Quis te huc duxit? A quo arcessitus es? Quis te hic reliquit? Cui servis, scelerate? Dic mihi nomina sociorum tuorum! Quo librum portaverunt?" Quia servus tacebat, Lucius umeros servi cepit: „Dic mihi: Quid quaesivistis? Dic, scelerate, nisi occidi vis! Quid a vobis quaesitum est?" Postquam a servo iterum
10 responsum[3] petitum est, is rem aperuit: „Nomen mihi Rapax est. Dominus meus Arruns est. Is est dux ceterorum. Secundus et tertius sociorum Spurinna et Caecina sunt; nomina quarti et quinti viri nescio. Equidem puto eos omnes Etruscos esse, quia multa verba Etrusca audivi."

Blick vom Theater
auf die Hauptstraße
von Ostia.

a) 1. Spiele Kriminalkommissar: Was verrät Rapax, welche Fragen des Lucius übergeht er? 2. Was lässt sich aus seinen Antworten schließen?

b) Setze ins Imperfekt und übersetze:
1. A dominis servi saepe moniti sunt.
2. Saepe a servis miseris etiam auxilium dominarum quaesitum est. 3. Precibus uxorum clementia (Milde) dominorum petita est.

c) Kennst du den römischen Kalender?
1. Tempore regum primus mensis (Monat) **Martius** erat. 2. Secundus mensis **Aprilis** vocabatur, quartus **Iunius**. 3. Post mortem Iulii Caesaris (Julius Cäsar) quintus mensis **Iulius** vocatus est. 4. A nomine imperatoris Augusti (Kaiser Augustus) sextus mensis **Augustus** vocatus est. 5. Quis nomina septimi, octavi, noni, decimi mensis scit?

Geheimnisvolle Nachbarn – Rom und die Etrusker

57

E
1. Fidus et Larisa a Rufo ad theatrum (!) ducti sunt.
2. Ibi Rapax captus est.
3. Fidus tantum illa nocte sceleratos vidit; a Fido tantum scelerati visi sunt.
4. Postquam Rapax comprehensus est, nuntius a Lucio in urbem missus est.

Ü

a) In der Aufregung ist alles durcheinandergeraten. Ordne die Buchstaben und übersetze:
1. Nuntii ad Lucium **SIMIS** sunt. 2. Larisa ad theatrum (!) **TADUC** est. 3. Servus ibi **SUSIV** est. 4. Multi scelerati a Lucio iam **SEIPENCHROM** sunt. 5. Non omnes fures **TAPIC** sunt.

b) Bestimme die Formen und übersetze:
1. mittis - misisti - missus es - missae estis
2. ducit - duxit - ducti sumus - ducta sum
3. videor - vidi - visi sunt - visum est
4. capiunt - cepimus - captus sum - capti estis 5. comprehendo - comprehendistis - comprehensi estis - comprehensa sunt

c) Setze ins Perfekt Passiv:
1. mittis 2. duxerat 3. capiemus 4. comprehendunt 5. video

d) Gewusst wie!
Sapiens omnia sua secum portat.

e) Ein von Lucius geschickter Bote überbringt Velthurius folgende Nachricht. In der Eile hat Lucius aber Wörter abgekürzt. Schreibe den Text in voller Länge auf und übersetze:

S., AMICE!
UNUS E FU. CAPT. E. / SERVUS E. / NOMEN EI RAPAX E. / CETERI A NOBIS N. VIS. S. / N. COMPREHEN. S. / ARRUNS EOS DUC. / ETIAM IS CAPT. N. E. / RUFUS ET FIDUS C. LARISA AD EUM MIS. S. / LARISA PUELLA FORT. E. / V.!

f) „thu, zal, ci ..."
1. A deis venti celeres missi sunt, quibus navis in mare ducta est. 2. Mox portus urbis Etruscae visus est. 3. Larisa et Rufus et Fidus navem reliquerunt et a duobus comitibus in urbem ducti sunt. 4. In viis verba mira audita, sed – a Larisa – comprehensa non sunt. 5. Hoc autem statim comprehensum est: Puer parvus quinque digitos (Finger) manus suae spectavit et clamavit: „thu, zal, ci ... huth ... mach."

I

Weiterleben der Etrusker
Das etruskische Caere (heute it. Cerveteri) war bis ins 3. Jh. v. Chr. eine bedeutende Etruskerstadt. Noch heute kann man die Totenstadt (Nekropole) mit Dutzenden von runden Grabhügeln und Grabhäusern besichtigen, die aus dem vulkanischen Tuffstein herausgehauen sind. Die reichen Etrusker richteten dort ihren Verstorbenen komfortable Ruhestätten ein. Die Kenntnis der etruskischen Kultur, vor allem die Beherrschung ihrer Schrift und Sprache, ging nach einer kurzen Wiederbelebung durch Kaiser Claudius (41–54 n. Chr.) unter. Forschern unserer Zeit ist es gelungen, die etruskischen Inschriften und Texte zu lesen und einen Teil zu verstehen. Jetzt weiß man auch: Ein nördlicher Stamm der Etrusker hat sich am Südrand der Alpen bei Verona niedergelassen, die Raeti (Räter). Auf deren Alphabet gehen die Runenzeichen der Germanen zurück.

Ein schnelles Ende

Die Freunde beschließen, mit einem schnellen Segelboot von Ostia nach Caere zu gelangen. Lucius stellt ihnen zwei Wächter ab. Zu fünft fahren sie nach Caere. Im Hafen steigen sie in einen Pferdewagen um, denn Caere selbst liegt noch eine Stunde weiter landeinwärts.

[1] vigil, vigilis *m* Wächter, Polizist
[2] aedīlis, is *m* Ädil (hoher Polizeibeamter)
[3] Caeretānus Caeretaner, Bewohner der Stadt Caere
[4] necropolis, is Nekropole, Gräberstadt
[5] carcer, carceris Gefängnis

Postquam Rapax servus a Rufo captus est, carrus ad oppidum tractus est; amici a vigilibus[1] statim ad aedilem[2] ducti sunt. Ab eo audiverunt Arruntem eiusque socios Caeretanos[3] esse, sed diu in urbe non iam visos esse. Aedilis narravit: „Primo illi viri a civibus risi sunt, quia litteris Etruscis scribebant. Ab aliis civibus reprehensi sunt, quod undique
5   in necropolim[4] veterem conveniebant. Ante paucos dies fugerunt."

Rufus und Larisa vermuten, dass die Verbrecher sich in der Gräberstadt versteckt haben könnten. Mit weiteren Polizisten machen sie sich zur Nekropole auf. Vor einem der ältesten Gräber bleiben sie stehen, denn im Sand zeigen sich frische Spuren. Das Eingangstor ist verschlossen.

Postquam ad portam ventum est, vigiles statim per vim inierunt: Ibi non quinque, sed decem viros invenerunt, qui e libro Etrusco carmina recitabant. Magnus clamor undique factus est. Quamquam scelerati se
10 defendebant, victi sunt: Alii eorum interfecti, alii laesi, alii comprehensi et in carcerem[5] coniecti sunt. Sic liber sanctus studio Larisae inventus est; statim ad Velthurium nuntius felix missus est.

Das Verhör der Banditen ergab: Die Zehn gehörten einem radikalen Geheimbund an, der für die Einrichtung einer unabhängigen etruskischen Provinz kämpfte. Sie wollten mit dem Diebstahl des Buches die römischen Opfer zum Erliegen bringen und den Staat schwächen.

Die etruskische Nekropole von Caere (Cerveteri).

a) Ein rasches Ende! Erzähle im Telegrammstil den Inhalt der ersten Sätze im Präsens:
Beispiel: Rapax capitur. – Ad oppidum … – Ad aedilem (Ädil) … – Viri a civibus … – Welche Informationen gehen dabei verloren?

b) Setze ins Perfekt und übersetze:
1. Fures primo non comprehenduntur.
2. Post nonnullos autem dies fures vi capiuntur. 3. Duo scelerati interficiuntur, tres laeduntur. 4. Tum liber sanctus invenitur et ad Velthurium mittitur.

c) Übersetzer gesucht!
1. Apud fures litterae Etruscae inventae sunt. 2. Eae iudici Romano recitatae sunt. 3. Sed is linguam Etruscam nesciebat, quia paene tota lingua iam perierat. 4. Itaque viri sapientes undique ad iudicem ducti sunt. 5. Ii paucas tantum litteras in linguam Latinam (!) verterunt. 6. Deinde coniecerunt fures coniuratos (Verschwörer) esse.

Das geheime Wissen der Etrusker

Immer schon wollte Larisa wissen, was genau in dem gestohlenen Buch steht und warum es für ihren Vater so wichtig ist. Da sie sich sicher ist, dass ihr Vater ihr das nie sagen würde, fragt sie Fidus:

Fidus: „Antea reges nostri magnae parti Italiae imperabant, quia Romani nos nondum vicerant.
Sed sacerdotes nostri, quamquam
5 a Romanis superati sumus, saepe rogati sunt, cum Romani res adversas timebant. Nam sacerdotes nostri res futuras sciunt. Tria sunt signa, quibus res futurae aperiri possunt."

Diese drei Dinge, so Fidus, seien die Leber der Opfertiere, der Flug der Vögel und die Blitze.

10 Larisa rogat: „Sed quis res futuras scire potest?" Respondet Fidus: „Dei, qui omnia sciunt, res quoque futuras sciunt. Et dei nobis res futuras his signis, de quibus dixi, indicant. Is,
15 a quo signa deorum comprehensa sunt, voluntatem deorum scit. Vide eos sacerdotes, qui fulmina servant: Ab iis caelum, ut iecur[1] hostiarum, in sedecim partes dividitur[2], quarum
20 aliae felices, aliae infelices sunt. Si fulmen e regione felici exiit, signum felix est, si e regione alia, signum infelix vel dubium[3] est. Sic voluntatem deorum conicere possumus,
25 si a Romanis rogamur."

[1] iecur *n* Leber
[2] dīvidere (auf)teilen
[3] dubius zweifelhaft, unsicher

Vel Saties, ein reicher Etrusker, versucht durch die Deutung des Vogelfluges den Ausgang einer Schlacht gegen die Römer vorherzusehen. Etruskische Wandmalerei aus der Tomba François in Vulci. Um 315 v. Chr. Rom, Villa Albani.

a) 1. Welche Wort- oder Sachfelder kommen in dem Text vor? Um welches „Geheimwissen" der Etrusker geht es hier wohl?
2. Erinnere dich: Welche göttlichen Zeichen waren bei der Gründungssage Roms wichtig?

b) Schon immer haben die Menschen versucht, die Zukunft vorauszusagen. Stellt andere „Methoden" vor, mit denen man früher versuchte, den Willen der Götter und die Zukunft zu bestimmen. Welche „Methoden" aus der heutigen Zeit kennst du?

XVII plus

a) Blitzeinschlag! Alles ist durcheinander geraten. Ordne zu und übersetze:

damn — ta es
del — sae estis
vi — eti sunt
cap — ita est
terr — ati sumus

b) Ein etruskischer Priester berichtet ganz aufgeregt, was er am Himmel gesehen hat:
1. „Signum a deis datum est. 2. Primo soni miri a me auditi sunt. 3. Tum viginti cycni (Schwäne) a me visi sunt. 4. Multitudine eorum territus sum. 5. Numquam tanta multitudo ab hominibus visa est. 6. Nonne a deis moniti sumus?"

c) Setze den Bericht des Priesters aus b) nach folgendem Muster ins Aktiv:
Signum a deis datum est. → Dei signum dederunt.

d) Vergangenheit oder Zukunft? Entscheide, ob Imperfekt oder Futur I vorliegt, und übersetze:
1. Dei a sacerdotibus rogabantur. 2. Signum a deis dabitur. 3. Hostiae deis praebebuntur. 4. Dei sacris delectabuntur. 5. Carmina cantabantur. 6. Auxilium deorum a sacerdotibus petebatur. 7. „Vos, di magni, sacris certe movebimini. 8. Nos beneficiis vestris servabimur."

e) Nur für Eingeweihte. Bilde die jeweils in Klammern angegebene Form:
1. servare (1. Pl. Perf. Passiv *f*) 2. ornare (3. Pl. Perf. Passiv *n*) 3. monere (2. Sg. Perf. Passiv *m*) 4. monere (2. Sg. Impf. Passiv) 5. arcessere (2. Pl. Perf. Passiv *m*) 6. facere (3. Sg. Perf. Passiv *n*) 7. facere (1. Pl. Perf. Aktiv) 8. audire (3. Pl. Perf. Passiv *f*)

f) Gib an, welche Veränderung vorgenommen wurde, um den jeweils nächsten Schritt zu erreichen. Beachte: Es gibt jeweils nur eine Veränderung; entweder ändert sich der Kasus, der Numerus oder das Genus:
1. hi → hos → hunc → hanc → huic 2. ille → illo → illā → illis → illae 3. harum → hae → his → hāc → hōc 4. illud → illius → illorum → illa → illos 5. hanc → hoc → hoc → haec → hi

g) Bilde die jeweils passende(n) Form(en) des Adjektivs:
virum (sapiens) - mores (vetus) - sacerdotibus (diligens) - libri (vetus) - templo (ingens) - hominum (felix) - verba (sapiens) - turbae (ingens) - civitatis (dives)

h) Welche Wörter, die aus dem Lateinischen stammen, kannst du im folgenden Krimitext entdecken? Was bedeuten sie?

„… Mehrere Indizien deuteten darauf hin, dass sich die Diebe in der alten Villa komplett versammelt hatten. Der korpulente Kriminalbeamte Felix Fuchs blickte durch das Fenster und gab dann seiner Partnerin Beate Berger das Signal zur Festnahme. Die Kriminellen behaupteten zwar, sie seien nur zusammengekommen, um etwas vollkommen Legales zu tun, nämlich Memory zu spielen, aber ihre Beute verriet sie: Im Schrank versteckt fand Fuchs die wertvolle Partitur von Wolfgang Amadeus Mozart …"

Geheimnisvolle Nachbarn – Rom und die Etrusker

Menschen und Götter – die Welt der Mythen

Mit Herkules, Äneas, Romulus und Remus sind dir bereits einige mythische Gestalten Roms und Griechenlands begegnet. In den folgenden Lektionen werden Geschichten im Mittelpunkt stehen, die das Verhältnis der Menschen zu den Göttern betreffen. Nach der Lektüre dieser Geschichten wirst du Redewendungen wie „Tantalusqualen" oder „Sisyphusarbeit" erklären können, und auch, warum der Kontinent, auf dem wir leben, Europa heißt.

Wie ist der Mythos entstanden?

fundamentum

Der Mythos versuchte, die Welt zu erklären – zu einer Zeit, in der es noch keine Wissenschaft gab. So wurde in einfachen Geschichten erläutert, wie Tiere, Pflanzen und Menschen, aber auch Götter und Weltall entstanden sind. Auch Naturgewalten, wie z.B. Blitze, versucht der Mythos zu erklären: So glaubten die Menschen des Altertums, Zeus schleudere Blitze zur Bestrafung auf die Erde hinab. Viele Mythen beschäftigen sich darüber hinaus mit Erfahrungen, die im Leben aller Menschen auftreten, z.B. mit Leid und Unglück. Insofern lernte man aus ihnen, wie man sich verhalten sollte, ließ sich aber auch vor manchen Handlungen warnen.

1 Michael Ayrton: Minotaur Waking. 1972. Hampshire, Southampton City Art Gallery.
2 Der Titan Atlas. 1937. Statue von Lee Lawrie vor dem Rockefeller Center, New York.
3 Prometheus erschafft den Menschen. Römisches Schmuckstück. Wien, Kunsthistorisches Museum.
4 Europa und der Stier. Rückseite der griechischen Zwei-Euro-Münze.
5 Jean-Auguste-Dominique Ingres: Ödipus und die Sphinx. 1808. Paris, Musée du Louvre.
6 Die Titanen Atlas und Prometheus. Griechische Vasenmalerei. Rom, Vatikanische Museen.
7 Prometheus. 1934. Brunnenstatue von Paul Manship vor dem Rockefeller Center in New York.

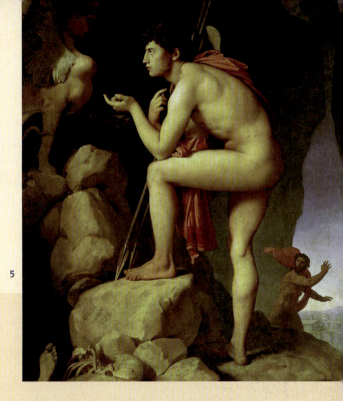

Wie deutet man Mythen? *fundamentum*

Warum mythische Erzählungen auch heute noch beliebt sind, lässt sich am Beispiel der Sage von Prometheus darstellen: Die Griechen glaubten, dass der Göttersohn Prometheus die Menschen aus Lehm erschaffen hatte und ihnen stets als Helfer zur Seite stand, was Zeus nicht gefiel. Eines Tages raubte Prometheus das Feuer aus dem Himmel, um den Menschen das Leben zu erleichtern. Damit aber hatte er gegen ein Verbot des Zeus verstoßen, der ihn zur Strafe an einen Felsen im Kaukasusgebirge (vgl. Karte im hinteren Buchdeckel) kettete. Täglich flog ein Adler herbei, der mit seinem spitzen Schnabel dem Prometheus die Leber aushackte – die aber in jeder Nacht wieder nachwuchs.

Dieser Mythos wird auf verschiedene Weise gedeutet: Die einen sehen Prometheus als Vorbild, weil er den Mut hatte, gegen den Willen eines tyrannischen Herrschers aufzubegehren und Schwächeren zu helfen. Andere dagegen sehen in Prometheus den frechen Rebellen, der gesetzte Grenzen eigenmächtig überschritt und dafür zu Recht bestraft wurde.

Auch wenn das Leben der heutigen Menschen in hohem Maße vom naturwissenschaftlichen Denken bestimmt ist, sind die alten Geschichten von Göttern und Helden doch nicht ganz aus unserer Welt verdrängt worden. Wir greifen noch immer auf mythische Bilder und Geschichten zurück, um Dinge anschaulich und verständlich zu beschreiben: Denkt nur an selbstverständlich gebrauchte Begriffe wie „Trojaner" (für ein in den Computer eingeschleustes Ausspähprogramm) oder die sprichwörtlichen „Herkuleskräfte".

58

E

1. Scelerati, quia a civibus risi erant, fugerunt et se condiderunt.
2. Rapax servus, qui a Rufo captus erat, a vigilibus (Polizisten) comprehensus est.
3. Si ceteri scelerati comprehensi erunt, etiam liber invenietur.

Ü

a) Forme nach folgendem Muster um:
Präs. → Perf., Impf. → Plusqpf., Fut. I → Fut. II.

1. Nuntii mittebantur. 2. Servus reprehenditur. 3. In urbem ducimur. 4. Liber invenietur. 5. A patre moneris. 6. Clamore terrebaris.

b) Verwandle in die entsprechende Form des Passivs und übersetze dann:

1. accusaverant 2. fecerunt 3. invēnit 4. audiverat 5. terrebis 6. traxerunt

c) Ordne die Verbformen der e-Konjugation bzw. der kons. Konjugation zu und bringe sie in die Reihenfolge Präs. – Impf. – Fut. I – Perf. – Plusqpf. – Fut. II:

laeduntur – territus est – ridebamini – trahentur – petitum erat – visi erant – missi erunt – moneor – habebitur – comprehensus es – obiciebatur – monitus ero

d) Formenstaffel:
Perf. → Pass. → Präs. → Plusqpf. → Akt. → Impf.

impedit   capiunt   portas

e) Verbinde jeweils einen Nebensatz mit einem passenden Hauptsatz und übersetze:

Hauptsätze
1. Servus nomina aperuit, …
2. Servus, …, in oppido erravit.
3. …, nihil respondit.
4. Rufus, …, de scelere furum narravit.

Nebensätze
a) qui a viris in portum ductus erat
b) postquam servus comprehensus est
c) qui a compluribus viris excitatus erat
d) quia a Lucio vi laesus erat

f) Nach getaner Arbeit ist gut ruhen.
Gaudebo, … 1. si labor factus erit.
2. si officia recte facta erunt. 3. si omnia pericula superata erunt.

I

Europa und Phönizien
Das phönizische Alphabet ist die Grundlage des griechischen und damit auch des lateinischen Alphabets. Das Zeichen für den ersten Buchstaben des Alphabets, unser A, das griechische Alpha und das phönizische Aleph, ist nichts anderes als das stark vereinfachte Bild eines Stierkopfes. Dass die phönizische Kultur die griechische bzw. europäische Kultur beeinflusst hat, spiegelt sich in der Sage um die phönizische Königstochter Europa, die von Jupiter entführt wurde.

Passiv (Plusquamperfekt, Futur II)

Europa und der Stier

Jupiter hatte sich in die schöne phönizische Königstochter Europa verliebt. Mit einem Trick gelang es ihm, das ahnungslose Mädchen zu entführen. Eine Freundin Europas, die Augenzeugin des Geschehens war, überbrachte schließlich Europas Vater die traurige Nachricht:

„Rex, audi de calamitate filiae tuae: Europa a me ad litus ducta erat. Nam ab aliis virginibus ad ludos vocatae eramus. Ibi subito taurus in conspectum nostrum venit et in arena consedit. Numquam taurus tam praeclarus a nobis spectatus erat. Itaque Europa illum manibus tetigit.
5 Vix in tergo bestiae consederat, cum ab animali iam in aquam portata est. Europa perterrita est; certe secum cogitavit: ‚Cum in mare altum tracta ero, pater certe cura gravi torquebitur.‘ Denique clamare coepit: ‚Redi ad litus, taure!‘ Vox virginis, quae timore ingenti completa
10 erat, adhuc a nobis animadversa est. Sed amicae adesse non potuimus." Postquam haec omnia a patre accepta sunt, statim fratres Europae in multas terras missi sunt. At puella inventa non est. Taurus enim eam in Cretam deduxerat.
15 Ibi Europa animadvertit se a Iove raptam esse; is formam mutaverat, quia amore captus erat.

Später gebar Europa dem höchsten Gott drei Söhne. Minos, einer der Söhne, wurde König von Kreta. Nach seiner Mutter Europa wurde schließlich unser Erdteil benannt.

Die Entführung der Europa. Römisches Mosaik. 3. Jh. n. Chr. Kos, Haus der Europa.

a) 1. Erkläre Jupiters List und beurteile sein Handeln. 2. Wie reagiert Europa in T, Z. 4–11? 3. Beschreibe die Bildelemente, auch im Vergleich zu T.

b) Vokabelraub.
Schreibt alle neuen Lernwörter – lateinisch und deutsch – auf Karten. Eine(r) von euch nimmt eine Karte fort und legt die restlichen aus. Wer als Erste(r) merkt, welche Vokabel fehlt, darf die nächste Karte „rauben". Setzt euch für das Spiel in Fünfergruppen zusammen.

c) Europa denkt an ihre Entführung zurück:
1. In patriam redire non potui. 2. Certe pater miser calamitate mea perterritus erat. 3. Fratres ira gravi completi erant et mater magno timore turbata erat. 4. Etiam amicae flagitio crudeli sollicitatae erant, nam dolo deducta eram. 5. Cur Iuppiter amore captus erat, cur in taurum praeclarum mutatus erat, cur ego tergum animalis tetigeram?

d) Quod licet Iovi, non licet bovi (einem Ochsen).
Was ist damit gemeint?

Menschen und Götter – die Welt der Mythen

59

E 1. Europa taurum fortem tetigit.
Europa taurum corporis ingentis tetigit.
2. Ille taurus corpore ingenti erat.
3. Europa, postquam a tauro deducta est, non iam bono animo erat.

Ü **a)** Nur gute Eigenschaften? Übersetze:
1. animal magni corporis 2. puer summae virtutis 3. filius magni ingenii 4. pugna multorum dierum 5. puella septem annorum 6. donum parvi pretii

b) Jung und schön
Ergänze die fehlenden Endungen im angegebenen Kasus und übersetze:
1. Titus, qui erat vir virtut[?] clar[?] (Gen.), Iuliam amavit. Titus ei multas res magn[?] preti[?] (Gen.) donavit. Iulia autem hunc virum quadraginta (40) ann[?] (Gen.) non amavit. 2. Iulia Publium iuvenem amavit. Nam Publius erat iuvenis vult[?] laet[?] (Abl.) et voc[?] clar[?] (Abl.) et corpor[?] pulchr[?] (Abl.). 3. Quamquam Publius Iuliae amicae res parv[?] preti[?] (Gen.) praebuit, ea semper bon[?] anim[?] (Abl.) erat.

c) Erkläre das folgende Sprichwort:
Tempora mutantur et nos mutamur in illis.

d) Warnung oder Aufmunterung?
Numquam periculum sine periculo vincitur.

e) Telefonauskunft
Ordne den Passivformen die richtige Telefonnummer aus der Tabelle zu, z.B. excitantur – 661:
capti eramus – monebaris – auditur – missi estis – ducentur – excitor – mittebatur – ductus erat – moniti sumus – monitus eras – audiebamini – excitatus sum – missa erat

1 ich	2 du	3 er (sie, es)
4 wir	5 ihr	6 sie
1 fassen	2 schicken	3 hören
4 führen	5 ermahnen	6 wecken
1 Präsens	2 Imperfekt	3 Futur I
4 Perfekt	5 Plusquamperfekt	

Prometheus – Schöpfer und Helfer der Menschen

Der Göttersohn Prometheus formte die ersten Menschen nach seinem Ebenbild aus Lehm. Minerva hauchte ihnen Leben und Verstand ein. Die Götter verlangten nun von den Menschen Opfer und Anbetung. Da erdachte Prometheus eine List: Aus einem geschlachteten Opferstier machte er zwei Haufen, einen größeren aus den Knochen und Innereien und einen kleineren aus dem Fleisch, die er beide mit Stierhaut umhüllte. Jupiter wählte den größeren; den Menschen blieb so das wertvollere Fleisch des Tieres. Als der Betrug herauskam, wurde Jupiter zornig und versagte den Sterblichen das lebenswichtige Feuer. Deshalb holte Prometheus das Feuer in einem hohlen Schilfrohr vom Himmel zurück und brachte es den Menschen.

Genitiv und Ablativ der Beschaffenheit

Ein Ende der Qualen

Herkules hatte im Auftrag von König Eurystheus schon viele Heldentaten vollbracht, z.B. hatte er den Nemeischen Löwen, die Stymphalischen Vögel und die Hydra von Lerna getötet. Als Eurystheus ihm auftrug, die Äpfel der Hesperiden zu stehlen, wollte Herkules den klugen Prometheus um Rat fragen. Zu diesem Zweck eilte er zum Kaukasusgebirge.

T

Hercules in Caucasum[1] venit. Sed quid ibi vidit? Prometheus, vir summae virtutis, in vincula datus erat. Itaque hunc virum interrogavit: „Cur talis poena tibi statuta est, infelix?"

Prometheus respondit: „Vita mortalium, qui a me creati erant, plena
5 laborum erat; nam Iuppiter eis ignem, rem magni pretii, negaverat. Itaque mihi placuit mortalibus adesse; illam rem necessariam eis donare constitui. Postquam ignem e caelo rapui et in tecta mortalium portavi, ii bono animo fuerunt. Me laudabant et contendebant me magna virtute esse. Sed Iuppiter ira acri fuit, quia ignis raptus erat. Itaque ab
10 eo captus et deductus et in vinculis relictus sum. Iterum atque iterum me temptat aquila[2], quae est magna vi; ea iecur[3] meum laedit. Quis umquam eius modi poena tortus est?" Hoc supplicio gravi Hercules denique motus est: Aquilam crudelem telo interfecit virumque praeclarum a vinculis liberavit.

[1] Caucasus
der Kaukasus
(Gebirgszug an
der Grenze zu
Asien)

[2] aquila
Adler

[3] iecur *n*
Leber

**Herkules befreit Prometheus. Griechische Vasenmalerei.
Um 610 v. Chr. Athen, Nationalmuseum.**

a) 1. Erstelle ein Tempusprofil zu Prometheus' Antwort und ziehe Rückschlüsse daraus. 2. Welche Eigenschaften werden Prometheus in **T** zugeschrieben? 3. Wie zeigt sich Prometheus als Wohltäter der Menschen? Begründe, warum diese Hilfeleistung wichtig für die Menschen ist.

b) Herkules' Heldentaten
Setze passend ein und übersetze: summae virtutis, parvo corpore, magni animi

1. Conicimus Herculem non [?] fuisse; nam multos mortales magnitudine corporis superavit. 2. Hercules fortis bestias ingentes superavit; itaque homines virum [?] laudabant. 3. Quis nescit Herculem virum [?] fuisse?

c) Als Prometheus Herkules erblickte, dachte er:
1. Quam diu plenus curarum gravium fui!
2. Sed nunc bono animo sum; nam Hercules, ille vir magna vi corporis, me e calamitate servabit. 3. Postquam iter (Reise) complurium dierum fecit, me miserum animadvertit et precibus meis motus est.
4. Ei placebit mihi auxilium necessarium dare: Mihi libertatem donabit, e vinculis me liberabit. 5. Doloribus non iam torquebor.

V

Menschen und Götter – die Welt der Mythen   55

60

E

1. Homines a Prometheo creati sunt. Sed igne carebant.
   Homines, postquam a Prometheo creati sunt, igne carebant.
   Homines a Prometheo creati igne carebant.
2. Itaque Prometheus ignem e caelo rapuit et hominibus donavit.
   Itaque Prometheus ignem e caelo raptum hominibus donavit.
3. Iuppiter eo dolo motus poenam crudelem in Prometheum constituit.
4. Aquila (Adler) crudelis Prometheum in vincula datum laesit.
5. Hercules verbis Promethei motus virum miserum e vinculis liberavit.
6. Hercules Prometheum a Iove in vincula datum (tamen) liberavit.

Ü

a) Gib das PPP an:
   1. arcessere 2. movere 3. tangere
   4. deducere 5. mittere 6. invenire

b) Verbinde die Partizipien sinnvoll mit einem Substantiv und übersetze wörtlich:

> raptum tractum constitutae laesae
> comprehensi aedificatam leges
> navem manus carrum ignem fures

c) Lies M 3 auf S. 147 und analysiere die folgenden Sätze entsprechend. Übersetze dann die ganzen Sätze:
   1. Europa a tauro pulchro rapta flevit.
   2. Amicae Europae a tauro deductae adesse non poterant. 3. Europa a Iove amata non gaudebat, sed patriam desiderabat.

d) Forme die Sätze um, indem du den farbig gedruckten Satz als Partizipialkonstruktion in den anderen Satz einfügst; übersetze dann:
   Bsp.: Rapax servus a Lucio comprehensus est. Rapax servus tandem nomina sociorum dixit. → Rapax servus a Lucio comprehensus tandem nomina sociorum dixit. (temporal)

   1. Taurus Europam deducere voluit.
   Taurus amore captus est. (temporal)
   2. Iuppiter Europam rapuit.
   Europa magno timore mota erat. (konzessiv)
   3. Amici patri adfuerunt. Pater hoc scelere territus est. (kausal)
   4. Amici filiam non invenerunt.
   Filia in Cretam deducta erat. (kausal)

Kretische Silbermünze. Um 350 v. Chr. Wien, Kunsthistorisches Museum.

I

Dädalus und Ikarus

Die Künste des athenischen Erfinders und Baumeisters Dädalus waren weithin bekannt. Als aber sein Neffe Talus zu ihm in die Lehre geschickt wurde, stellte sich der Junge als so klug heraus, dass Dädalus ihn aus Neid vom Felsen der Akropolis hinunterstieß. Daraufhin wurde er verbannt und fand Zuflucht auf der Insel Kreta, wo er auf Befehl des Königs Minos ein Labyrinth errichtete, aus dessen verwinkelten Gängen niemand zum Ausgang fand. Dort wurde Minos' Stiefsohn, das stierköpfige Ungeheuer Minotaurus, gefangen gehalten.

Verwendung des Partizip Perfekt Passiv (PPP)

Flugpioniere

Dädalus lebte seit einigen Jahren mit seinem Sohn Ikarus auf Kreta. Da König Minos auf die Künste des Dädalus nicht verzichten wollte, verbot er ihm, die Insel zu verlassen. Aber Dädalus wusste einen Ausweg. Nach vielen Vorbereitungen war der Tag der Flucht gekommen.

Prima luce Daedalus Icarum e somno excitavit et filio amato dixit: „Surge statim, Icare! Alae[1] ad fugam paratae sunt, quae diu in tecto conditae erant." Sine mora pater filio alas ad fugam paratas praebuit; tum imperavit: „Cape alas, quas e pennis[2] et cera[3] feci." Statim Icarus alas e pennis et cera factas cepit. Tum filius laetitia completus respondit: „Pater, nemo nos a fuga prohibebit. Nemo nos retinebit ut captivos. Nunc per caelum latum in patriam desideratam volare possumus."

Daedalus autem timore et curis sollicitatus filium monuit, priusquam alas movere et volare coeperunt: „Vita pericula solis! Vita pericula undarum! Vita mare ventis motum! Vola per aerem media via[4]!" Tandem Daedalus et Icarus spe adducti fugam inierunt et per aerem volaverunt. Sed filius consiliis patris monitus tamen non paruit et summa audacia caelum altum appetivit. Itaque perniciem vitare non potuit. Nam sol ceram solvit alasque delevit. Sic puer miser in mare ventis vehementibus motum cecidit.

[1] āla Flügel
[2] penna Feder
[3] cēra Wachs
[4] mediā viā auf einer mittleren Bahn

Nachdem der Sturm sich gelegt hatte, konnte Dädalus den Leichnam seines Sohnes am Strand einer Insel bergen, die fortan „Ikaria" genannt wurde.

Frederic Lord Leighton: Dädalus und Ikarus. Um 1869. The Faringdon Collection.

a) 1. Welche Gefühle bewegen Vater und Sohn vor der Flucht? 2. Vor welchen Gefahren warnt Dädalus Ikarus? Überlege, welche weiteren Gefahren auftauchen können. 3. Informiere dich auf S. 58 f. über die minoische Kultur.

b) Zu viel Talent bei Talus?
Setze die passende PPP-Form ein und übersetze:
vocato - conditum - missum - adductus

1. Daedalus Talum a sorore [?] res varias docuit. 2. Sed quia discipulus mox magistrum ingenio superavit, Daedalus ira vehementi [?] Talum interfecit. 3. Tum per multas urbes erravit, sed nemo ei auxilium dedit. 4. Denique Daedalo a rege Cretae insulae [?] placuit hanc insulam adire. 5. Ibi labyrinthum (!) Minotauro (Minotaurus) aedificavit. 6. Mortales autem Minotaurum in labyrintho [?] timuerunt.

Menschen und Götter – die Welt der Mythen

KRETA
UND DIE MINOISCHE KULTUR

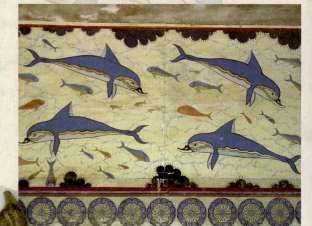

Die Insel Kreta gilt als Wiege der europäischen Kultur: Der Göttervater Zeus soll dort in einer Höhle des Ida-Gebirges geboren worden sein, und die von Zeus nach Kreta entführte phönizische Königstochter Europa soll dem ganzen Erdteil seinen Namen gegeben haben. Der kretische Sagenkreis um König Minos und den Minotaurus und um Dädalus und Ikarus spiegelt geschichtliche Ereignisse aus längst vergangenen Jahrtausenden wider.

DIE MINOISCHE KULTUR

Der sagenhafte König Minos, der als Sohn des Zeus und der Europa galt, gab der sog. „minoischen" Kultur auf Kreta den Namen. Sie gilt als die erste Hochkultur auf europäischem Boden: Wir wissen von prächtigen Palastbauten, die als Verwaltungszentren und Orte religiöser Rituale dienten. Die Minoer waren schriftkundig, brachten herausragende Künstler und Architekten hervor und beherrschten in ihrer Blütezeit das Mittelmeer. Sie trieben aber nicht nur regen Seehandel, sondern gründeten auch Siedlungen auf anderen Inseln. Von solchen Siedlungen aus beeinflusste die kretische Kultur und Religion das griechische Festland. Sogar das später mächtige Athen musste zeitweise Steuern an Kreta zahlen.

In der kretischen Gesellschaft spielten Göttinnen und Priesterinnen eine wichtige Rolle, sodass viele Forscher annahmen, auf Kreta hätten Frauen eine herrschende Stellung innegehabt.

Der Stier hat auf Kreta eine besondere Bedeutung, wenn man z.B. an das aus Mensch und Stier bestehende Mischwesen des Minotaurus denkt oder an die zahlreichen Darstellungen, die den sog. „Stiersprung" zeigen: Dabei rannte ein junger Mann auf einen Stier zu und übersprang ihn. Durch diese Mutprobe wurde er in die Welt der Erwachsenen aufgenommen.

DAS BERÜHMTE LABYRINTH

Der Sage nach soll Dädalus im Auftrag des Königs Minos ein Labyrinth, einen Irrgarten, für den Minotaurus erbaut haben. Ob es einen wahren Kern dieser Sage gibt, weiß man nicht: Manche Forscher sagen, bei dem Labyrinth handle es sich um eine Umschreibung für den berühmten Palast von Knossos, in dessen zahllosen Räumen man sich habe verlaufen können. Gestützt wird diese These dadurch, dass man an den Wänden dieses Palastes viele Abbildungen von Doppeläxten gefunden hat, die man „labrys" nannte. Labyrinth hieße dann „Haus der Axt". Diese Deutung ist aber umstritten. So behaupten andere Forscher, das Labyrinth sei eine weitverzweigte Höhle auf Kreta.

DER UNTERGANG DER MINOISCHEN KULTUR

Um 1700 v. Chr. wurden die Paläste auf Kreta durch ein Erdbeben zerstört, danach aber noch prächtiger wiederaufgebaut. Eine zweite Zerstörungswelle wird für etwa 1450 v. Chr. angenommen. Daraufhin seien der Handel und Wohlstand Kretas deutlich zurückgegangen, woraus eine große Unzufriedenheit der Kreter gegenüber ihren Herrschern erwuchs.
Schließlich übernahmen Bewohner des griechischen Festlands, die sog. Mykener, die Macht auf Kreta; die minoische Vorherrschaft war zu Ende gegangen. Die Mykener ihrerseits wurden um 1200 v. Chr. selbst Opfer von Angriffen der sog. Seevölker; damit ging ein weitreichender Verlust an Kultur und staatlicher Ordnung einher. Es begannen die „dunklen Jahrhunderte", aus denen keinerlei schriftliche Zeugnisse mehr überliefert sind.

1 Rhyton (Gefäß zum Ausgießen des Opfertrankes) in Form eines Stierkopfes. Um 1500 v. Chr. Heraklion, Archäologisches Museum.
2 Delfinfresko im Thronsaal der Königin. Palast von Knossos.
3 Goldene minoische Doppelaxt. 17./16. Jh. v. Chr. Heraklion, Archäologisches Museum.
4 Minoische Schlangenpriesterin. Bemalte Fayence aus der Schatzkammer des Palastes von Knossos. Um 1700 v. Chr. Heraklion, Archäologisches Museum.
5 Stierspielakrobaten. Minoisches Fresko aus Knossos. Um 1550 v. Chr. Athen, Archäologisches Nationalmuseum.
6 Rekonstruktion des minoischen Palastes von Knossos.
7 Die Ruinen des Palastes von Knossos heute.

61

E 1. Daedalus labyrinthum (!) spectavit.
Daedalus labyrinthum multis laboribus aedificatum spectavit.
2. Daedalus alas (Flügel) paravit.
Daedalus alas paratas filio praebuit.
Daedalus alas ad fugam paratas filio praebuit.
3. Icarus patri sollicitato non paruit.
Icarus patri timore sollicitato non paruit.
4. Filius laetitia motus per aerem volare coepit.

Ü a) Übersetze das Partizip wie angegeben:
Filiae a matre monitae ...

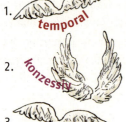

1. *temporal* — consiliis eius tandem paruerunt.
2. *konzessiv* — tamen consiliis eius non paruerunt.
3. *kausal* — consiliis eius paruerunt.

b) Setze die passende Form des PPP ein und übersetze dann:
1. Puer ab amicis noctu in cavum [?] (deducere) auxilium petivit. 2. Prometheo in vincula [?] (dare) Hercules aderat. 3. Iudex multis verbis [?] (movere) furem liberavit. 4. Cives in urbe monumentis magnificis [?] (ornare) vitam beatam egerunt.

c) Erkläre die im Deutschen geläufigen Wörter „Torte", „Takt", „Datum" und „Fakten" mithilfe lateinischer Partizipien.

d) Wähle die richtige(n) Übersetzung(en) aus und erkläre den Fehler der anderen Übersetzung(en):

> Daedalus
> a rege Cretae insulae comprehensus cum filio fuga salutem petivit.

1. Dädalus nahm den König der Insel Kreta fest und ergriff mit seinem Sohn die Flucht.
2. Als Dädalus mit seinem Sohn die Flucht ergriff, wurde er vom König der Insel Kreta festgenommen.
3. Weil Dädalus vom König der Insel Kreta festgenommen worden war, ergriff er die Flucht zusammen mit seinem Sohn.

Theseus und Ariadne

Da die Athener einen Krieg gegen Kreta verloren hatten, mussten sie auf Befehl des Königs Minos alle neun Jahre je sieben junge Männer und Frauen dem Minotaurus als Menschenopfer zur Verfügung stellen. Dies wollte Theseus, der Sohn des athenischen Königs Ägeus, nicht länger hinnehmen. Es gelang ihm, den Minotaurus mit Hilfe von Minos' Tochter Ariadne zu töten und das Labyrinth mittels eines abgewickelten Garnknäuels wieder zu verlassen. Mit seinem Vater hatte er abgesprochen, bei Erfolg auf der Rückfahrt nach Athen weiße Segel zu hissen. Das hatte er aber vergessen. So deutete sein Vater die schwarzen Segel als Signal für den Tod seines Sohns und stürzte sich von einer steilen Klippe ins Meer, das seither nach ihm Ägäis bzw. Ägäisches Meer genannt wird.

Allein auf Naxos

T

Nachdem Theseus auf Kreta den Minotaurus getötet hatte, floh er zusammen mit Ariadne, der Tochter des Minos. Auf göttlichen Befehl hin ließ Theseus sie jedoch auf der Insel Naxos zurück. In ihrer Einsamkeit schreibt sie dem Helden nun einen Brief.

[1] salūtem dīcere
grüßen

[2] Athēniēnsis, is *m*
Athener

[3] labyrinthus:
vgl. Fw.

Ariadna Theseo salutem dicit[1].

E somno excitata fraudem tuam animadverti. Nam noctu clam insulam reliquisti. Etiam deos lacrimae meae movent; itaque rogant: „Cur is vir ab omnibus laudatus Ariadnam formosam reliquit?" Dic mihi: Nonne
5 auxilium meum memoria tenes? Athenienses[2] iterum septem pueros et septem puellas delegerant. Tu autem magna voce affirmavisti: „Ego quoque Cretam petam et Minotaurum immanem superabo."
Postquam ego navem ab Atheniensibus missam aspexi, statim sollicitata sum. Vix e navigio descenderas, cum ingenti amore capta sum. Pater
10 autem sensit me amore captam esse; itaque verbis severis me reprehendit. A patre reprehensa tamen tibi viam e labyrintho[3] clam patefeci. Ita Minotaurum interfecisti et mecum fuga salutem petivisti. Nunc omnes dolum tuum laudabunt. Ego autem a te contempta ac relicta in litore huius insulae miseriam meam fleo
15 et desiderio tui torqueor. Vale!

a) 1. Welche Merkmale, die für einen Brief typisch sind, findest du in T? 2. Situationen schaffen Helden. Welche Umstände machten Theseus zum Helden? 3. Wie beurteilt Ariadne Theseus' Handeln? Wie beurteilst du es?

b) Ariadne erzählt.
Übersetze die Sätze, indem du die Partizipien wörtlich oder mit Relativsatz und, wo es möglich ist, mit einem Adverbialsatz wiedergibst:

1. „Minotaurus in labyrintho (!) a Daedalo aedificato vixit. 2. Affirmo hoc monstrum e conspectu hominum deductum tamen me terruisse, quia liberos in Cretam missos cenabat. 3. Theseus autem ira acri motus consilium cepit cum animali atroci confligere. 4. Gladio a me dato Minotaurum immanem interfecit."

Die verlassene Ariadne.
Römische Wandmalerei
aus Pompeji.
1. Jh. n. Chr. Neapel,
Museo Nazionale
Archeologico.

c) Stadtgespräch

V

1. „Audivistine nuntium mirum?" 2. „Quid accidit?" 3. „Audi: Minotaurus in labyrintho (!) conditus occidit, nam monstrum fraude superatum est. 4. Ariadna amore capta Theseo clam auxilium dedit. 5. Puella formosa diu metu mota ei gladium praebuit. 6. Hoc ferro ille monstrum atrox cecidit et liberos magna miseria tortos servavit."

Menschen und Götter – die Welt der Mythen

Proserpina – eine Königin für die Unterwelt

T

Proserpina war die schöne Tochter der Göttin Ceres, die sich um den Ackerbau und die Früchte der Erde sorgte.

Pluto, rex mortuorum, quia uxorem quaesivit, imperium suum reliquit et ad lucem venit. Cum Siciliam adiit, Proserpinam vidit, filiam deae Cereris[1], puellam praeclarae formae, quae flores quaerebat et cum comitibus ludis delectabatur. Pluto, cum eam vidit, statim amore
5 captus est. Sed in silva latebat et sibi dixit: „Numquam puella mortalis me amabit, si ab ea animadversus ero. Vultus meus omnes puellas terret; imperium meum, quamquam ingentis magnitudinis est, triste plenumque timoris est." Itaque Pluto amore captus eam rapuit, quia puellam verbis moveri non posse putabat.
10 Proserpina a Plutone deducta plena timoris erat, quod a viro crudeli, quem nescivit, comprehendebatur. Matrem suam et amicas vocavit, sed Pluto equos nigros incitavit[2] et puellam vi raptam sub terram deducere studebat.

Doch es gab eine Zeugin: Die Quellnymphe Kyane saß an ihrer Quelle, als Pluto mit Proserpina in seinem Wagen vorbeiraste.

15 Cum ad fontem Cyanes[3] venerunt, Pluto sceptrum[4] suum in terram misit. Statim terra patuit. Ita Proserpinam comprehensam in eam regionem traxit, quam mortales intrare non possunt.

**Gianlorenzo Bernini: Der Raub der Proserpina.
Um 1622. Rom, Galleria Borghese.**

[1] Cerēs, Cereris *f* Ceres

[2] incitāre antreiben

[3] Cyanē (Gen. Cyanēs) *f* die Quellnymphe Kyane

[4] scēptrum Zepter

V

a) Welche der folgenden Aussagen findest du in **T**, welche nicht?
- Pluto liebte die Insel Sizilien.
- Pluto war bei den Frauen beliebt.
- Pluto raubte Proserpina.
- Proserpina rief nach ihrer Mutter und ihren Freundinnen.

b) 1. Charakterisiere die Hauptpersonen des Textes, Pluto und Proserpina. Berücksichtige dabei, was sie tun (Prädikate) und wie sie beschrieben werden (Adjektive). 2. Vergleiche deine Ergebnisse mit den Informationen, die ein Lexikon zu diesen Namen bietet.

c) 1. Die meisten „Handlungen" Proserpinas werden durch passive Verbformen, fast alle Handlungen Plutos durch aktive Verbformen ausgedrückt. Belege dies am Text und erkläre, was dadurch deutlich wird. 2. An zwei Stellen wird das Verhalten Plutos durch Passivformen dargestellt. Wieso sind gerade diese Stellen für die Handlung wichtig?

XVIII plus

a) Bestimme das jeweilige Tempus:
moniti erant - quaesivero - arcessam - petiveram - reprehendent - tractus eris - vincimini - viderat - aderat - redierant - tetigero - relicta erat - interrogat

b) Weise die jeweils richtige Übersetzung zu (z.B. „10 Y") und sortiere die falschen Übersetzungen aus:
1. res eius modi 2. plenus timoris 3. metu captus 4. homo ingentis corporis 5. ira motus 6. res parvi pretii 7. Is homo ira acri fuit. 8. amore capta 9. homo magni ingenii

A die gefangene Liebe **B** voller Angst **C** Dieser Mensch handelt aus Zorn. **D** ein großer Mensch mit Begabung **E** derartige Angelegenheiten **F** Ich vertausche diese Dinge. **G** ein hoch begabter Mensch **H** aus Angst **I** von Liebe ergriffen **J** eine kleine wertvolle Sache **K** ein Mensch mit gewaltigem Körper **L** Dieser Mensch war sehr zornig. **M** eine Sache von geringem Wert **N** aus Zorn

c) Dädalus enthüllt seinen Plan.
Übersetze und gib dabei die Partizipialkonstruktionen mit Adverbialsätzen wieder:

1. Alas (Flügel) diu conditas nunc tibi praebeo. 2. Magna spe adductus per aerem volabis. 3. Periculis solis undarumque territi tamen sine mora in patriam redibimus. 4. Tandem nobis licebit patriam diu desideratam petere.

d) Stelle möglichst viele Vokabeln zum Thema „Strafe und Leiden" aus den Lernwörtern der letzten vier Lektionen zu einem Sachfeld zusammen.

e) Wer knackt das „PC"?
Lies **M** 3 auf S. 147 und analysiere die folgenden Sätze entsprechend.
1. Icarus alas (Flügel) a patre paratas spectavit. 2. Alis ad fugam paratis pater et filius insulam reliquerunt. 3. Icarus summa audacia motus in patriam redire non potuit. 4. Filius enim consiliis patris timore sollicitati non paruit.

f) Aller guten Dinge sind vier: zwei Personen, ein Ort, ein Tier! Verbinde jeweils vier Begriffe und erkläre deren Zusammenhang:

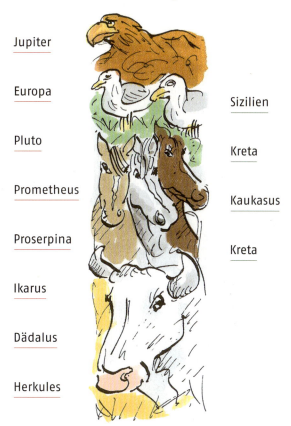

Jupiter
Europa
Pluto
Prometheus
Proserpina
Ikarus
Dädalus
Herkules

Sizilien
Kreta
Kaukasus
Kreta

g) Auf welche lateinischen Verben lassen sich die folgenden Fremdwörter zurückführen? Nenne jeweils den Infinitiv Präsens Aktiv:
1. Missionar 2. Traktor 3. Diktat 4. Aspekt 5. Vision 6. Appetit 7. Demonstrant

62

E

1. Daedalus et Icarus regem Cretae insulae fugere constituerant.
2. Daedalus ipse omnia ad fugam paravit.
3. Icarus a patre ipso alas (Flügel) accepit.
4. Alae Icaro ipsi placuerunt.
5. Pater monuit: „Vita pericula ipsius solis!"
6. Pater et filius, dum per aerem volant, aves (Vögel) ipsas terruerunt.
7. Daedalus regem Cretae tyrannum (!) dicebat (appellabat).
8. Ille enim Daedalum captivum fecerat.
9. Homines Daedalum eiusque filium aves putaverunt.
10. Daedalus et filius ab hominibus aves ducti sunt.

Ü

a) Dekliniere ipse, ipsa, ipsum jeweils zusammen mit einem Substantiv:
carmen - mos - regio - manus - res

b) Staffellauf mit Substantiven und Pronomina:

   ea femina   iudex ipse   causa ipsa

   illud verbum   hoc flagitium

Nom. Pl. → Akk. → Sg. → Gen. → Dat. → Pl.

c) Ersetze das Pronomen is durch die entsprechende Form des Pronomens ipse. Beachte die veränderte Wortstellung:
1. id officium 2. ei populo 3. eas puellas
4. iis rebus 5. ea matre 6. ii senatores

d) Ergänze und übersetze treffend im Satz:
ipse - ipsi - ipsam - ipsa - ipsos - ipsius

1. Te [?] semper laudas, Claudia. 2. Ego [?] ea omnia feci. 3. Ea re [?] sollicitor.
4. Amicae [?] consilia mea credo. 5. Consiliis matris [?] non pares. 6. Amicos [?] reliquisti.

e) Freunde ...
1. Multos pueros amicos appello. 2. Magister meus discipulos amicos facit. 3. Consilia amici boni semper beneficia puto.
... und Feinde: 4. Homines, qui nos verbis laedunt, turpes ducimus. 5. Eos, qui patriam armis temptant, hostes putamus. 6. Ii, qui iniuriam faciunt, scelerati appellantur.

I

Latona und ihre Kinder

Die Göttin Latona war eine Geliebte Jupiters. Mit ihr zeugte er die Zwillinge Diana und Apollon. Seine eifersüchtige Frau Juno versuchte, die Geburt zu verhindern, denn es war vorhergesagt, dass die Kinder der Latona mächtiger sein würden als Junos Kinder. Juno verpflichtete daher die Erde durch einen Eid, der schwangeren Latona keinen Ort für die Geburt zur Verfügung zu stellen. Daraufhin ließ der Meeresgott Neptun die schwimmende Insel Delos aus dem Wasser auftauchen, wohin Merkur Latona auf Befehl Jupiters brachte. Unter einer Palme gebar sie schließlich die göttlichen Zwillinge.

Göttlicher Zorn

Als in der griechischen Stadt Theben für Latona und ihre beiden göttlichen Kinder Apollo und Diana ein Kult eingerichtet wurde, regte sich in Thebens Königin Niobe der Neid.

[1] Thēbānus thebanisch

Mulieres Thebanae[1] Latonam sacris coluerunt. Nam sacerdos Iovis ipse eas ad haec sacra adduxerat. At Nioba sacra reprehendit. Itaque ipsa mulieres his verbis a sacris prohibuit: „Cur Latonae sacra facitis? Cur mihi ipsi ara non est? Tantalum ipsum, cui licet cum superis cenare,
5 patrem appello. Omnes me felicem dicunt; me ipsam felicem puto, quia mihi septem filii et septem filiae sunt. Latona autem mater duorum tantum liberorum nominatur. Cur illam magnam deam aestimatis?" Talibus verbis laesa Latona liberos suos monuit: „Nemini – ne potenti quidem – deos superare licet. Me omnes colunt, mihi multi sacra faci-
10 unt. Equidem a Iove lecta sum liberosque praeclaros ei peperi. Nioba autem me ridet, quia se ipsam potentem ducit. Itaque vobis impero:

[2] graviter Adv. hart

Este crudeles in illam! Vindicate graviter[2] in illam mulierem superbam eamque infelicem reddite!" Profecto hoc ipso die omnes liberi Niobae nefariae ab Apolline et
15 Diana interfecti sunt.

Nachdem auch ihr letztes Kind gestorben war, wurde Niobe in ihrem Schmerz zu Stein, wie der Dichter Ovid erzählt.

Der Tod der Niobiden. Römisches Sarkophagrelief. 140/150 n. Chr. München, Glyptothek.

a) 1. Erschließe vor der Übersetzung aus T, Z. 3–7, worauf Niobe stolz ist. 2. Wie verhält sich die Königin gegenüber der Göttin? 3. Welcher Moment des in T erzählten Mythos ist auf dem römischen Sarkophag festgehalten?

b) Welche der für ipse gelernten deutschen Bedeutungen passen jeweils bei den in T vorkommenden Formen dieses Pronomens? Suche weitere Stellen in T, wo eine Form von ipse ergänzt werden könnte.

c) Ergänze die korrekte Form und übersetze:
1. Omnesne Daedalum virum sapientem aestimantur / aestimant? 2. A paucis Daedalus vir superbus putatur / putat. 3. Prometheus ab Hercule vir felix redditus est / reddidit. 4. Quis Tantalum regem potentem nominat / nominatur? 5. Nonnulli deos sceleratos ducebant / ducebantur.

d) 1. Apollo: „Nioba ipsa matrem nostram risit. 2. Itaque ira nos movit; ergo nos ipsi poenam gravem constituimus. 3. Ego ipse filios mulieris nefariae interficiam, tu autem, soror cara, graviter (hart) in filias eius vindicabis. 4. Una hora omnes liberi, quos Nioba peperit, e vita cedent."

Menschen und Götter – die Welt der Mythen

63

E

1. Daedalus per aerem volans filium suum monet.
2. Pater filio per aerem volanti viam ostendit.
3. Daedalus filium per aerem volantem monet.
4. Rex Cretae patrem et filium per aerem volantes aspicit.
5. Daedalus et Icarus per aerem volantes fugere volebant.
6. Icarus patri non parens in mare cecidit.
7. Pater filio auxilium petenti adesse non potuit.

Ü

a) Schreibe die Formen des Partizip Präsens heraus und bilde jeweils den Infinitiv Präsens Aktiv:
aspiciens - ingentem - amittentem - sapienti - conicientes - carminis - facientis - muniens - communes - aperientes - vehemens - legens

b) Ordne die Wendungen mit Partizip richtig in die Sätze ein und übersetze dann:
A potestatem deorum sciens (konzessiv)
B corpus ingens et pulchrum ostendens (modal)
C auxilium amicarum petentem (konzessiv)
D media in turba puellarum iacenti (kausal)
E ignem e caelo rapiens (modal)
F per aerem volantis (temporal)

1. Taurus ... Europam deducere voluit.
2. Europa tauro ... mox credidit.
3. Taurus Europam ... per mare portavit.
4. Laetitia Icari ... magna fuit.
5. Prometheus ... hominibus adfuit.
6. Nioba ... Latonam verbis superbis risit.

c) Übersetze und beachte dabei das Zeitverhältnis und die jeweils angegebene(n) Sinnrichtung(en) der Partizipien:
1. Magistri multa docentes cives delectant. (modal) 2. Magistri nova docentes a civibus laudantur. (kausal) 3. Discipuli libenter studentes a magistro laudantur. (kausal) 4. Liberi e periculo servati amicis gratiam habuerunt. (kausal, temporal) 5. Liberi verbis patris moniti non paruerunt. (konzessiv)

Merkur, Orpheus und Eurydike. Relief aus dem 5. Jh. v. Chr. Neapel, Museo Nazionale Archeologico.

I

Die Unterwelt
Nach dem Glauben der Griechen kamen die Menschen nach dem Tod in die Unterwelt. Dort lebten sie als Schatten weiter und gingen denselben Beschäftigungen nach wie im Leben. Eine Rückkehr zur Oberwelt war nicht möglich, da ein dreiköpfiges Ungeheuer, der Höllenhund Zerberus, am Eingang zur Unterwelt Wache hielt.

Ein verbotener Blick

Der thrakische Sänger Orpheus, der mit seinem Gesang Bäume und Steine bewegen und sogar wilde Tiere zähmen konnte, hatte sich in Eurydike verliebt. Die schöne junge Frau erwiderte seine Gefühle – und die beiden heirateten. Aber das junge Eheglück währte nicht lange.

Eurydica amore capta Orpheo nupserat. Sed maritus amans non diu beatus erat. Nam uxor in campo serpentem[1] pede tangens interfecta est. Orpheus hunc nuntium tristem accipiens paene desperavit. Eurydicam enim toto pectore desiderabat. Mox autem marito coniugem desideran-
5 ti placuit in Tartarum descendere. Cantans enim voce dulci Orpheus non solum mortales, sed etiam deos commovere potuit. In Tartaro Plutonem adiit hoc carmen cantans: „O rex umbrarum, superi sortem acerbam mihi tribuerunt. Tu autem redde mihi coniugem!"
Profecto Pluto carmen illius audiens Mercurium iussit Eurydicam e
10 tenebris educere. Simul Orpheum monens hanc condicionem dedit: „Te ad lucem solis redeuntem veto oculos ad uxorem vertere."
Ea condicio ab Orpheo accepta[2] est.

So machte sich der Götterbote mit Orpheus und Eurydike auf den Weg zur Oberwelt. Wie vereinbart ging Eurydike schweigend hinter ihrem Ehemann.

At Orpheus uxorem non iam animadvertens ad eam respexit. Et statim Mercurius Eurydicam ad umbras reduxit. Orpheus veniam petens deos
15 Tartari non iam flexit; uxorem iterum perdiderat.

[1] serpēns, ntis Schlange

[2] accipere *hier:* akzeptieren

---

a) 1. Wieso hält Orpheus beim Rückweg die Bedingung Plutos nicht ein? 2. Glück und Trauer: Erstelle aus T je ein Sachfeld zu diesen gegensätzlichen Erfahrungen.

b) Ordne passend zu und übersetze:

> vocem dulcem animadvertenti

> ad illum convenientes

> coniugem desiderans | carmina audientia

1. Orpheus ... in Tartarum descendit et Plutonem, deum acerbum, flectere temptavit. 2. Carmina illius bestias ... commoverunt.
3. Itaque animalia ... ad illum properare temptabant. 4. Plutoni quoque ... carmina Orphei placuerunt.

c) Orpheus' Tod
Übersetze und gib die PPA-Formen, wo möglich, mit Adverbialsätzen wieder:
1. Orpheus coniugem desiderans vitam tristem egit. 2. Homines voce viri carmina pulchra cantantis commovebantur. 3. Itaque multae mulieres vocem Orphei audientes nubere ei volebant, sed is omnes mulieres a se reppulit. 4. Denique nonnullae feminae eum perdiderunt iram non iam retinentes.

Menschen und Götter – die Welt der Mythen

64

E

1. Orpheus carmina dulcia cantans homines et bestias delectabat.
2. Orpheus amore motus in Tartarum descendit.
3. Orpheus oculos ad uxorem vertens iram Plutonis excitavit.

Ü

a) Suche alle Partizipialformen heraus und sortiere diese nach PPA- und PPP-Formen:
vetitum - calamitatum - redditi - rapientes - aestas - aperientes - motum - tactum - respecta - sacerdotem - supplicium

b) Übersetze und achte dabei auf eine möglichst geschickte Wiedergabe der Partizipien:
1. Daedalus et Icarus patriam petentes insulam per aerem reliquerunt. 2. Icarus laetitia commotus magna voce clamavit: 3. „Alis (ala: Flügel) a patre inventis per caelum volo." 4. Icarus et alae sole deletae in mare ceciderunt.

c) Verbinde die Sätze, indem du den farbig gedruckten Satz als Partizipialkonstruktion in den anderen Satz einfügst. Übersetze dann:

Odysseus (Ulixes, -is), der sich auf der Insel der Phäaken (Phaeaces, -um) aufhält, will nach Hause:

1. Ulixes dolo saepe servatus est.
   Ulixes insulam Phaeacum petivit.
2. Ulixes auxilio Phaeacum gaudebat.
   Ulixes tamen non diu in eorum insula mansit.
3. Ulixes a Phaeacibus in patriam missus est.
   Ulixes uxorem et filium desideravit.

Zu Hause angekommen sieht Odysseus, dass junge Männer seine Frau Penelope bedrängen:

4. „Iuvenes in villa vitam laetam agunt."
   „Iuvenes e tecto meo pellam."
5. „Ego villam intrabo."
   „Iuvenes me non animadvertent."
6. Tum Ulixes cum filio iuvenes superavit.
   Iuvenes virtutem suam verbis superbis laudabant.

Darbringung eines Totenopfers. Griechisches Salbgefäß. Um 440 v. Chr. Athen, Archäologisches Nationalmuseum.

I

Sisyphus

Bei den Griechen wurde das Begräbnis oder die Verbrennung eines Toten festlich mit einem Leichenschmaus begangen. Dabei wurden den Toten Speisen und Getränke geopfert. Dieses Opfer wurde an den Gräbern der Toten wiederholt, um die Erinnerung an sie wachzuhalten. Sisyphus, der schlaue und überhebliche König von Korinth, hatte im Sterben seiner Frau eingeschärft, diese Opfer für ihn zu unterlassen. So hoffte er, unter dem Vorwand, seine Frau an die notwendigen Opfer erinnern zu müssen, auf die Erde zurückkehren zu dürfen.

Partizip als Adverbiale

Die Götter kann man nicht betrügen

Als Orpheus im Tartarus sang, hörte sogar Sisyphus für eine kurze Weile auf, seine ewig während Strafe zu verrichten. Dieser musste in der Unterwelt büßen, weil er ein heimliches Liebesabenteuer des Jupiter verhindert hatte.

Sisyphus. Griechische Vasenmalerei aus Apulien. Um 330 v. Chr. München, Antikensammlung.

Iuppiter ira motus Mortem[1] iussit Sisyphum ad inferos deducere. Sed Sisyphus vitam amans Mortem fefellit eamque in vincula dedit. Brevi autem Mors a Marte deo liberata Sisyphum tandem in Tartarum deduxit. Sed ille ne apud inferos quidem de salute desperavit. Immo spe commotus dolum invenit et Plutonem ipsum, qui inferos regit, his verbis pressit atque obsecravit: „Coniugem convenire eamque monere volo; nam ea sacra mortuis debita nondum fecit." Profecto Pluto dolum non animadvertens Sisypho inferos relinquere concessit; is enim promiserat se redire velle. Fidem autem datam non servavit; sed Mortem ridens apud mortales vitam laetam egit. Itaque Mors Sisyphum resistentem iterum in Tartarum traxit. Nunc Sisyphus effugere non iam potuit. Immo ingens poena ab inferis delecta est: Sisyphus semper saxum in montem volvere debet. Cum autem ad summum montem venit, saxum revolvitur[2] – et a Sisypho iterum in montem volvitur. Sic laborem inanem facit.

[1] Mors, Mortis f Mors (der Tod als Person)
[2] revolvitur er (sie, es) rollt zurück

a) 1. Stelle vor der Übersetzung anhand von Schlüsselwörtern in T, Z. 1–10, Vermutungen über die Handlung an. 2. Was versteht man heute unter einer Sisyphus-Arbeit? Informiere dich in einem Sagenbuch über andere Strafen in der Unterwelt.

b) Orpheus in der Unterwelt
Wähle die korrekte Partizipform aus und übersetze, wo möglich, mit Adverbialsatz, Präpositionalausdruck und Beiordnung:

1. Orpheus magno timore moto / movens / motus tamen in Tartarum descendit.
2. Plutonem adiit haec dicentia / dicens / dicentis: 3. „Te non adii, quia Sisyphum magnis laboribus prementem / pressum / pressus videre volo. 4. Uxorem a me amatam / amans / amato ex inferis reducere volo."

c) Übe die neuen Vokabeln, indem du sie so aussprichst, wie es zur jeweiligen Bedeutung passt: Sprich z.B. fallere wie ein hinterlistiger Betrüger.

d) Keine Zeit für Mythen
1. Senator honestus a servis salutatus villam intravit. 2. Brevi Marcus filius patrem adiens rogavit: 3. „Tune mihi hodie fabulas de inferis narrare vis? Hoc promisisti." 4. Senator ea verba audiens risit, tum filio respondit: 5. „Amicus me in foro exspectat, fidem servare debeo."

Menschen und Götter – die Welt der Mythen

Proserpina – der Kompromiss zwischen Pluto und Ceres

T

Das plötzliche und rätselhafte Verschwinden ihrer geliebten Tochter Proserpina stürzt Ceres, die Göttin des Ackerbaus, in Verzweiflung …

Ceres autem, mater Proserpinae, filiam suam desiderans omnes regiones terrae adibat. Sed quamquam dies noctesque quaerebat,
5 invenire eam non poterat. Ipsa per terram errans neque agros neque flores curabat; itaque agri iacebant¹ floribusque terra carebat. Postquam ad oram
10 Siciliae venit fontemque Cyanes² adiit, a Cyane omnia audivit, quae nympha³ viderat. Ceres his rebus territa magnisque curis commota ad caelum rediit et a
15 Iove fratre auxilium petivit.

¹ iacēre *hier:* brachliegen
² Cyanē (Gen. Cyanēs) *f* die Quellnymphe Kyane
³ nympha Nymphe

Frederic Lord Leighton: Die Rückkehr der Proserpina. Um 1891. Leeds, City Art Gallery.

Jupiter musste zwischen seinem Bruder Pluto und seiner Schwester Ceres entscheiden. Er pries die Vorzüge Plutos, gestand Ceres aber zu, Proserpina wieder auf die Oberwelt mitzunehmen, wenn sie im Totenreich noch keine Nahrung zu sich genommen habe.

Ceres laeta ad inferos descendit et Plutoni resistenti imperat: „Redde mihi Proserpinam a te retentam! Nam Iuppiter ipse, frater noster et rex deorum, eam mecum ad lucem redire concessit." Proserpina autem se cibos iam cepisse et se ipsam Plutonem maritum amare narrat. Tum
20 Iuppiter iterum arcessitus haec constituit: Tempus anni ex aequo dividit⁴: hieme⁵ Proserpinam in Tartaro, aestate autem apud matrem in terris vivere iubet.

⁴ ex aequō dīvidere gleichmäßig teilen
⁵ hiems, hiemis *f* Winter

V

a) Versuche, schon vor der Übersetzung eine Inhaltsangabe der Geschichte zu erstellen. Achte dabei auf die Handlungsträger (Subjekte), ihre Handlungen (Verbformen, speziell die Prädikate) und auf das Tempusprofil. Die Subjekte zeigen dir, wer handelt, die Verbformen, was die Subjekte tun, und das Tempusprofil gibt an, in welcher zeitlichen Reihenfolge die Handlungen passieren und wo der Höhepunkt der Erzählung liegt.

b) Der Mythos von Ceres und Proserpina ist sehr alt und stammt aus einer Zeit, in der die Menschen den Wechsel der Jahreszeiten wissenschaftlich noch nicht erklären konnten. Sammelt weitere Beispiele für Mythen, die unverständliche Naturphänomene „erklären".

c) Versucht, das Verhältnis der Personen zueinander, wie es in Z. 16–22 deutlich wird, in einem „Standbild" darzustellen.

XIX plus

a) Nenne jeweils das lateinische Gegenteil:
1. amittere 2. beatus 3. reprehendere
4. res secundae 5. lux 6. sperare 7. servitus
8. scire 9. pulcher

b) Wähle die passende Bedeutung für die Verben aus und übersetze:
1. agrum colere – deos colere – corpus colere
2. carmen novum parere – filium parere
3. libertatem vindicare – in sceleratos vindicare – iniuriam vindicare
4. civitatem perdere – tempus perdere – vocem perdere
5. saxa volvere – multa secum volvere

c) Bemühe dich bei der Übersetzung um eine treffende Wiedergabe des Pronomens ipse:
1. Latona ipsa a mulieribus sacris colebatur.
2. Mulieres auxilio Latonae ipsius saepe a periculis servabantur. 3. Nioba autem se ipsam laudabat. 4. Latonam deam verbis violabat; hac ipsa re dea excitata est. 5. Eo ipso tempore Latona ira commota est.

d) Latein – ein Rätsel?
Vervollständige das Kreuzworträtsel mit weiteren Vokabeln und Formen aus den letzten drei Lektionen. Erstellt in Gruppen entsprechende Rätsel zu anderen Wortschätzen und legt sie euch gegenseitig zur Lösung vor.

1 ▶ ich entkomme
2 ▶ bedrängen
3 ▼ Glaube, *Abl. Sg.*

e) Bearbeite eine der folgenden Aufgaben:

Schwierigkeitsgrad 1: Unten stehen drei lateinische Sätze, die jeweils ein Participium coniunctum enthalten, sowie wörtliche Übersetzungen dieser Sätze. Finde jeweils zwei weitere, grammatisch korrekte und sinnvolle Übersetzungen des PC, z.B. als Relativ- oder Adverbialsatz:

1. Orpheus Eurydicam amatam desiderabat. → Orpheus vermisste seine geliebte Eurydike. 2. Pluto Orpheo voce dulci cantanti condicionem dedit. → Pluto stellte dem mit schöner Stimme singenden Orpheus eine Bedingung. 3. Orpheus eam condicionem sciens tamen ad uxorem respexit. → Der diese Bedingung kennende Orpheus schaute sich trotzdem zu seiner Ehefrau um.

Sir Edward John Pointer: Orpheus und Eurydike. 1862. Privatsammlung.

Schwierigkeitsgrad 2: Ergänze die fehlenden Endungen und übersetze. Entscheide, welche Übersetzungsmöglichkeit am besten passt:

1. Prometheus ignem a caelo rapt[?] ad homines portavit. 2. Nam vita hominum a Prometheo creat[?] misera erat. 3. Denique Hercules Prometheum in vincula dat[?] liberavit.

Menschen und Götter – die Welt der Mythen

Rom in Gefahr – die Zeit der Republik

Du hast bereits von der Gründung und der Ausdehnung Roms gehört und auch davon, dass seit Romulus zunächst Könige über die Stadt herrschten. In den folgenden Lektionen wirst du erfahren, wie es nach der Königszeit weiterging. Du wirst von den Bedrohungen lesen, mit denen sich die junge römische Republik auseinanderzusetzen hatte – sowohl im Inneren als auch durch Feinde von außen.

Die Ständekämpfe   *fundamentum*

In der römischen Republik lag die Macht bei den Patriziern. Die einfachen Leute, die Plebejer, standen zu diesen in einem sog. Klientelverhältnis: Die Patrizier waren als Patrone (Schutzherren) verpflichtet, die sozial Schwachen zu schützen und zu unterstützen. Im Gegenzug waren die Plebejer als Klienten (Schutzbefohlene) den Patriziern zu Dienst und Treue verpflichtet. Weil die Patrizier den Plebejern kaum Rechte zugestehen wollten, kam es zu den sog. Ständekämpfen, d.h. zur Auseinandersetzung zwischen dem Stand der Patrizier und dem Stand der Plebejer. Bevorzugtes Mittel der Plebejer war der Streik, also die Weigerung, in den Krieg zu ziehen. Damit erreichten sie zum Beispiel, dass auf dem Forum Romanum Bronzetafeln aufgestellt wurden, auf denen für alle nachlesbar Gesetze eingraviert waren, die die Macht der Patrizier einschränkten (sog. Zwölftafelgesetze).

Römische Expansion in Italien   *fundamentum*

Der nach den Ständekämpfen hergestellte innere Frieden war die Voraussetzung dafür, dass Rom sein Herrschaftsgebiet in Italien beständig erweitern konnte. Durch Siege über die Nachbarstämme der Latiner und Sabiner und zuletzt über die von Griechen besiedelten Städte Unteritaliens breiteten die Römer ihre Herrschaft über ganz Italien aus. Durch den Bau eines riesigen Straßensystems kontrollierte Rom das unterworfene Italien.

1. Der Hera-Tempel von Paestum (griech. Poseidonia) ist ein bedeutendes Zeugnis griechischer Kultur in Italien. Die von Griechen im 7. Jh. v. Chr. gegründete Stadt geriet – wie viele andere Griechenstädte in Italien – im 3. Jh. v. Chr. unter römische Herrschaft.
2. Jupiter steht in einem Streitwagen, der von der Siegesgöttin Victoria gelenkt wird. Römische Silbermünze. Um 235 v. Chr. London, British Museum.
3. Die Via Appia, die „Königin der Straßen", wurde ab 312 v. Chr. als militärische Aufmarschlinie von Rom nach Capua erbaut. Im 2. Jh. v. Chr. wurde sie bis Brundisium verlängert.
4. Rekonstruktion des Kriegshafens von Karthago: Hafenanlage mit Docks, durch Wehranlagen von der Seeseite her nicht einsehbar.
5. Der Kampf zwischen Rom und Karthago um die Vorherrschaft im Mittelmeerraum.
6. Innenbild einer kampanischen Schale. 3. Jh. v. Chr. Rom, Museo Etrusco di Villa Giulia.

Rom und Karthago

Roms Aufstieg machte den Zusammenstoß mit Karthago, der nordafrikanischen See- und Handelsmacht, unvermeidlich. Die Insel Sizilien wurde zum Streitfall, denn dort überkreuzten sich karthagische und römische Interessen. Aus kleineren Gefechten wurde der sog. 1. Punische Krieg (264-241 v. Chr.), in dessen Verlauf Rom eine eigene Flotte baute und damit schließlich Karthago besiegte. Nachdem die Karthager Sizilien an Rom verloren hatten, richteten sie ihr Interesse auf Spanien. Die Römer einigten sich mit den Karthagern auf den spanischen Fluss Ebro als Grenze zwischen den beiden Großmächten. Als der karthagische Feldherr Hannibal diese Grenze überschritt und mit afrikanischen Kriegselefanten die Alpen in Richtung Italien überquerte, löste das den sog. 2. Punischen Krieg aus (218-201 v. Chr.). Nach schweren Niederlagen der Römer im eigenen Land bezwang der römische Feldherr Scipio 202 v. Chr. das karthagische Heer auf afrikanischem Boden. Danach musste Karthago sämtliche außerafrikanischen Besitzungen an die Römer abgeben. Rom war damit zur bedeutendsten Macht des Mittelmeerraumes aufgestiegen.

65

E

1. Sisyphus poenam deorum effugere non poterat.
2. Ab omnibus auxilium petivit; sed nemo eum iuvare voluit.
3. Pluto deus inferis ut rex praeerat.
4. Apud inferos nemo sceleratis parcebat. Scelerati ibi omni auxilio carebant.
5. Poenam deorum Sisyphus non providerat.
6. Ille saluti suae non providerat (consuluerat).
7. Nefario enim modo in deos consuluerat.

Ü

a) Ein Verb sucht seinen Zwilling.
Stelle die Verben zusammen, die sich in ihrer deutschen Bedeutung sehr ähneln:
fugere – regere – providere m. Dat. – effugere – iuvare – praeesse – consulere m. Dat. – adesse

b) Wähle das Objekt im richtigen Kasus aus. Übersetze dann:
1. Antiquis temporibus reges (civitati / civitatem) Romanorum praeerant. 2. Tarquinius Superbus (cives / civibus) non pepercit; itaque (irae / iram) populi effugere non potuit. Urbem relinquere debuit. 3. Senatores (saluti / salutem) Romanorum providerunt; cives putabant senatores (populo / populum) iuvare posse. 4. Homines numquam (rebus adversis / res adversas) providere possunt. 5. Ante bella Romani (deis / deos) consuluerunt. 6. Romani credebant deos (hominibus / homines) consulere.

c) Entscheidung über Krieg und Frieden
1. Senatus populo praeerat. Constat senatum in curia consilia habuisse et civibus consuluisse. 2. Senatores deos consuluerunt, cum eis placuit bellum parare. 3. Tum sacrum fecerunt, quia existimabant deos victoriam (Sieg) parare posse. 4. Post victoriam imperator deis gratiam habuit, quia putavit deos milites in pugna iuvisse. 5. In regionibus occupatis homines miseri a militibus Romanis pressi servitutem effugere non poterant, libertate carebant.

h) Was bedeuten die folgenden Rechtsgrundsätze?
1. Nulla poena sine lege.
2. Nemo iudex in causa sua.
3. Vim vi repellere licet.
4. Nemo tenetur se ipsum accusare.

Verarmung in Rom

Nach der Vertreibung der etruskischen Könige (510/509 v. Chr.) musste sich die junge römische Republik in Kämpfen mit ihren Nachbarn behaupten. Die Hauptlast des Krieges trugen die Plebejer: Sie mussten Kriegsdienst leisten, konnten deshalb oft ihre Felder nicht mehr bestellen und verschuldeten sich bei den Patriziern. Wer dann die Zinsen nicht mehr zahlen konnte, verlor seine Freiheit und musste als Knecht bei den Adligen seine Schulden abarbeiten. Hatte ein „Schuldknecht" (nexus) Familie, so war diese so lange nicht versorgt, bis der Vater aus der Schuldknechtschaft wieder entlassen war – falls er überhaupt zurückkehrte.

Vom Befehlshaber zum Schuldknecht

Die Schuldknechte (vgl. **I**) waren den Adligen schutzlos ausgeliefert; die Senatoren wurden ihrem Ehrennamen „patres" nicht gerecht. Von der Zuspitzung dieser Situation im Jahre 494 v. Chr. berichtet uns der Geschichtsschreiber Livius:

T

Ante oculos omnium senex se in forum proiecit[1]. Vestis eius turpis erat; barba et capilli[2] neglecti ei magis speciem bestiae quam hominis dabant. Iterum atque iterum senex clamabat: „Servate me! Iuvate me!" Nonnulli cives circum illum stantes ex eo quaerebant: „Quid est, homo? Quid tibi
5 accidit?"
Ille autem respondit: „In servitutem cecidi! Hoc nemo providit. Antea civis liber eram. In bello multis manibus militum praefui. Dum pro vobis bellum gero, agros meos colere non iam potui. Nunc nexus[3] sum; creditores[4] mihi non parcunt, eos effugere non iam possum. Crudeli et
10 nefario modo in me consulunt. Servate me!"
At plebs ira commota clamavit: „Quis umquam hoc vidit? Illi misero consulere debemus!" Cives condicione misera senis moti senatores hoc iusserunt: „Patres, providete pauperibus! Parcite plebi!"
Tandem plebs patribus persuasit: Senex ceterique
15 nexi liberati sunt, mox tribuni plebis creati sunt.

[1] sē prōiēcit
er stürzte

[2] barba et capillī
Bart und Haare

[3] nexus
Schuldknecht

[4] crēditor
Gläubiger

Das neu geschaffene Amt der Volkstribunen diente dem Schutz der Plebejer vor mutwilligen Übergriffen des Adels. Die zehn Volkstribunen wurden die höchsten Vertreter der Plebs und waren für die Dauer ihrer Amtszeit unverletzlich (sacrosancti).

a) 1. Beschreibe das Äußere des alten Mannes.
2. Untersuche und verallgemeinere seine Aussagen (Z. 6–10): Wie konnten freie Römer in die Schuldknechtschaft geraten?

Die römische Silbermünze erinnert an das Recht des römischen Bürgers, vor der Volksversammlung gegen Todesurteile Berufung einzulegen (provocare). Um 104 v. Chr. London, British Museum.

b) Setze die passenden Verben ein und übersetze:
consulebat - effugerunt - iuvit - parcebat - persuasit - praeerant - providebant

1. Diu reges Etrusci Romanis **[?]**. 2. Reges autem non plebi Romanae, sed Etruscis divitibus **[?]**. 3. Etiam septimus rex, Tarquinius Superbus, plebi non **[?]**. 4. Civibus liberis rex crudelis non **[?]**. 5. Tum plebem nemo **[?]**. 6. Vim regum pauci **[?]**. 7. Brutus civibus **[?]** eos in servitute vivere.

c) Ein weiser Mann rät den Konsuln:
1. „Semper populo praeesse debetis.
2. Iuvate et curate plebem! Consulite saluti civium! 3. Parcite senibus auxilium petentibus, qui sibi ipsis providere non possunt!
4. Fugite crimina! Persuadete senatui salutem civium neglegi non oportere!"

V

Rom in Gefahr – die Zeit der Republik

66

E
1. Salus omnium plebi Romanae curae erat.
2. Pauci autem patres pauperibus auxilio veniebant.
3. Id plebs patribus crimini dedit.
4. Itaque plebs patres monuit:
   „Adeste civibus! Providete omnibus civibus!
   Parcite flentibus! Iuvate laborantes!"

Ü

a) Aus zwei mach eins.
Setze die Ausdrücke richtig ein und übersetze:
curae – auxilio – crimini – venit – dant – est

1. Salus filiarum filiorumque patri et matri semper ... 2. Quid iudices sceleratis ... ? 3. Plebs seni misero et pauperi ...

b) Stelle die Sätze ähnlichen Inhalts zusammen:

1. Salus familiae domino curae erat.
2. Mercatores viro auxilio veniebant.
3. Dominus servo dolum crimini dedit.
4. Viri sceleratum in vincula dederunt.
5. Deus amore captus est.
6. Servus senatori semper fidem servavit.

A. Vir dixit servum filium fefellisse.
B. Pater familiae providebat.
C. Viri seni aderant.
D. Species puellae Iovem movit.
E. Fur in carcerem (Gefängnis) coniectus est.
F. Iuvenis semper dominum iuvit.

c) Ratschläge für einen Feldherrn? Setze das Partizip im passenden Kasus ein und übersetze:
1. Audi (die Bittenden)! 2. Neglege voces (der Schreienden)! 3. Parce (die Besiegten)!

d) Ein verzweifelter alter Mann kommt auf das Forum ...
1. In foro plebs flentem vidit. 2. Homines corpus vulneraque flentis spectabant. 3. Tum turba doloribus laborantem iuvare voluit. 4. Desperantem rogavit et fabulam tristem infelicis audivit. 5. Verbis auxilium petentis credidit.

Giovanni Silvagni: Der Abschied des Coriolan (Detail). 1826. Rom, Accademia Nazionale di San Luca.

Coriolan – ein Römer stellt sich gegen seine Stadt

Ein erbitterter Gegner der Plebs und der Volkstribunen, die deren Interessen vertraten, war Gnäus Marcius Coriolanus; deshalb wurde er 492 v. Chr. aus Rom vertrieben und ging zu den benachbarten Volskern ins Exil. Als kurz darauf ein Konflikt zwischen den Volskern und den Römern ausbrach, wählten ihn die Volsker zu ihrem Heerführer. Coriolan zog mit dem Volskerheer vor die Stadt. Die Senatoren wollten verhandeln, doch Coriolan lehnte ab. Die Lage der Römer schien ausweglos: Zum ersten Mal hatte sich ein gebürtiger römischer Patrizier gegen seine eigene Vaterstadt gewandt! Als alles verloren schien, schlug die Stunde der römischen Frauen. Der römische Geschichtsschreiber Livius erzählt uns von ihrem Vorgehen.

Dativ des Zwecks und des Vorteils – Partizipien (Substantivierung)

Am Ende siegen die Frauen

In ihrer Verzweiflung kam eine große Zahl römischer Mütter zu Coriolans Mutter Veturia und zu seiner Gattin Volumnia. Sie richteten beschwörende Worte an die beiden adeligen Frauen:

„Summo in periculo sumus! Salus liberorum nobis omnibus curae est. Coriolanus vobis, matri coniugique, certe parcet. Sed quid accidet nobis?
5 Num nos deserere vultis, amicae? Venite nobis auxilio! Nisi nobis auxilio veneritis, id vobis crimini dabimus. Urbi reique publicae magno usui esse potestis: Ite ad Coriolanum, qui castra ad urbem
10 posuit. Vos res magnas efficere potestis, vos calamitatem avertere potestis."

Gerbrand van den Eeckhout: Veturia bittet ihren Sohn, die Heimat zu verschonen. 1674. Privatsammlung.

Die Römerinnen überredeten Volumnia, mit ihren zwei kleinen Kindern, ihrer Schwiegermutter Veturia und weiteren Frauen ins Lager der Feinde zu gehen. Sie wurden zum Zelt des Feldherrn vorgelassen. Als sich Coriolan erhob, um seine Mutter zu begrüßen, wies diese ihn schroff zurück:

„Tune hanc terram delere vis, quae te peperit? Num perniciei esse vis mihi et patriae, quae te aluit? Nonne tum, cum in conspectum urbis venisti, cogitavisti intra moenia matrem, uxorem, liberos esse? Hoc audi
15 et disce, fili[1]: Ego, mulier libera, te in patria libera peperi; in servitutem me non duces." Coriolanus matrem audivit – sed roganti non respondit. Tandem irae matris cessit; lacrimae flentium virum fregerunt: Complexum[2] uxoris liberorumque accepit, priusquam copias Volscorum[3] ab urbe deduxit.

[1] filī:
Vok. zu filius
[2] complexus, ūs m
Umarmung
[3] Volscī, ōrum
die Volsker

---

a) 1. Wie versuchen die Frauen, Coriolans Mutter und seine Gattin zur Mithilfe zu bewegen?
2. Mit welchen Argumenten will die Mutter ihren Sohn beeinflussen (Z. 12–16)? Berücksichtige auch die sprachliche Gestaltung dieser Passage (z.B. Satzarten, Schlüsselwörter). 3. Vergleiche die Haltung der Frauen auf dem Bild mit dem zweiten Abschnitt von T.

b) Vokabelgeschichte. Beginne (auf Deutsch) eine Geschichte zu erzählen. Binde in diese Geschichte eine neue Lernvokabel (auf Lateinisch) ein. Wer die Bedeutung weiß, darf die Geschichte in gleicher Weise fortsetzen.

c) Die Mutter Volumnia schärft ihren Kindern auf dem Weg zu deren Vater Coriolan ein:
1. „Cur vos peperi atque alui? Pater vester miseros et flentes certe negleget; ridentes et fortes videre vult. 2. Lacrimae nobis usui non erunt. 3. Amore patrem flectere debemus. 4. Vos urbi nostrae auxilio venire, vos perniciem avertere potestis. Vos salutem urbis efficietis."

Rom in Gefahr – die Zeit der Republik

67

Dies wollte Volumnia ihrem Mann Coriolan sagen:

E
1. „Cur tu, Romane, Romanos temptas? Idem sol et te et nos iuvat.
2. Lux eiusdem solis te et patriam Romam iuvat.
3. Eadem terra te et me aluit.
4. Nunc tot mulieres ad te venerunt, quot in urbe sunt.
5. Eae tantum efficere possunt, quantum tu non exspectavisti.
6. Eadem vis in nobis est quae in vobis, viri."

Ü
a) Zerrissener Papyrus. Füge die Blätter wieder zusammen, indem du die jeweils richtige Form von idem zum Substantiv hinzufügst:

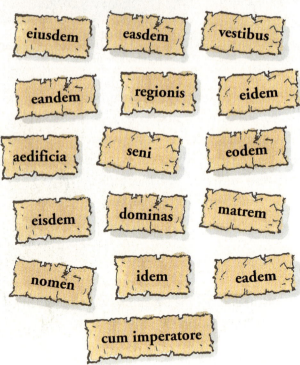

eiusdem — easdem — vestibus — eandem — regionis — eidem — aedificia — seni — eodem — eisdem — dominas — matrem — nomen — idem — eadem — cum imperatore

b) Ersetze durch die entsprechende Form von idem:
eius - ipsas - eum - ipse - eis - eorum - ipsius - ipsa

c) Gleiches Essen für alle.
Füge idem in der richtigen Form hinzu:
1. Familia cenat. Omnes [?] cibis delectantur.
2. Pater subito rogat: „Quis cenam paravit?"
3. Mater: „Lydus; cena semper ab [?] servo paratur. 4. Heri vinum tibi placuit. Itaque hodie [?] vinum bibimus." 5. Filia parva: „Et ego semper [?] hora sub [?] tecto [?] cenam cum [?] fratribus ceno." Omnes rident.

d) Ergänze richtig:
1. Videsne tot homines in vicis urbis, [?] ego video? 2. Temporibus antiquis nulla urbs [?] erat quanta Roma. 3. Capitolium non tam magnum est [?] Palatium. 4. Unus annus [?] dies habet quot noctes.

I
Die Gallier bedrohen Rom
Hundert Jahre später hatte sich Rom gefestigt, da drohte von Norden eine neue Gefahr, die Gallier (Kelten). Das heutige Frankreich war ihr Kerngebiet gewesen; im 5. Jh. v. Chr. begannen einzelne Stämme auszuwandern. Sie setzten sich zunächst in der Ebene des Flusses Po in Oberitalien fest, drangen dann nach Süden vor und vernichteten 387 v. Chr. am Fluss Allia ein römisches Heer. Mit ihrem Anführer Brennus stießen die Gallier bis nach Rom vor. Sie drangen ohne Widerstand in die von den Bewohnern verlassene Stadt ein, plünderten und legten Brände. Die jüngeren Mitglieder des Senats und ein kleines Häuflein Bewaffneter hatten sich auf den Burgberg, das Kapitol, zurückgezogen. Roms Schicksal stand auf Messers Schneide.

Wer rettet das Kapitol?

Nur der steile Fels des Kapitols schützte die Zurückgebliebenen noch vor dem Ansturm der Feinde. Dorthin führte ein Bergpfad, den der mutige junge Römer Pontius Cominus kannte; er sollte als Bote die Senatoren dazu bringen, den Feldherrn Camillus zum Diktator zu ernennen. Also schlich er sich an den Fels heran.

Cominus saxum ascendit neque ab hostibus visus est. Idem iuvenis hominibus in arce desperantibus spem dedit eosque iussit: „Desinite desperare! Camillus auxilio vobis veniet!" Nocte iuvenis eādem viā Capitolium reliquit, quā venerat. Sed luce solis Galli vestigia iuvenis
5 animadverterunt. Itaque nocte idem saxum ascenderunt. Omnia summo cum silentio fecerunt, dum custodes arcis dormiunt[1].
Alios autem custodes Galli non fefellerunt: anseres Capitolinos[2], qui Iunonis sacri erant; iidem subito tantum clamorem fecerunt, quantum arx nondum audiverat. Tali clamore excitati milites Romani hostes
10 animadvertunt, arma capiunt, Gallos in saxo haerentes caedunt vel de saxo pellunt: Tot Galli eodem die ceciderunt, quot ne totus quidem exercitus Romanus uno proelio interficere potuerat. Profecto autem Galli tali ab hoste victi erant, qualem non exspectaverant: ab anseribus. Nam ii eādem vi fuerant qua homines fortes.

[1] dormīre schlafen

[2] ānserēs Capitōlīnī m Pl. die kapitolinischen Gänse

Nun ließen die Gallier ab. Sie waren aber nur zum Abzug bereit, falls ihnen die Römer tausend Pfund Gold zahlten. Beim Abwiegen benutzten die Gallier falsche Gewichte. Als die Römer protestierten, legte der Gallierführer Brennus zusätzlich sein Schwert auf die Waage und schleuderte ihnen die Worte „Vae victis!" (Wehe den Besiegten!) entgegen, die bei den Römern ein Sprichwort wurden.

Die Kapitolinischen Gänse vor dem Tempel der Iuno Moneta. Römisches Relief. 2. Jh. n. Chr. Ostia, Museo Ostiense.

a) 1. Stelle vor der Übersetzung die Prädikate und Objekte aus **T** (Z. 1–6) zusammen, die das Verhalten des Römers und der Gallier beschreiben. Welchen Fortgang der Handlung erwartest du? 2. Was drückt das Präsens in Z. 10 f. aus?

b) Setze das richtige Pronomen ein und übersetze:
1. (Ille / Ipse / Idem) Pontius Cominus iuvenis fortis et diligens erat: 2. (Ipso / Eodem / Tali) die Capitolium reliquit, (eo / quo / quali) venerat. 3. (Iidem / Tales / Tot) Romani, qui antea timuerant, nunc arma capiunt. 4. Etiam patres Romani (illi / ipsi / iidem) arma ceperunt. 5. Patres Romani saepe dicebant: „(Quot / Illos) servos habes, (eosdem / tot) hostes."

c) Brennus ließ sich seinen Abzug teuer bezahlen:
1. „Idem vobis nunc accidit, quod omnibus victis accidit. 2. Tot ornamenta aurea date, quot habetis! 3. Si nos fefelleritis, exercitum in novum proelium vocabo. 4. Tantum erit pretium libertatis, quantum ego volo. 5. Vae (wehe) victis!"

Rom in Gefahr – die Zeit der Republik

Der Streit zwischen dem Magen und den Gliedern

Aus der Zeit der Ständekämpfe wird berichtet, dass 494 v. Chr. die zornige Plebs auf den „Heiligen Berg" auswanderte und den Kriegsdienst verweigerte. Menenius Agrippa (Konsul 503 v. Chr.) sollte die Plebejer im Auftrag des Senats zur Rückkehr bewegen.

[1] certāre streiten

Plebs et senatores saepe certabant[1]. Senatores enim saluti plebis non consulebant. Iis pauperes multas iniurias crimini dabant. Itaque consilium ceperunt senatores deserere, urbem Romam relinquere, ad montem Sacrum exire. Senatores autem viderunt urbem sine auxilio plebis ab
5 hostibus defendi non posse. Magno timore commoti Menenium Agrippam ad plebem miserunt. Is vir in castris plebis hanc fabulam narravit: „Antiquis temporibus membra[2] cum ventre[3] certabant. Membra enim putaverunt se semper ventri providere, ventrem autem medio in corpore sedentem aliorum labore ali. Itaque ventrem accusaverunt:
10 ‚Venter non tale officium praestat, quale nos praestamus. Itaque saluti ventris non iam consulemus. Pedes corpus non iam movebunt, manus cibos neque capient neque ori praebebunt; dentes[4] eos non iam manducabunt.[5] Ita ventrem superabimus!' At paulo post senserunt non solum ventrem,
15 sed etiam se ipsos non iam valere. Ita ventrem non solum ali, sed officio suo alia membra alere didicerunt."

[2] membrum Glied, Körperteil
[3] venter, ventris *m* Bauch, Magen
[4] dēns, dentis Zahn
[5] manducāre zerkauen

Agrippa verglich die Situation im Körper mit der im Staat; dadurch sahen die Plebejer angeblich ein, dass ihr Streik unberechtigt war, und sie brachen ihn ab. Umgekehrt machten die Patrizier der Plebs Zugeständnisse, um die größten Ungerechtigkeiten zu lindern.

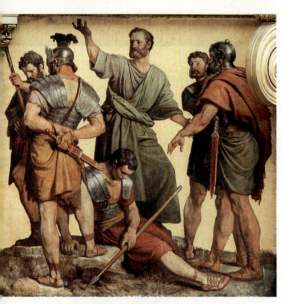

August Eisenmenger:
Menenius Agrippa erzählt den Plebejern die Geschichte vom Magen und den Gliedern. 19. Jh. Wien, Parlament.

V
a) Formuliere die „Lehre" oder „Moral" der beispielhaften Erzählung.

b) Verfasse selbst eine Erzählung oder Fabel zu diesem Thema. Welche „Hauptdarsteller" wählst du? Überlege, ob der Magen nach unserem modernen medizinischen Wissen geeignet ist.

c) Entwirf eine „Rede des Magens", mit der er sich gegen die Vorwürfe verteidigt.

d) Untersuche die Erzählung genauer. Achte dabei vor allem auf die folgenden Aspekte:
1. Vergleiche die Beschreibung des Geschehens (Z. 1–7) und die Erzählung des Agrippa (Z. 7–17). Zeige, dass in beiden Teilen die gleichen Schlüsselbegriffe vorkommen.
2. An welchen Stellen schleichen sich in die medizinische Erzählung des Agrippa politische Fachausdrücke ein? Welche davon passen, welche nicht?

XX plus

e) Die „Fabel vom Magen und den Gliedern" ist in der Weltliteratur immer wieder aufgegriffen worden. Die wohl bekannteste Version dieses Stoffes findet sich in einem Brief des Apostels Paulus (1 Kor. 12, 20-26, m. A.):
1. Vergleiche die Erzählung des Menenius Agrippa mit der des Paulus.
2. Suche mit Hilfe eines Lexikons, des Internets oder anderer Hilfsmittel nach weiteren Versionen des Stoffes.

> „Nun gibt es zwar viele Körperteile, aber nur einen Körper. Das Auge kann zur Hand nicht sagen: „Ich brauche dich nicht." Auch der Kopf kann zu den Füßen nicht sagen: „Ich brauche euch nicht." Nein! Gerade auf die Körperteile, die unbedeutender zu sein scheinen, kommt es an. Gott hat den Körper zusammengefügt, damit der Körper nicht von einer Grenze durchzogen wird, sondern die Glieder sich gemeinsam umeinander kümmern. Und wenn ein Körperteil leidet, leiden alle anderen mit."

---

a) Wähle die richtige deutsche Bedeutung bei der Übersetzung von ponere:
1. Postquam magister liberis fabulam recitavit, librum in mensa posuit. 2. Statuae imperatorum clarorum saepe in foro ponebantur. 3. Puer donum parvum ante portam puellae posuit.

b) Erkläre die folgenden Redewendungen:
1. Aliud est dicere, aliud facere.
2. Quot capita, tot sententiae (Meinungen).
3. Qualis mater, talis filia.
4. Qualis vita, finis ita.

c) Vokabelkampf.
Bildet zwei Gruppen. Ein(e) Schüler(in) der Gruppe A fragt eine(n) Schüler(in) aus der Gruppe B eine Vokabel aus den letzten drei Lektionen ab und dann umgekehrt. Wer alles richtig gemacht hat, holt für die eigene Gruppe einen Punkt. Die Paare wechseln; jeder kommt nur einmal dran.

d) Welche lateinischen Wörter erkennst du in den markierten Fremd- und Lehnwörtern?
1. Der Küster zog sich beim Herabsteigen vom Turm eine Fraktur zu. Jetzt kann er nur aus dem Fenster schauen. Proviant wird ihm täglich gebracht. 2. Ein Schüler kommt in den Silentiumraum und sagt: „Ich bin schon ganz senil! Wo ist denn meine Weste? Ich suche sie schon so lange."

e) Bearbeite eine der folgenden Aufgaben:

Schwierigkeitsgrad 1
Die folgenden lateinischen Sätze sind in modernes Deutsch übersetzt. Ordne richtig zu:

1. Cui bono? 2. Hoc mihi curae non est. 3. Hoc mihi perniciei est. 4. Ea vestis tibi magno ornamento est. 5. Auxilio tibi veniam.

A Dieses Kleid steht dir hervorragend. **B** Wer hat etwas davon? **C** Das ist mir völlig gleichgültig. **D** Ich werde dir unter die Arme greifen. **E** Das ist mein Ende.

Schwierigkeitsgrad 2
Fülle die Lücken richtig und übersetze:
1. Omnes homines pericul[?] providere volunt. 2. Tamen omni[?] pericul[?] effugere non possumus. 3. Nam nos homines ingeni[?] deorum caremus.

Rom in Gefahr – die Zeit der Republik

68

E 1. Veturia Coriolanum filium reprehendit:

„Ira me movet. Felix non iam sum.

Felix essem, si tu hostis Romae non esses.

2. Si animum tuum mutare possem, nihil aliud vellem.

3. Nisi bellum gereres, te amaremus."

4. Coriolanus: „Si copias deducerem, socii me riderent."

5. Veturia: „Nisi hostes a te contra Romam ducerentur, a Romanis non timereris."

Ü a) Verwandle im Deutschen die folgenden Verbformen in Konjunktivformen, z.B. „er war" → „er wäre". Wo die Konjunktivform mit der Indikativform identisch ist, musst du mit „würde" umschreiben, z.B. „er lachte" → „er würde lachen":

1. sie hatte 2. er konnte 3. sie arbeiteten
4. wir lernten 5. ihr spieltet 6. wir sangen
7. ich sprach 8. du warst 9. ich las

b) Bilde jeweils die entsprechende Konjunktivform:
1. eram 2. poteras 3. volebat 4. dubitabam
5. rogabas 6. properabatis 7. parebant
8. occidebat 9. scribebas 10. effugiebamus

c) Bedenkenswert
1. Qualis dominus, talis et servus.
2. Tantum scimus, quantum memoria tenemus.

d) Faule Ausreden
1. **A:** „Quin studes?" **B:** „Libenter studerem, si librum meum invenire possem."
2. **A:** „Cur mihi hodie non adestis?" **B:** „Tibi adessemus, nisi amicas in foro conveniremus." 3. **A:** „Cur servi agros non colunt?" **B:** „Agros colerent, si equum carrumque haberent."

e) Träume und Wünsche.
Übersetze: 1. Si dives essem, … → non iam in ludo essem. → pater meus non iam laboraret. → cum amicis regiones novas spectarem. → mater et soror in magna villa viverent. → me amaretis, quia vobis multa dona darem. 2. Si tandem haec omnia facere et sic vivere possem, felix essem! 3. Et tu? Quid tu faceres? Disceresne in ludo? Legeresne librum? Quem in foro convenires? Exerceresne corpus?

I
Rom und Karthago
Nach dem Abzug der Gallier erholte sich die Stadt. Im Mittelmeerraum wurden die Karthager (auch Punier genannt) zum größten Widersacher der Römer: Ihre Hauptstadt war das nordafrikanische Karthago (beim heutigen Tunis). Durch ihre Handelsbeziehungen waren sie zu einer einflussreichen Seemacht im Mittelmeer aufgestiegen. In den drei sog. Punischen Kriegen gelang es den Römern, Karthago niederzuringen. Während des Zweiten Punischen Krieges (218-201 v. Chr.) geriet Rom in größte Bedrängnis, weil die Karthager einen überragenden Feldherrn hatten: Hannibal, den Sohn des Heerführers Hamilkar Barkas.

Konjunktiv Imperfekt – Irrealis der Gegenwart

Ein kindlicher Schwur

Hannibals Weg zeichnete sich schon in seiner Kindheit ab: Eines Tages soll ihn sein Vater Hamilkar mit geheimnisvoll ernster Miene zum Heiligtum des höchsten punischen Gottes ans Meer geführt haben:

Iam Hamilcar, pater Hannibalis, plenus erat odii in Romanos. Itaque Hannibalem ad aram Iovis adduxit. Manu dextera Italiam ostendens dixit: „Vide, puer: Trans mare apertum Italia iacet. Nisi Romani hostes tam potentes essent, nos felices essemus. Et ego felix essem; beatam
5 tutamque vitam vivere possem. Laeto pectore sine curis vivere vellem. Sed a Romanis e Sicilia pulsus sum. Itaque ii mihi odio sunt. Tange hanc aram et iura!" His verbis odium Hannibalis auctum est.
10 Itaque dextera aram tetigit iurans: „Di immortales, hoc vobis iuro: Numquam in amicitia ero cum Romanis; ii mihi semper odio erunt." Ad patrem versus haec verba addidit: „O pater, ego nisi puer
15 essem, non hic remanerem, sed in Italiam irem et cum Romanis pugnarem. Ibi Romani a me vincerentur, patria autem nostra ab hoste liberaretur. A Romanis non iam rideremur. Statim tecum contra
20 Romanos contendere cupio!"

Jacopo Amigoni: Der Eid des Hannibal. 18. Jh. Privatsammlung.

Dies schwor Hannibal schon mit neun Jahren. Daraufhin nahm ihn Hamilkar auf seine Feldzüge mit. Mit 25 Jahren wurde er Kommandeur der Karthager in Spanien, eroberte die mit Rom verbündete Stadt Sagunt und entfachte so den Zweiten Punischen Krieg.

a) 1. Informiere dich in einem Lexikon über das Leben Hannibals. 2. Antworte in kurzen lateinischen Sätzen: Ubi erat patria Hamilcaris patris filiique? Cur Romani Hamilcari odio erant? Ubi Hannibal iuravit?

b) Auch Publius Cornelius Scipio, der 202 v. Chr. Hannibal besiegte, hatte als Junge seine Träume:
1. Scipio: „Sine hostibus Italia felix esset.
2. Nisi Carthago esset, sine metu trans mare ire possemus. 3. Nobis semper frumentum esset. 4. Cum amicis in campo currerem 5. Carthaginem vincere vellem, nisi parvus essem."

c) 1. Romani Hannibali odio erant:
2. „O pater, si Romanos amarem, filius tuus non essem. 3. Numquam amicitiam cum hostibus facerem. 4. Si vir essem, ipse navibus trans mare apertum irem et Italiam peterem. 5. Romanos vincerem eosque ex Italia pellerem." 6. Tum ad deos immortales versus addidit: „Hoc cupio. Hoc iuro."

69

E 1. Hannibal felix non erat; nam Romani hostes erant.
Hannibal felix fuisset, nisi Romani hostes fuissent.
2. Hannibal si potuisset, iam antea Italiam petivisset.
3. Statim in Italiam isset, cum Romanis bellum gessisset eosque vicisset.
4. Romani ab Hannibale postea victi non essent, nisi puer a patre excitatus et monitus esset.

Ü a) Bilde jeweils die entsprechende Form im Plusquamperfekt:
1. accusaretis 2. peteret 3. parcerent
4. iuberem 5. cantares 6. crederemus

b) Träume. Ein alter Römer denkt nach.

c) Überlegungen Hannibals:
1. „Milites! Nisi tam fortes fuissetis, numquam in Italiam venissemus. 2. Romani nos non iam timuissent, sed risissent.
3. Nisi virtus vestra a me animadversa esset, vos huc non duxissem. 4. Si a Romanis hic videremur, illi fugerent."

c) Bilde sinnvolle Sätze und übersetze:

1. Nisi Hannibal socios Romanorum temptavisset
2. Nisi Hannibal imperator magna audacia esset
3. Nisi Hannibal puer ad aram iuravisset

Vervollständige sinnvoll:
1. Si imperator fuissem ...
2. Nisi servi me iuvissent ...
3. Si dives fuissem ...

A. Romani ei odio non fuissent.
B. exercitum in patriam hostium non duceret.
C. Romani iis auxilio non venissent.

I **Hannibal marschiert nach Italien**
Nach der Eroberung der spanischen Stadt Sagunt, die mit den Römern verbündet war, machte sich Hannibal im Frühsommer 218 v. Chr. auf den Weg nach Italien. Er musste dazu mit seinen 50.000 Fußsoldaten, 9.000 Reitern und 37 Elefanten über die Pyrenäen kommen, und sein Heer über die Rhône übersetzen. In den westlichen Alpentälern traf er auf gallische Bergstämme, die dem Heereszug große Verluste zufügten. Schwerer waren allerdings die Schäden, die das Heer durch Lawinen, Schnee und Eis erlitt. Die Alpen überquerte Hannibal wohl auf der Passhöhe beim Mont Cenis (in ca. 2.000 m Höhe), die eine weite Aussicht bot.

Konjunktiv Plusquamperfekt – Irrealis der Vergangenheit

Die Karthager auf dem Gipfel

Auf der Passhöhe ließ Hannibal sein völlig erschöpftes Heer Halt machen. Nach dem Verlust vieler Männer und Elefanten machte er seinen Soldaten inmitten von Schnee und Eis Mut.

[1] fessus: müde

[2] elephantus: vgl. Fw.

Agmen Poenorum postquam constitit, Hannibal orationem habuit: „Milites! Nos omnes eodem itinere, iisdem laboribus fessi[1] sumus. Non periimus, sed supersumus. Ne insidiae quidem Gallorum nos vicerunt. Sed bellum inceptum conficiemus. Vos nisi tam fortes fuissetis,
5 numquam usque ad hunc locum venissemus. Ego ipse sine vobis hos labores subire neque voluissem neque potuissem. Alius exercitus numquam huc venisset, sed perisset. Romani autem si scirent nos cum tot elephantis[2] Alpes transisse, iam heri ad matres suas fugissent. Nisi a deis immortalibus defensi essemus, hostibus obiecti et ex Alpibus expulsi
10 essemus; Italiam non vidissemus, non superfuissemus. Nunc autem Italia iam in conspectu est, campi lati sub pedibus
15 iacent. Italia iam sub oculis est. Post unum aut duo proelia arcem et caput Italiae in manu et potestate tenebitis! Omittite
20 ergo curas vestras!" Sic Hannibal animos militum excitavit. Tum agmen procedere coepit.

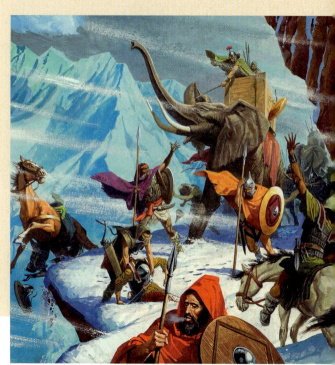

Severino Baraldi: Hannibals Alpenübergang. 20. Jh. Privatsammlung.

a) 1. Untergliedere Hannibals Rede an die Soldaten in Sinnabschnitte. 2. Welcher Modus beherrscht die Rede und welchem Zweck dient er?

b) Erfinde auf Deutsch eine abenteuerliche Fantasiegeschichte, in die du möglichst viele neue Lernvokabeln auf Lateinisch einbindest.

c) Nach dem Alpenübergang schreibt ein Karthager nach Hause:
1. In illo itinere multas insidias hostium subiimus. 2. Postquam agmen usque ad summum montem processit, dux orationem habuit. 3. Nisi tot comites elephantique (!) perissent, exercitus laetitiae plenus fuisset. 4. Numquam autem Alpes transissemus, nisi ab Hannibale moniti essemus. 5. Nisi ab eo ducti essemus, desperavissemus; hostes nos vicissent, nemo superfuisset.

70

E 1. Hannibal saepe a deis auxilium petiverat.
Hannibal a deis petiverat, ut exercitui suo adessent.
2. Hannibal milites suos monuit, ut procederent. Eos monuit, ne desperarent.
3. Timebat enim, ne milites desperarent. Periculum erat, ne a Romanis vincerentur.
4. Tum officium militum Romanorum erat hostem ab urbe prohibere.
5. Militum Romanorum erat Hannibalem ab urbe prohibere.
6. Hannibal enim militibus suis promiserat: „Mox tota Italia in manibus vestris erit!"
7. Mox tota paene Italia Hannibalis et Poenorum erat.

Ü a) Der Sekretär des Feldherrn erzählt, was er alles vor Marschbeginn erledigt hat.
1. „Imperatorem rogavi, ... → ut mihi de consiliis narraret. → ut deis sacrum faceret.
2. Servos monui, ... → ut prima luce equos probarent. → ut copiam frumenti pararent. → ne tela gladiosque in castris relinquerent.
3. Milites monui, ... → ne in proelio desperarent. → ut castra munirent."

Punischer Kriegselefant. Terrakottastatue aus Pompeji. 1. Jh. v. Chr. Neapel, Museo Archeologico Nazionale.

b) Aufgaben und Pflichten.
Stelle passend zusammen und übersetze:
1. Consulis erat 2. Domini erat
3. Magistrorum est 4. Discipulorum est
5. Servarum erat 6. Imperatoris erat

A familiam cena delectare. **B** libros legere et linguas discere. **C** servis imperare. **D** populo consulere. **E** oratione virtutem militum augere. **F** liberos linguas docere.

Denke dir weitere „Pflichtsätze" aus.

c) Ne, ne: So viele Ängste!
1. Hannibal timebat, ne omnes elephantos (!) in Alpibus perderet. 2. Periculum erat, ne sine elephantis in Africam rediret.

d) Bitten und Ermahnungen
1. Amicae servum petiverunt, ut sibi adesset. 2. Magister pueros monuit, ut fabulam scriberent. 3. Mater filios monuit, ne magna voce clamarent. 4. Avus servam rogabat, ut nuntium ad forum mitteret.

I **Cannae – die schlimmste Niederlage Roms**
Aus Hannibals Versprechen, nach ein oder zwei Schlachten werde man Rom in Händen haben, wurde nichts: In Italien kam es zu vier Schlachten, in denen er durch geschickte Kriegsführung und Listenreichtum vier römische Heere besiegte. Die größte Niederlage fügte er den Römern im Sommer 216 v. Chr. bei Cannae (Unteritalien) zu, wo diese zwei Heere mit etwa 70.000 Mann verloren. Als die ersten Nachrichten von dieser verheerenden Niederlage in Rom eintrafen, herrschten dort Entsetzen, Trauer und Angst.

Begehrsätze – Genitiv der Zugehörigkeit

Hannibal ante portas!

Die Nachricht von der Niederlage bei Cannae gelangte in Windeseile nach Rom.

T

Nuntiatum est Hannibalem vicisse, magnam partem militum Romanorum occisam esse. Statim urbs luctu et lacrimis completa est. Postremo senatus convenit. Iam ante curiam matronae[1] stabant mortem suorum timentes. Mulieres singulos senatores rogaverunt, ut militibus
5 auxilio venirent; aliae ab iis petiverunt, ut eos milites, qui superfuerant, servarent; aliae oraverunt, ut familiis nomina mortuorum indicarentur. Senatores autem mulieres monuerunt, ne desperarent: „Mulieres! Iam alios hostes vicimus! Nondum omnia acta sunt!"
Quintus Fabius Maximus[2] autem timebat, ne senatores matronis auxili-
10 um negarent. Itaque in curia senatoribus imperavit, ut communi saluti providerent: „Meum officium est vos monere; consulis est rei publicae consulere; senatūs est omnibus adesse!" Deinde postulavit, ut speculato-res[3] ad reliquias exercituum mitterentur; nam eorum fortuna adhuc ignota erat.
15 Nunc tota paene Italia Hannibalis erat; praeda ingens victoris erat: equi, viri, argentum. Tum periculum erat, ne Roma quoque victoris esset. Sed postremo victoria non Poenorum, sed Romanorum erat.

[1] mātrōna
Matrone, Ehefrau

[2] Fābius Māximus:
bedeutender
röm. Politiker

[3] speculātor
Kundschafter

Anstatt Rom sofort anzugreifen, verteilte Hannibal die Kriegsbeute und zog plündernd durch Italien. Einer weiteren Schlacht wichen die Römer aus. Erst fünf Jahre später stieß Hannibal nach Rom vor – zu spät. Er hat die Tore der Stadt nie durchschritten.

Der Kopf des karthagischen Hauptgottes Baal Hammon, dem – ebenso wie seiner Gemahlin Tanit – auch Menschenopfer dargebracht wurden. Tripolis, Museum.

a) 1. Sammle aus **T** Substantive und Verben, die zum Sachfeld „Krieg" gehören. 2. Fasse die unterschiedlichen Reaktionen der Menschen auf die Nachricht zusammen.

b) Befehle vor dem Abstieg. Ordne die Befehlssätze, die in Klammern stehen, im Satzgefüge unter:
1. Hannibal deos oravit, ... (Adeste militibus!) 2. Tum milites vulneribus confectos confirmavit, ... (Memoria tenete liberos!) 5. Dux elephantis (!) imperavit, ... (Surgite et transite montem!) 4. Postremo a militibus postulavit, ... (In Italiam procedite!)

V

c) Angriff der Bergstämme
1. Gentes ignotae agmen Poenorum temptabant. 2. Postremo a militibus postulaverunt, ne se defenderent; imperaverunt, ut milites argentum sibi darent. 3. Sed milites dicebant: „Argentum non nostrum est, sed Hannibalis et exercitūs. 4. Si ducem oravissetis, praemium vobis datum esset. 5. Nam imperatoris est praemia dare."

Rom in Gefahr – die Zeit der Republik

71

E
1. Consul senatoribus imperavit: „Providete rei publicae!"
2. Ab eis postulavit, ut rei publicae providerent.
3. Patres monuit, ne salutem urbis neglegerent:
4. „Si statim consilium sapiens caperetis, periculum tantum non esset.
5. Si consules sapientes fuissent, exercitus nostri victi non essent."

Ü

a) Indikativ sucht Konjunktiv und umgekehrt. Bilde die jeweils gesuchte Form:
amareris - alebant - adduxerat - custodiret - imperabas - missi eramus - manerem - pepulerat - commotus esset - relinqueretis

b) Setze das in Klammern stehende Verb in die richtige Form und übersetze:
1. Si Sisyphus saluti suae bene consuluisset, poenam deorum (effugere). 2. Imperium Romanum perisset, nisi animalia in Capitolio a Gallis (excitari). 3. Hannibal ad aram Iovis non iuravisset, nisi pater id (postulare). 4. Nisi hodie in ludo (esse), quid faceres?

c) Ordne die folgenden lateinischen Fachausdrücke richtig den Verbformen zu:
Infinitiv - Imperativ - Irrealis der Vergangenheit - Indikativ - Irrealis der Gegenwart
1. fuissent 2. positi sunt 3. affirmare 4. procede 5. regeret 6. contemnunt

d) Mache die folgenden Befehle als Gliedsätze von postulare abhängig. Übersetze die neu gebildeten Sätze:
1. Hamilcar a filio postulavit: „Pugna semper contra Romanos et dele imperium hostium!" 2. Hannibal a militibus postulavit: „Venite et confligite cum hostibus superbis!" 3. Idem a militibus postulavit: „Capite arma et incipite pugnare!" 4. Imperator a milite postulavit: „Mane in proelio!"

Archimedes im Bad. Holzschnitt aus dem 16. Jh.

Archimedes

Während des Zweiten Punischen Krieges war auch die Insel Sizilien ein Kriegsschauplatz. In der bedeutenden Stadt Syrakus lebten vor allem Griechen. Der Berühmteste war der Mathematiker und Erfinder Archimedes. Sprichwörtlich wurde sein Ausruf: „Heureka!" (griech. „Ich hab's gefunden!"). Der Herrscher von Syrakus, Hieron, hatte nämlich bei einem Goldschmied eine Krone aus Gold in Auftrag gegeben. Hieron wollte nun von seinem Freund Archimedes wissen, ob der Goldschmied das Kunstwerk tatsächlich aus massivem Gold gegossen oder ihn betrogen habe. In der Badewanne liegend entdeckte Archimedes, wie sich das Volumen der Krone messen ließ: durch die Menge des Wassers, das sie beim Eintauchen verdrängte. Wer findet heraus, wie sein Lösungsweg weiter ging?

Das bittere Ende der Geometrie

Der Widerstand von Syrakus war lange durch die Erfindungen des Archimedes erfolgreich. **T**

Per multos dies Romani urbem hostium capere studuerant. Profecto urbem cepissent, nisi ingenio eximio Archimedis defensa esset: Ille enim vir doctus tot machinas[1] belli invenerat quot nemo ante eum; cottidie res novas creabat. Archimedes studebat, ut navigia adversariorum
5 adhuc in portu iacentia delerentur. Ideo specula[2] ingentia invenit, quae radios solis in vela[3] navium miserunt; nam viderat lucem e speculo venientem tam fortem esse quam ignem. Certe Romani, nisi copiis auctis urbem invasissent, Syracusas[4] capere non potuissent.

Der Zorn der Eroberer, die in die Stadt eindrangen, kannte keine Grenzen.

Postremo Romani portas horti, qui Archimedis erat, vi patefecerunt.
10 Miles Romanus praedae avidus hortum invasit virumque doctum figuras in arena scribentem invenit. Ille quietus mansit, oculos a circulis[5] non movit militemque admonuit: „Noli turbare[6] circulos meos!"
15 At miles ferox ense acri eum interfecit.

[1] māchina: vgl. Fw.
[2] speculum Spiegel
[3] vēlum Segel
[4] Syrācūsae f Pl. Syrakus
[5] circulus Kreis
[6] nōlī turbāre Störe nicht!

Gustave Courtois: Der Tod des Archimedes. 19. Jh.

a) 1. Untergliedere **T** in sinnvolle Abschnitte und gib diesen Kurzüberschriften. 2. Antworte in kurzen lateinischen Sätzen: Cur milites Romani urbem capere non poterant? Quid Archimedes fecit, ut patriam defenderet?

b) Ordne den Sätzen ihre verschiedenen Absichten zu und übersetze:
Verbot – Bitte – Nichtwirklichkeit

1. Archimedes haec affirmavit: „Amici, desinite credere terram orbem (Scheibe) esse! 2. Si terra orbis esset, finem haberet. 3. Multae naves iam perditae essent, si ad illum finem venissent." 4. Archimedes ab amicis petivit, ne verba sua recusarent.

c) Archimedes wollte etwas bewegen **V**
1. Archimedes nisi tum interfectus esset, alias res magnificas invenisset. 2. Ab amicis suis postulavit, ne fabulis antiquis de forma terrae crederent: 3. „Credite mihi terram globum (Kugel) esse! 4. Date mihi locum munitum extra (außerhalb, m. Akk.) terram, et ego terram movebo!" 5. Sed miles, qui ensem ferocem tenens in hortum eius invaserat, avidus praedae erat neque viro docto pepercit.

Was wäre gewesen, wenn …?

T

Nach der Schlacht bei Cannae hatte Hannibal die Chance, Rom zu erobern. Doch er nutzte sie nicht. Jahre später erinnert er sich vor allem an die Warnungen seines Reiterführers Maharbal:

„Post proelium Maharbal me monuit, ut statim ad Romam procederem et Capitolium caperem. Si eo tempore impetum in Romam ipsam fecissem, Romani urbem defendere non potuissent. Quia copiae Romanae victae erant, nemo militibus nostris restitisset. Si urbem
5 occupavissem senatoresque captos mecum duxissem, omnes regiones et civitates Italiae ad copias meas perfugissent[1]. Totam Italiam in manibus tenuissem et id fecissem, quod antea iuraveram.

Tamen officium imperatoris bene praestiti; nam imperatoris est magna cum virtute bellum gerere: Equidem multos annos in Italia cum variis
10 hostibus pugnavi. Sed Romam ipsam non petivi. Etiam nunc Romanis resistere possemus, si adhuc tot milites haberemus, quot Alpes transierant. Semper milites me monebant, ut senatum nostrum rogarem, ut milites amissos restitueret[2]. Sed scio senatum nostrum milites numquam restituisse. Itaque etiam nunc novos milites non mittet. Fortasse[3]
15 Romanos numquam vincemus."

[1] perfugere überlaufen

[2] restituere ersetzen

[3] fortasse *Adv.* vielleicht

Jacopo Ripanda: Hannibal in Italien. 16. Jh. Rom, Musei Capitolini.

V

a) Untersuche die im Text vorkommenden Modi und Tempora und versuche, daraus zu erschließen, welche unterschiedlichen Zeitabschnitte in Hannibals Rückblick vorkommen.

b) 1. Diskutiert darüber, ob Hannibal Recht hat: Hätte er eine Chance gehabt, Rom zu besiegen, wenn er es nach der Schlacht bei Cannae angegriffen hätte? 2. Die Frage „Was wäre gewesen, wenn …?" war schon in der Antike sehr beliebt, da sie erlaubte, sich in der Fantasie alles Denkbare auszumalen. Kennst du aus der neueren Zeit oder vielleicht sogar aus deinem eigenen Leben ähnliche Situationen, in denen alles hätte anders verlaufen können? Wäre es wohl wirklich anders verlaufen?

XXI plus

a) Ordne richtig den Münzen zu und übersetze:

1. Salus tua mihi curae est. 2. Dominus scelus furibus crimini dedit. 3. Amici iuveni auxilio veniunt. 4. Villa erat Quinti. 5. Veturia, mulier magni animi, filium reprehendit. 6. Hannibal, vir summa virtute, Romanos temptabat. 7. Semper vitae discimus. 8. Gladius militi usui erat. 9. Elephanti (!) Poenorum erant. 10. Salus militum Hannibali curae erat. 11. Imperatoris erat militibus consulere. 12. Romanorum arx antiqua erat. 13. Illa nox Romanis perniciei fuisset, nisi animalia clamore suo civibus auxilio venissent.

b) Setze die folgenden Verbformen erst in den Konjunktiv Imperfekt, dann in den Konjunktiv Plusquamperfekt:
1. amat 2. vidisti 3. sum 4. iuvamus
5. consuluerat 6. praeeratis 7. transeunt
8. procedit 9. expellunt 10. paramus
11. sentiunt 12. ridebat 13. providet
14. ostendebatis 15. pellis 16. perit
17. iurabunt 18. sumus

c) Der Marsch der Soldaten in die Provinz. Setze jeweils das passende Verb in der richtigen Perfektform ein:
adire - perire - abire - subire - transire

1. Milites e Roma [?]. 2. Exercitus magnos labores [?]. 3. Montes fluviosque [?]. 4. Multi milites [?]. 5. Tandem provinciam [?].

d) Bilde zu den folgenden Verbformen jeweils die entsprechende Passivform:
1. fecit 2. expulerant 3. prohibes
4. portabunt 5. reprehendisti
6. servabamus 7. tetigerunt

e) Setze eine korrekte Partizipform ein und übersetze:
1. Magister pueros (studere) laudavit.
2. Imperator litteras a nuntio e provincia (mittere) legit. 3. Serva praemio domini cenam (laudare) gaudet. 4. In urbibus a hostibus (occupare) timor civium magnus erat. 5. Servi militibus in castra (redire) cenam paraverunt. 6. Senex librum a furibus (rapere) desideravit.

f) Vokabelmalerei. Male an die Tafel ein Bild, das eine Lernvokabel aus den Lektionen 65–71 veranschaulicht. Die anderen haben drei Versuche, um die richtige Vokabel zu nennen.

g) Gegensätze ziehen sich an. Stelle sie zusammen. Beispiel: silentium - clamor
senex - captivus - pauci - odium - servire - discere - docere - multi - amor - custos - iuvenis - imperare

h) Si tacuisses, philosophus (!) mansisses.

Wie ist dieser Spruch zu verstehen, wann könnte man ihn wohl verwenden?

Rom in Gefahr – die Zeit der Republik

Götter, Kulte und Orakel – Aspekte des religiösen Lebens

Für uns in Europa ist die Vorstellung, dass es einen Gott gibt, heute selbstverständlich. Für einen Römer oder Griechen der Antike wäre das undenkbar gewesen. Wie ihr wisst, glaubten beide Völker an viele Götter. Das Imperium Romanum als weltumspannendes Großreich hatte sich daran gewöhnt, mit den Handelswaren aus aller Welt auch Götter, Religionsvorstellungen und Kulte verschiedener Völker zu übernehmen, sofern diese keine Gefahr für das Fortleben des römischen Staates darstellten.

Entwicklung der römischen Religion

fundamentum

Jahrhundertelang blühte die römische Religion. Mit zunehmendem Wohlstand und dem Bewusstsein, die vorherrschende Weltmacht zu sein, hielten viele Römer den Glauben an Götter aber für unnötig. Zum Niedergang der Religion trug auch der Zuzug vieler Menschen aus aller Welt nach Rom bei, die neue Religionen mitbrachten. Kaiser Augustus bemühte sich, die alte römische Frömmigkeit wiederzubeleben, indem er verfallene Tempel renovieren, Priesterämter neu besetzen, religiöse Feste wiederaufleben und sich selbst zum Oberpriester (pontifex maximus) ausrufen ließ.

1 Kaiser Augustus als Pontifex Maximus. Marmorstatue. Um 25 v. Chr. Rom, Museo Nazionale Romano.
2 Die Ara Pacis Augustae, der Altar des Augustusfriedens. Eingeweiht 9 n. Chr. Rom.
3 Die Pythia, die Priesterin des delphischen Apoll, erteilt ein Orakel. Griechische Vasenmalerei. Um 440 v. Chr. Berlin, Antikenmuseum.
4 Statue der kleinasiatischen Muttergottheit Kybele (Magna Mater). 3. Jh. n. Chr. Neapel, Museo Archeologico Nazionale.
5 Der persische Lichtgott Mithras tötet den Urstier. Wandmalerei aus dem Mithräum von Santa Maria Capua Vetere, Italien.
6 Die Göttinnen Isis und Nepthys betrauern den ermordeten Osiris. Malerei auf einer ägyptischen Mumienmaske. Römische Periode. 1. Jh. v. Chr. Boston, Museum of Fine Arts.
7 Christliche Symbole in der Priscilla-Katakombe in Rom. 3. Jh. n. Chr.

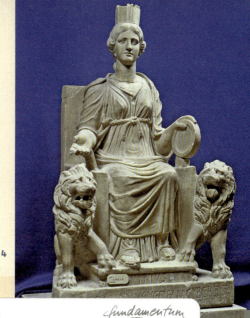

Eindringen neuer Kulte und Götter ins römische Reich

fundamentum

Die römische Religion basierte darauf, dass man den Göttern Opfer darbrachte, in der Hoffnung, die Götter würden sich dafür erkenntlich zeigen. Anstelle dieser streng geregelten Religion versprachen die fremden Kulte ihren Anhängern weit mehr, z.B. die Überwindung des Todes. Auf viele Römer übten diese sog. Erlösungsreligionen eine große Anziehungskraft aus. Viele dieser Religionen hatten ihren Ursprung im Orient: So wurde z.B. die aus Kleinasien stammende Fruchtbarkeitsgöttin Kybele (Magna Mater) verehrt, die ägyptische Himmels- und Liebesgöttin Isis, der Sonnengott Mithras, dessen Kult Soldaten aus Kleinasien mitgebracht hatten, sowie Dionysos (Bacchus) und der jüdisch-christliche Gott. Die Christen allerdings waren die einzigen, die sich weigerten, den römischen Kaisern Opfer darzubringen. So wurden sie oft als Schuldige verdächtigt und verfolgt, wenn sich ein Brand oder eine Naturkatastrophe ereignet hatte.

Weissagung und Orakel

fundamentum

Alle alten Völker bemühten sich um die Kunst der Vorhersage. Eine wichtige Rolle spielten dabei die sog. Orakel, magische Orte, an denen man etwas über die Zukunft zu erfahren glaubte. Berühmte Orakelstätten waren Cumae in Unteritalien, wo die Seherin Sibylle in die Zukunft sah, der Eichenhain des Zeus im griechischen Dodona, wo Priester die Zukunft aus dem Rauschen der heiligen Bäume weissagten, und vor allem das berühmte Delphi in Griechenland, wo die Priesterin Pythia den Rat Apolls verkündete.

72

E

1. Odium Hannibalis in Romanos tantum erat, ut totam Italiam occupare vellet.

2. Itaque cum militibus magnum iter subiit, ut Romam appeteret.

3. In summo monte Alpium orationem habuit, ne milites pericula timerent.

In der Zwischenzeit in Rom:

4. Multi Romani Hannibalem timebant. Timor Romanorum magnus erat.

   Timor Hannibalis multos Romanos torquebat.

5. Senatores victoriam sperabant. Verbis magnis spem victoriae augebant.

   Sed spes civium parva erat.

Ü

a) Irrläufer! Welche Formen sind keine Genitive?
hortis - hostium - sacerdotum - fraudis - argentum - coniugis - multitudini - virtutis - luctus

b) Was passt zusammen? Verbinde die Hauptsätze mit den passenden Gliedsätzen und übersetze dann:

1. Pauci milites tam fortes erant,

2. Hannibal in tergo elephanti (!) sedens usque ad urbem procedere voluit,

3. In summo monte milites constiterunt,

4. Elephanti (!) auxilio missi sunt,

5. Postremo in Alpibus pericula tanta erant,

A. ne milites in montibus perirent.

B. ut corpora curarent.

C. ut periculis non commoverentur.

D. ut nonnulli procedere non iam vellent.

E. ut Romanos terreret.

c) Überlege, ob ein Genitivus subiectivus oder ein Genitivus obiectivus vorliegt. Zweimal kannst du beides antreffen. Finde jeweils eine passende

Übersetzung, wenn möglich so, dass du *ein* deutsches Wort bildest. Beispiel: clamor liberorum → Genitivus subiectivus → Kindergeschrei

1. amor patris 2. spes victoriae 3. metus pueri 4. metus mortis 5. periculum vitae

d) Genitivus subiectivus und / oder obiectivus? Die Umformulierung macht alles klar. Ergänze das Fehlende sinnvoll:

1. amor **dei** → a) **Deu**■ nos ama■. b) Nos **deu**■ amam■s. 2. spes **salutis** → Nos **salu**■■ spera■■■. 3. cura **matris** → a) Nos **mat**■■■ cura■us. b) **Mat**■■ nos cura■. 4. timor **periculi** → Nos **pericul**■■ time■■■.

Das Orakel von Delphi

Die bekannteste Orakelstätte der antiken Welt war Delphi in Griechenland. Dort befand sich ein Tempel, der dem Gott Apoll heilig war. In ihm saß die Priesterin Pythia über einem Erdspalt, der berauschende Dämpfe freigab. Diese inspirierten sie zu ihren Weissagungen, die allerdings oft doppeldeutig waren. So sagte sie dem Lyderkönig Krösus auf seine Frage nach dem künftigen Gelingen eines Feldzuges: „Du wirst ein großes Reich zerstören, wenn du gegen deine Feinde ziehst." Dass es sein eigenes Reich sein würde, sagte sie nicht.

Genitivus subiectivus / obiectivus – Gliedsätze als Adverbiale

Der Rat des Orakels

Nach der katastrophalen Niederlage von Cannae war in Rom die Ratlosigkeit groß. Wie hatte das passieren können? Lag es nur an schlechten Feldherrn? Oder steckte mehr dahinter?

Hannibal tot ac tantas victorias pepererat, ut senatores Romani paene desperantes haec secum cogitarent:

„Certe dei Hannibali adversus nos auxilio venerunt. Itaque benevolentiam[1] deorum restituere debemus. Nisi voluntatem deorum convertemus,

5 Hannibal totam civitatem nostram opprimet."

Sine mora Quintus Fabius Pictor[2] senator Delphos perrexit, ut Apollinem deum consuleret. Ibi sacerdotibus dixit: „Ira deorum, o sacerdotes, tanta erat, ut furori Hannibalis resistere non possemus. Multa iam temptavimus, ne dei adversus nos agere pergerent. Deosne placare[3] poterimus?"

Auf diese Anfrage antwortete Apoll durch den Mund seiner Priesterin Pythia. Die Antwort erhielt Fabius von den Priestern in schriftlicher Form. Sofort kehrte er damit nach Rom zurück.

10 Romae senatores Fabium circumdederunt et spe salutis moti rogaverunt: „Quid tibi responsum est? Quando metum mortis deponere poterimus?" Tum ille sortem in tabula scriptam senatoribus tradidit, ut verbis suis crederent: „Deponite

15 metum Hannibalis! Ira deorum aeterna non erit. Sed religionem cultumque deorum neglegere non licet. Si dona Delphos miserimus, si iuventus nostra superbiam[4] deposuerit deosque sacris ac suppliciis placaverit, dei nobis auxilio

20 venient." Et profecto Romanorum cura sacrorum tanta erat, ut victoria denique Romanis esset.

[1] benevolentia
Wohlwollen

[2] Quīntus Fabius
Pictor:
röm. Senator und
Geschichtsschreiber

[3] plācāre
besänftigen

[4] superbia
Überheblichkeit

Bronzenes Weihrauchgefäß aus dem Apollonheiligtum in Delphi. Um 450 v. Chr. Delphi, Museum.

a) 1. Das Verhältnis der Römer zu ihren Göttern wird mit der folgenden Formulierung beschrieben: Do, ut des. („Ich gebe dir, damit du mir etwas zurückgibst.") Zeige, inwiefern das in T geschilderte Ereignis diesem Grundsatz folgt.
2. Informiere dich darüber, wie eine Orakelbefragung in Delphi vonstatten ging.

b) Ein missverständliches Orakel?
1. Pyrrhus rex, hostis Romanorum, Delphos perrexerat, ut deum consuleret. 2. Sacerdotibus dixit: „Bellum adversus furorem Romanorum geram. 3. Sed religio eorum semper tanta erat, ut dei eis auxilio venirent. 4. Scire volo: Romanosne opprimere potero?" 5. Sacerdotes hanc sortem scriptam denique tradiderunt: 6. „Apollo dicit te Romanos opprimere posse." 7. Ea autem sors spem victoriae non dedit.

Götter, Kulte und Orakel – Aspekte des religiösen Lebens

73

E Auf dem Forum herrschen Wut und Angst wegen Hannibal:

1. „Iste Hannibal nos et liberos nostros perdere cupit.
2. Istud bellum atrox omnes copias nostras opprimit.
3. Expellite exercitum istius Hannibalis, delete Carthaginem, istam urbem immanem!
4. Hannibal iam puer Romam petere cupivit; primus Poenorum Alpes transiit.
5. Milites Hannibalis pericula itineris fortes subibant."

Ü

a) Formenstaffel
istam → Pl. → m → Dat. → Sg. → Abl. → n → Pl. → Gen. → f → Sg. → Akk. → Pl.

b) Setze die passende Form von iste ein und übersetze dann:
1. Nos omnes Hannibalem, [?] ducem Poenorum, timemus. 2. Numquam [?] viro parcemus. 3. Ne [?] elephantos quidem videre volo. 4. Corpora [?] animalium me terrent. 5. De [?] victoria Hannibalis iam multa audivi. 6. Diu [?] proelia atrocia memoria tenebimus.

c) Was hat Bestand?
Vox audita perit, littera scripta manet.

d) Lydia begleitet ihren Vater, den Purpurhändler Aurelius, nach Griechenland. Aus Athen schreibt sie ihrer Freundin Claudia einen Brief:

1. Postquam in illam urbem veni, magnificis monumentis commovebar.
2. Laeta ibi praeclara monumenta spectabam. 3. Ante columnas magni templi multos pueros vidi, qui laeti libros legebant. 4. Audivi viros, qui affirmabant mortem finem vitae non esse. 5. Et senes vidi, qui curis liberi templum reliquerunt, quamquam tristes inierant.

I

Die Römer und andere Religionen
Je mehr sich das römische Reich ausbreitete, desto stärker wurden auch fremde Einflüsse auf Rom: Allein die Sklaven aus den eroberten Ländern sorgten dafür, dass Rom multikulturell wurde. Die Sklaven und Fremden brachten auch ihre religiösen Vorstellungen und heimischen Götter mit. Die Römer zeigten sich diesen Vorstellungen gegenüber im Allgemeinen tolerant, ja sie glichen eigene Gottheiten sogar den fremden an. So wurden z.B. die italischen Gottheiten Diana und Venus der griechischen Artemis und Aphrodite gleichgesetzt. Es konnte aber in Einzelfällen, wie der Konflikt um den Bacchuskult zeigte, auch zu heftigen Abwehrreaktionen kommen.

Dionysos (Bacchus) und sein Gefolge. Griechische Vasenmalerei.
Um 480 v. Chr. Paris, Bibliothèque Nationale.

Ein gefährlicher Kult

Der Konsul des Jahres 186 v. Chr., Spurius Postumius Albinus, hat durch Zufall erfahren, dass ein fremder Geheimkult für den Gott Bacchus (griech.: Dionysos) mit angeblich hemmungslosen Feiern immer mehr Anhänger in Rom findet. Er sieht den Bestand der öffentlichen Ordnung und des Staates gefährdet. In seiner Rede vor der Volksversammlung erklärt er:

„Ad aures meas, o cives Romani, fama de nova religione pervenit. Invitus ea narrabo, quae de ista religione comperi: Noctu viri mulieresque frequentes locum occultum[1] petunt. Ibi isti nostros deos veteres contemnentes religioni mirae serviunt: Saltantes[2], magna voce clamantes, vinum bibentes Baccho tantum sacra faciunt.

Tum istorum sacerdotes homines vini plenos ad furorem et ad scelera omnis generis commovent. Comperi homines ibi res turpes atque feroces agere, quae verbis narrari non possunt. Ista facta scelerata sacerdotes laeti spectant.

At ista omnia sustineri non iam possunt. Vos, cives Romani, iam pueri didicistis deis sacra turpia non placere. Immo homines sacra placidi, non furore commoti facere debent. Itaque istam religionem falsam vetare necessarium est. In istos homines vehementer[3] vindicare debemus. Ego consul eos in vincula mitti aut in cruce necari iubebo."

[1] occultus verborgen
[2] saltāre tanzen
[3] vehementer *Adv.* energisch

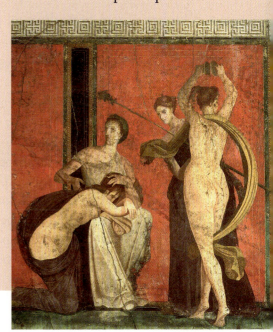

Einweihung von Frauen in den Bacchuskult. Wandmalerei aus der sog. „Villa der Mysterien" in Pompeji. 1. Jh. n. Chr.

a) 1. Welche Vorwürfe erhebt der Konsul gegen die Bacchusanhänger? Sammle die Wörter und Wendungen, mit deren Hilfe er sie ausgrenzt.
2. Überlege, ob der Konsul den Menschen eher gut oder eher schlecht informiert erschien. Versuche dann, die Vorwürfe zu bewerten.
3. Überlege, warum die römischen Beamten im Bacchuskult eine Gefahr für Rom sahen.

b) Denke beim Übersetzen an das Prädikativum:
1. Hannibal iam puer dixit se hostem Romanorum esse. 2. Hannibal laetus illa verba dixit. 3. Q. Fabius Maximus consul senatum oratione severa commovit.

c) Ein Bacchuspriester über die Götter der Römer:
1. „Vos Romani iam pueri res miras de deis falsis comperistis: 2. Cur vos frequentes signa istius Iovis colitis, qui Iunonem, coniugem suam, saepe fefellit aliaque facta scelerata fecit? 3. Quis istum Plutonem deum putat, qui umbris atque inferis tristis imperare debet? 4. Quando comprehendetis: Stultum est istas famas credere!"

Götter, Kulte und Orakel – Aspekte des religiösen Lebens

74

E Ein Gegner des Bacchuskultes berichtet:

1. Cum de istis sacris audivissem, ira eximia commotus sum.

2. Cum isti homines Bacchum deum colerent, furor eos invasit.

3. Cum vinum amarem, tamen Baccho, deo vini, sacra non feci.

4. Cum isti in silvis Bacchum colerent, nos deis veteribus in foro sacra faciebamus.

5. Ubi (primum) pericula rei publicae animadversa sunt, multi homines senatores adibant.

6. Senator quidam postulavit, ut senatus istam religionem vetaret.

7. Quandam mulierem scio, quae saepe ad sacra Bacchi properat.

8. Quidam autem periculum rei publicae non vident.

Ü

a) Verbinde mit der passenden Form von quidam:
exercitum - custodum - agmina - consulibus - vestigiis - arcis - flore - milites (!)

b) Übersetze cum jeweils passend:
1. Pater cum vinum amaret, Baccho deo sacra non faciebat. 2. Pater cum vinum non amaret, Baccho deo sacra non faciebat. 3. Nonnulli, cum Baccho deo sacra facerent, vinum bibebant. 4. Cum pater vino gauderet, ego aquam libenter bibebam.

c) 1. Was bedeutet der Aufruf?

Ora et labora!

2. Noch eine Anweisung:

Facere docet philosophia (!), non dicere.

d) Claudia an Lydia

Leider ist der Bote mit dem Brief in ein Gewitter geraten. Stelle Claudias Sätze wieder her, indem du die folgenden Subjunktionen einsetzt:
quia - quamquam - cum - postquam - dum - cum

1. [?] litteras tuas accepi, laetitiae plena fui. 2. [?] mater me vocavisset, hic mansi, ut tibi scriberem. 3. Tibi scribere cupio, [?] multas res formosas in urbe vidi. 4. [?] ornamenta mercatorum spectarem, magna turba iuvenum in vias invasit. 5. [?] magnis vocibus canunt et rident, magnam copiam vini bibebant. 6. Istum locum fugere properabam, [?] ornamenta mihi placebant.

I

Religiöse Bauten unter Augustus

Nachdem Karthago und Griechenland unterworfen waren, begannen die Römer sich in einem jahrzehntelangen Bürgerkrieg selbst zu zerfleischen. Erst Kaiser Augustus (27 v. Chr. - 14 n. Chr.) gelang es, das Morden zu beenden. Dafür waren aber zwei weitere Kriege nötig: gegen die Mörder seines Adoptivvaters Julius Cäsar und später gegen Marcus Antonius und dessen Verbündete Kleopatra. Für beide Siege ließ er prächtige Tempel errichten: zunächst im Jahre 28 v. Chr. dem Apoll – als Dank für den Sieg über Kleopatra – und im Jahre 2 v. Chr. dem Mars Ultor („Rächer") – zum Gedenken an den Sieg über die Cäsarmörder. 13 v. Chr. beschloss der Senat, zu Ehren des Augustus einen Friedensaltar zu errichten (Ara Pacis Augustae), um seine Leistungen für den Frieden zu würdigen.

Indefinitpronomen quidam – Gliedsätze als Adverbiale

Augustus und die Götter

Drei Jahre nach der Einweihung der Ara Pacis Augustae im Jahr 9 v. Chr. steht Augustus mit seinen Enkeln Gajus und Lucius vor dem Friedensaltar.

Augustus: „Cum paulo ante in urbe nostra homini mortali ara condita non esset, nunc mihi haec ara statuta est. Hac in ara – ut videtis – ipse cum familia deos colens ostendor. Hanc aram aedificare senatui placuit, cum religionem veterem restituerem bellisque, quae multos per annos
5 gesta erant, finem fecissem. Cum omnes dei veteres a me colerentur, tamen Apollini et Marti maxime honores tributi sunt:
Iuvenis Apollini templum in Palatio aedificavi, ubi primum Antonium atque Cleopatram vici. Quidam contendunt istam mulierem immanem numquam spem victoriae dimisisse.
10 Nunc etiam Marti ingenti quodam studio templum aedifico; audite causam: Postquam quidam senatores occulte consilia contra Caesarem ceperunt eumque atroci quodam modo necaverunt, protinus in istos sceleratos animadvertere necesse erat. Itaque paulo
15 post bellum paravi, quamquam pacem¹ amo. Tum Marti deo, quem simul metuo ac colo, pro victoria templum promisi, priusquam
20 proelium inii. Gratia dei impulsus hoc templum nunc in foro meo aedificari iussi."

¹ pāx, pācis *f* Frieden

Augustus, Priester und Angehörige des Kaiserhauses in feierlicher Prozession. Ausschnitt aus einem Relief von der Ara Pacis. 9 n. Chr. Rom.

a) 1. Liste vor der Übersetzung alle Subjunktionen aus T auf. Welche bieten dir auf den ersten Blick Informationen über den Zusammenhang des Textes, bei welchen musst du zunächst den Kontext betrachten? 2. Erkläre mithilfe der Abbildung den Sinn des zweiten Satzes „Hac in ara ... ostendor" (Z. 2 f.). 3. Recherchiert zu den in T genannten Bauwerken und stellt eure Ergebnisse in der Klasse vor.

b) Übersetze zunächst. Ersetze dann in jedem Satz cum durch eine zutreffende andere Subjunktion und passe schließlich die Verbform an:
quia – ubi (primum) – quamquam

1. Cum cives Augustum amarent, eum „patrem patriae" appellaverunt. 2. Cum Augustus bellis finem fecisset, tamen quibusdam odio fuit. 3. Cum Augustus Antonium vicisset, Apollini templum aedificavit.

Götter, Kulte und Orakel – Aspekte des religiösen Lebens

75

E

1. Cleopatra tam formosa erat, ut Antonio placeret.
2. Quidam sacerdotes autem eam monebant, ut Antonio resisteret.
3. Alii timebant, ne animus Cleopatrae illius amore converteretur.
4. His verbis eam monebant:
5. „Iste vir terram nostram, thesauros tuos appetit.
6. Non te oportet verbis eius credere.
7. Isti enim Romani semper imperium suum augere cupiunt.
8. Viri autem, qui sibi tantum ipsis consulunt, socii non sunt."

Ü

a) Ordne die folgenden Pronomina richtig zu: Personalpronomen, Demonstrativpronomen, Relativpronomen, Indefinitpronomen
hanc – illi – istius – nos – quaedam – qui – vobis

b) Augustus spricht bei der Weihe der Ara Pacis. Setze jeweils das passende Pronomen aus a) in folgenden Text ein und übersetze dann:
1. Cives Romani, oportet [?] deos veteres colere. 2. [?] enim iam patres nostros texerunt. 3. Deis, [?] imperium Romanum auxerunt, nunc gratiam habere volo. 4. [?], di magni, [?] aram trado. 5. Ego hodie primum sacrum faciam. 6. Pulchra [?] hostia huc adducta est. 7. [?] hostiae sanguis rei publicae saluti erit.

c) Das Gesicht eines Kaisers

Hier siehst du zwei Darstellungen des Kaisers Nero: oben ein Porträt aus dem Jahre 59 n. Chr., anlässlich des fünfjährigen Thronjubiläums (Rom, Museo Nazionale delle Terme), unten ein Porträt aus dem Jahre 65 n. Chr. (München, Glyptothek). Worin unterscheiden sich die beiden Darstellungen? Überlege, welche Vorgaben der Kaiser dem jeweiligen Bildhauer gemacht hat.

I

Der große Brand von Rom
Immer wieder waren in Rom verheerende Brände ausgebrochen. In den engen Gassen der Stadt konnte Feuer rasch um sich greifen. Aber seit dem Galliereinfall wütete kein Brand mehr so wie der, der in Neros Regierungszeit fiel. Zwar hatte schon Kaiser Augustus eine Feuerwehr eingerichtet, doch eine Menschenkette zum Wassertransport zu organisieren, dauert lange. So endete der Brand im Jahre 64 n. Chr. erst nach sechs Tagen und sieben Nächten. Von den 14 Stadtbezirken Roms waren nur noch vier bewohnbar. Die Überlebenden der zerstörten Bezirke hatten fast alles verloren.

Sündenböcke gesucht!

Als am 19. Juli 64 n. Chr. in Rom ein schrecklicher Brand ausbrach, eilte Kaiser Nero von seinem Feriensitz in die Hauptstadt und leitete wichtige Hilfsmaßnahmen ein. Unter anderem ließ er für die obdachlos gewordene Stadtbevölkerung Notunterkünfte errichten. Auch die überlebenden Christen hatten hier Zuflucht gefunden, bis eines Tages der junge Alexamenus mit einer neuen Schreckensnachricht in die Unterkunft seiner Freunde stürmt:

Alexamenus: „Cito abite! Salutem fuga petite, amici!" Celsus: „Quid est? Cur in hoc cubiculum invadis et timorem nobis clamore tuo inicis?" Alexamenus: „Auscultate: Amicus quidam mihi narravit se auctorem incendii[1] scire. Idem amicus illa nocte servos quosdam Neronis viderat,
5 qui taedas[2] portabant. Ii varia aedificia occulte petebant. Et ea ipsa aedificia – mihi credite! – incendio prima deleta sunt. Et mox omnes quoque viae igne inclusae erant. Apparet imperatorem ipsum servis quibusdam imperavisse, ut urbs deleretur. Immo illud incendium foedum Neroni spectaculo fuit. Nam e turri cladem nostram observavit."
10 Octavius: „Hoc non credo. Nonne imperator ipse pronuntiavit se omnibus auxilio venisse?" Alexamenus: „Recte! Sed nunc imperator contendit Christianos auctores incendii fuisse. Nunc nos punire cupit."
Celsus: „Cur nos ipsos accusat?" Alexamenus: „Nonne
15 periculum imminentem comprehendis? Nos multis Romanis propter fidem nostram odio sumus. Cruciatus nobis certus est.
20 Itaque fugite, fugite!"

[1] incendium Brand, Feuer
[2] taeda Fackel

Howard Pyle: Nero beobachtet das brennende Rom. 1897. Wilmington, Delaware Art Museum.

a) 1. Alexamenus' Äußerungen beinhalten die eine oder andere Ungereimtheit. Welche Beispiele kannst du finden? 2. Überlege, wofür das Pronomen hoc in Z. 10 steht. 3. Mit seiner Aussage „Cruciatus nobis certus est" (Z. 19) sollte Alexamenus Recht behalten. Informiere dich, zu welchen Strafen die Christen verurteilt wurden. 4. Versuche, die Abbildung mithilfe von T zu deuten.

b) Nach dem Brand
1. Fama per urbem effundebatur:
2. „Auscultate haec: Nonne Nero saepe affirmabat aedificia antiqua urbis sibi non iam placere? 3. Nonne apparet istum imperatorem auctorem ignis fuisse?"
4. Quidam haec pronuntiant: 5. „Ipsi vidimus Neronem turrim ascendere; ipsi audivimus eum carmina de Troia perdita canere. 6. Clades igitur nostra illi spectaculo fuit."

Götter, Kulte und Orakel – Aspekte des religiösen Lebens

Hilfe für den Mitmenschen

T

Der Römer Caecilius trifft seinen alten Freund Renatus, der sich für den christlichen Glauben entschieden hat. Zum Zeichen seiner Bekehrung hat er sogar seinen früheren Namen abgelegt und den neuen Namen Renatus („der Wiedergeborene") angenommen:

Caecilius: „Cur Christianus es? Iuppiter, Mars et ceteri dei magnum imperium nobis dederunt. Vos Christiani autem religionem antiquam neglegitis, vos sacra non facitis, vos nullos esse deos putatis."
Renatus: „Sed isti dei vobis facta crudelia imperabant, ut potestatem
5 acciperetis. Quia auxilio deorum – ut putatis – tot gentes vicistis, imperium vestrum praemium scelerum nominari potest. Christus autem nos iubet ceteros homines amore, non vi superare. Audi fabulam, quam Christus ipse narravit, ut suos doceret:
Homo quidam descendebat ab Hierosolymis[1] in Iericho[2] et oppressus
10 est a sceleratis. Pecunia rapta eum reliquerunt ut mortuum. Accidit autem, ut sacerdos quidam descenderet eadem via, qui vidit eum et praeteriit. Et Levita[3] eum videns praeteriit. Samaritanus[4] autem quidam iter faciens, ubi primum eum vidit, adiit et misericordia[5] commotus portavit eum in tabernam et ibi imperavit, ut vulnera eius curarentur.
15 Dic mihi, Caecili:
Quis recte fecit?"
Caecilius respondet:
„Is, qui fecit misericordiam." Et Renatus:
20 „Itaque Christus nobis imperavit, ut eadem faceremus."

[1] Hierosolyma, ōrum *n* Jerusalem
[2] Ierichō *indekl.* Jericho
[3] Lēvīta Levit (Tempeldiener)
[4] Samarītānus Samaritaner
[5] misericordia Mitleid

Paula Modersohn-Becker (1876–1907): Der barmherzige Samariter. Bremen, Ludwig-Roselius-Haus der Böttcherstraße.

V

a) Die Samaritaner wurden von den Juden als Fremde und Andersgläubige betrachtet, weil sie den israelitischen Glauben anders auslegten. Damit waren sie in einer ähnlichen Lage wie die frühen Christen. Versuche aus diesem Zusammenhang zu erklären, was Renatus gerade an diesem Gleichnis Jesu so fasziniert.

b) Mit welchen Argumenten versucht Caecilius zu begründen, dass er weiterhin an die römischen Götter glaubt? Warum ist Renatus Christ geworden?

c) Ist Caecilius am Ende des Gesprächs von Renatus „bekehrt" worden? Begründet eure Meinung.

XXII plus

a) Bearbeite eine der folgenden Aufgaben:

Schwierigkeitsgrad 1
Entscheide, ob es sich bei dem folgenden Ausdruck um einen Genitivus subiectivus oder Genitivus obiectivus handelt:
1. timor hostium: die Furcht vor den Feinden
2. amor dei: die Liebe Gottes
3. cultus agri: das Bestellen (Pflege) des Feldes
4. potestas civium: Macht über die Bürger

Schwierigkeitsgrad 2
Übersetze die folgenden lateinischen Ausdrücke und entscheide, ob es sich um einen Genitivus subiectivus oder obiectivus oder um beides handeln kann:
1. nuntius perniciei 2. spes salutis
3. odium Romanorum 4. memoria beneficiorum

Schwierigkeitsgrad 3
Gib den Inhalt des kurzen lateinischen Satzes durch einen Ausdruck mit Genitiv wieder, z.B.: matrem amo → amor matris
1. (Amico) pecuniam dono. 2. (Milites) victoriam sperant. 3. Hostes Romanis odio sunt. (zwei Lösungen!) 4. Gloriam et honorem amamus.

b) Wer hat hier vor wem Angst?
Übersetze und überlege, in welcher Situation deine Wiedergabe stimmt:
1. metus maris 2. metus bestiarum
3. metus hostium 4. metus fratris
5. metus populi 6. metus tui

c) Aus eins mach zwei: Übersetze nach dem folgenden Muster: Todesangst → metus mortis
1. Bruderliebe 2. Siegeshoffnung 3. Heimatliebe 4. Tageslicht

d) Wir lesen in der lateinischen Bibel: Apostelgeschichte 4, 32 und 34 (vereinfacht)

> **32** Christianis autem erat anima (Seele) una. Nemo eas res, quas possidebat (besaß), suas esse dicebat, sed erant illis omnes res communes. **34** Nemo pauper erat apud illos; ii enim, qui agros aut domus possidebant, vendebant omnia et ponebant pretia ante pedes apostolorum.

Welche der folgenden Informationen findest du im lateinischen Text?
1. Alle Christen wollten arm sein. 2. Die Gläubigen in den Christengemeinden waren ein Herz und eine Seele. 3. Die Reichen brachten den Aposteln Geld, damit diese ein sorgenfreies Leben führen konnten. 4. Manche reiche Christen verkauften sogar ihre Besitztümer, um andere unterstützen zu können.

e) Der Kontext ist wichtig.
Übersetze treffend:
1. Consul vocem perdidit. 2. Filius tempus perdidit. 3. Scelerati rem publicam perdere temptabant.

f) Auf welche lateinischen Verben lassen sich die folgenden Fremdwörter zurückführen? Nenne jeweils den Infinitiv Präsens Aktiv:
1. Tangente 2. Motivation 3. Kultur 4. Relikt
5. Audienz 6. Respekt

g) Kannst du die Sentenzen zum Thema „Liebe" erklären?
1. Nemo in amore videt.
2. Ubi amor, ibi oculus.
3. Si vis amari, ama!

Götter, Kulte und Orakel – Aspekte des religiösen Lebens

Hinweise zur Konzeption
und zur Arbeit mit dem Wortschatz- und Grammatikteil

Der Wortschatz- und Grammatikteil enthält – übersichtlich und lernfreundlich aufbereitet – zu den einzelnen Lektionen die folgenden Bestandteile:

a) Wortschatz (W)

Dieser Teil bietet unter dem Stichwort **„Lernwörter"** alle in der Lektion neu zu lernenden Wörter und Wendungen, und zwar in der Reihenfolge, wie sie in T vorkommen.

Im **Graudruck** (eingerückt) stehen Wendungen, die als Lernhilfen zur Verdeutlichung grammatischer Eigenschaften und Bedeutungen dienen (z.B. ad basilicam properare beim Erstvorkommen der Präposition ad oder populis imperare beim Erstvorkommen von imperare).
Im **Graudruck** (bündig) erscheinen Wörter, die bereits gelernt sind und beim Nachtrag einzelner Formen oder Bedeutungen noch einmal angeführt werden (z.B. scribere, scribo bei der Einführung von scripsi).

Als Zusatzangebot erscheinen **„Wiederholungswörter"**, d.h. in T verwendete Vokabeln, deren Erlernen bereits einige Lektionen zurückliegt und die nun aufgefrischt werden sollten.
Die **Tabellen**, die mit einem ✳ gekennzeichnet sind, enthalten alle Wörter der Lektion, die den neuen Grammatikstoff repräsentieren; dabei erscheinen manche Vokabeln im **Blaudruck**: Diese werden im Text- und Übungsteil bereits auf der linken Hälfte der Doppelseite eingeführt, weil sie beispielhaft den neuen Grammatikstoff darbieten (z.B. rogare, parare, vocare, intrare bei der Einführung der a-Konjugation).

Methodische Möglichkeiten der Wortschatzarbeit:

❙ Erarbeitung der Vokabeln, die neuen Wortschatz repräsentieren (✳ **Blaudruck**), bei der Einführung der neuen Grammatik (E, Ü)
❙ Erarbeitung und ggf. Systematisierung der übrigen neuen Wörter bei der Behandlung von T
❙ ggf. Vertiefung und Einübung mittels der exemplarisch gebotenen Zusatzelemente (z.B. Illustrationen, Wortfamilien, Sachfelder) und geeigneter V-Übungen

b) Grammatik

Die grammatischen Erläuterungen sind einheitlich gegliedert nach Formenlehre (F) und Satzlehre (und / oder Semantik) (S).
Die Darbietung ist konsequent auf das für den Schüler Wichtige beschränkt, wobei Leseverstehen und Sprachreflexion als Hauptziele des Sprachunterrichts Auswahl und Umfang bestimmen.
Die sprachlichen Phänomene der Formenlehre werden in übersichtlichen Tabellen vorgeführt, die Stoffe der Satzlehre zumeist in induktiver Weise an Beispielsätzen erläutert. Diese Beispielsätze enthalten – soweit es der Stoff erlaubt – keine neuen Vokabeln, sodass die Grammatik vor der Behandlung des Lektionstextes besprochen werden kann.

c) Methodentraining (M)

Diese Teile schulen mit konkreten und praxisbezogenen Tipps reflektiertes und ökonomisches Lernen und Arbeiten. Sie zielen auf fachspezifische Methoden (z.B. Auflösen satzwertiger Konstruktionen) ebenso ab wie auf überfachliche Kompetenzen (z.B. individuelle Lernstrategien, Lernplanung, Methoden der Texterschließung).

Der Wortschatz- und Grammatikteil – Auf einen Blick

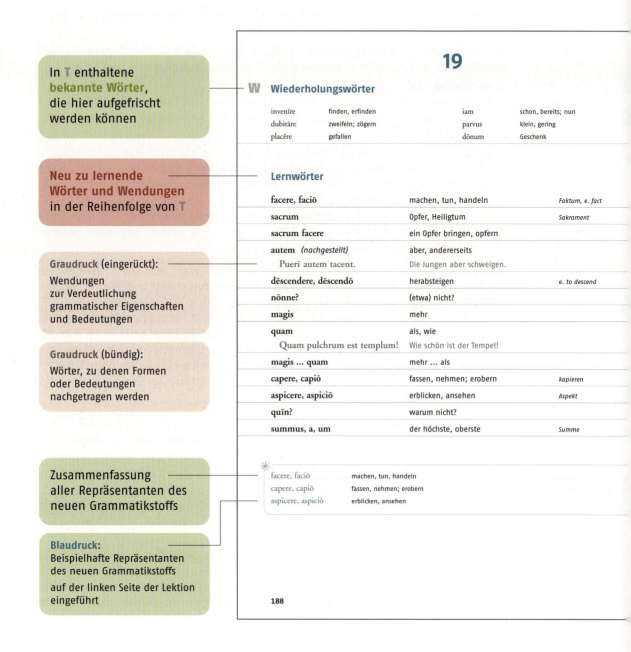

In T enthaltene bekannte Wörter, die hier aufgefrischt werden können

Neu zu lernende Wörter und Wendungen in der Reihenfolge von T

Graudruck (eingerückt): Wendungen zur Verdeutlichung grammatischer Eigenschaften und Bedeutungen

Graudruck (bündig): Wörter, zu denen Formen oder Bedeutungen nachgetragen werden

Zusammenfassung aller Repräsentanten des neuen Grammatikstoffs

Blaudruck: Beispielhafte Repräsentanten des neuen Grammatikstoffs auf der linken Seite der Lektion eingeführt

19

W Wiederholungswörter

invenīre	finden, erfinden	iam	schon, bereits; nun
dubitāre	zweifeln; zögern	parvus	klein, gering
placēre	gefallen	dōnum	Geschenk

Lernwörter

facere, faciō	machen, tun, handeln	*Faktum, e. fact*
sacrum	Opfer, Heiligtum	*Sakrament*
sacrum facere	ein Opfer bringen, opfern	
autem *(nachgestellt)*	aber, andererseits	
Puerī autem tacent.	Die Jungen aber schweigen.	
dēscendere, dēscendō	herabsteigen	*e. to descend*
nōnne?	(etwa) nicht?	
magis	mehr	
quam	als, wie	
Quam pulchrum est templum!	Wie schön ist der Tempel!	
magis … quam	mehr … als	
capere, capiō	fassen, nehmen; erobern	*kapieren*
aspicere, aspiciō	erblicken, ansehen	*Aspekt*
quīn?	warum nicht?	
summus, a, um	der höchste, oberste	*Summe*

* facere, faciō — machen, tun, handeln
  capere, capiō — fassen, nehmen; erobern
  aspicere, aspiciō — erblicken, ansehen

188

Der Wortschatz- und Grammatikteil – Auf einen Blick

19

...erben: Konsonantische Konjugation (i-Erweiterung)   F

i-Erweiterung					
Infinitiv	cape-re	nehmen			

	Singular		**Plural**		
1. Person	capi-ō	ich nehme	capi-mus	wir nehmen
2. Person	capi-s	du nimmst	capi-tis	ihr nehmt
3. Person	capi-t	er (sie, es) nimmt	capi-u-nt	sie nehmen
Imperativ	cape	nimm!	capi-te	nehmt!

...i einigen Verben, die zur konsonantischen ...njugation gezählt werden, endet der Wortstamm ...f ein kurzes -i-. Daher gleichen viele Formen ...nen der i-Konjugation.

Vor -r (z.B. im Infinitiv) und im Imperativ Singular steht statt des kurzen -i- ein kurzes -e-. Um die Verben mit i-Erweiterung zu erkennen, muss man zusätzlich zum Infinitiv die 1. Pers. Sg. wissen.

Formenlehre (F) und / oder Satzlehre (S)

...xte erschließen: Wort- und Sachfelder beachten   M

...n – ggf. auch vor der Übersetzung – einen Text zu ...schließen, genügt es oft, zu überprüfen, welche ...rt- bzw. Sachfelder dieser enthält.

Ein **Wortfeld** wird gebildet von sinnverwandten Wörtern derselben Wortart.
Beispiel: Wortfeld „reden, sprechen, sagen": vocare, respondere, rogare, monere

Ein **Sachfeld** wird gebildet von sinnverwandten Wörtern verschiedener Wortarten. (vgl. 12 M)
Beispiel: Sachfeld „Lernen": discipulus, ludus, tabula, lingua, audire, scire, nescire, docere,

laborare, rogare, probare, studere, laudare, scribere, ostendere
Weitere Beispiele für Sachfelder: „Handel", „Politik", „Religion", „Leben in der Stadt", „Leben auf dem Land", „Reisen".

Die zu einem Wort- oder Sachfeld gehörenden Wörter können zwar unterschiedliche Bedeutungen haben, sie werden aber dadurch auf eine Bedeutung festgelegt, dass sie zusammen mit anderen Wörtern in einem bestimmten Kontext verwendet werden.

Praktische Tipps zum Erwerb von fachlichen und überfachlichen **Methoden und Kompetenzen**

189

Auf den Grammatikseiten ist nur die Behandlung der Lernwörter (W), der Formenlehre (F) und der Satzlehre (S) obligatorisch. Die anderen Elemente – hier grün unterlegt – stellen ein Angebot dar, aus dem die Lehrkraft eine Auswahl nach entsprechenden methodischen und didaktischen Kriterien treffen wird.

45

W Wiederholungswörter

parvus, a, um	klein, gering	ecce	Schau! Sieh da! Schaut! Seht da!
respondēre, respondeō, respondī	antworten	multitūdō, inis *f*	große Zahl, Menge
posse, possum, potuī	können	homō, inis *m*	Mensch
mercātor, ōris *m*	Kaufmann, Händler	cadere, cadō, cecidī	fallen

Lernwörter

īre, eō, iī	gehen	
Circus Maximus	Circus Maximus *(Rennbahn für Wagenrennen in Rom)*	
adīre, adeō, adiī *(m. Akk.)*	herantreten (an), bitten, aufsuchen	
senātōrem adīre	an einen Senator herantreten, einen Senator bitten	
Circum Maximum adīre	den Circus Maximus aufsuchen	
abīre, abeō, abiī	weggehen	*Abitur*
inīre, ineō, iniī	hineingehen (in), beginnen	*Initiative*
exīre, exeō, exiī	herausgehen, hinausgehen	*e. exit*
praeterīre, praetereō, praeteriī	vorbeigehen (an), übergehen	*Präteritum*
castra praeterīre	am Lager vorbeigehen	
factum praeterīre	eine Tatsache übergehen	

īre, eō, iī	gehen	abīre, abeō, abiī	weggehen
adīre, adeō, adiī *(m. Akk.)*	herantreten (an), bitten, aufsuchen	praeterīre, praetereō, praeteriī	vorbeigehen (an), übergehen
exīre, exeō, exiī	herausgehen, hinausgehen		
inīre, ineō, iniī	hineingehen (in), beginnen		

108

45

Verben: ire und Komposita

F

a) Präsensstamm

Infinitiv	ī-re gehen

	Präsens	Imperfekt	Futur I
1. Person Sg.	e-ō	ī-ba-m	ī-b-ō
2. Person Sg.	ī-s	ī-bā-s	ī-bi-s
3. Person Sg.	i-t	ī-ba-t	ī-bi-t
1. Person Pl.	ī-mus	ī-bā-mus	ī-bi-mus
2. Person Pl.	ī-tis	ī-bā-tis	ī-bi-tis
3. Person Pl.	e-u-nt	ī-ba-nt	ī-bu-nt

Imperativ	ī geh!		ī-te geht!

Der Präsensstamm besteht nur aus dem Vokal **i-**; vor dunklen Vokalen (a, o, u) steht **e-**. Darauf folgen die geläufigen Personalendungen. Beachte: **e-u-nt.**

Imperfekt und Futur werden gebildet wie bei den Verben der a- und e-Konjugation.

b) Perfektstamm

Infinitiv	īsse gegangen zu sein

	Perfekt	Plusquamperfekt	Futur II
1. Person Sg.	i-ī	i-eram	i-erō
2. Person Sg.	īstī	i-erās	i-eris
3. Person Sg.	i-it	i-erat	i-erit
1. Person Pl.	i-imus	i-erāmus	i-erimus
2. Person Pl.	īstis	i-erātis	i-eritis
3. Person Pl.	i-ērunt	i-erant	i-erint

Der Perfektstamm lautet ebenfalls **i-**. Vor s wird i-i meist zu ī zusammengezogen.

109

46

W Wiederholungswörter

dare, dō, dedī	geben	nōnne?	(etwa) nicht?
tam	so	vincere, vincō, vīcī	(be)siegen, übertreffen
fortis, e	kräftig, tapfer	audācia	Frechheit, Kühnheit
omnis, e	jeder, ganz; *Pl.* alle	mīrus, a, um	erstaunlich, sonderbar

Lernwörter

hic, haec, hoc — dieser, diese, dieses (hier); folgender
　Hunc mīlitem laudō. — Diesen Soldaten (hier) lobe ich.
　Mīles haec dīxit: — Der Soldat sagte Folgendes:
　In hāc cīvitāte libenter vīvō. — In diesem (unserem) Staat lebe ich gerne.

umerus — Oberarm, Schulter

umquam — jemals

ille, illa, illud — jener, jene, jenes; der (dort); damalig, berühmt
　Ille vir est servus. — Jener Mann (der Mann dort) ist ein Sklave.
　Vōcem illīus audiō. — Ich höre die Stimme von jenem (seine Stimme).
　Illud bellum crūdēle fuit. — Der damalige (dieser berühmte) Krieg war grausam.

Mārs, Mārtis *m* — Mars *(der römische Kriegsgott)*

nē ... quidem — nicht einmal
　nē Mārs quidem — nicht einmal Mars

legere, legō, lēgī — lesen; auswählen　*Lektüre, Lektor, Lektion*

memoria — Erinnerung, Gedächtnis; Zeit　*Memoiren, Memory*
　memoriā tenēre — im Gedächtnis behalten
　memoriā patrum — zur Zeit der Väter

facilis, e — leicht (zu tun)　*facere, f./i. facile*

fēmina — Frau　*Femininum, feminin, f. femme*

fōrma — Form, Gestalt, Schönheit　*formen, Formel, e. form, f. forme*

taberna — Laden, Wirtshaus　*Taverne, i. taverna, s./p. taberna*

sinere, sinō, sīvī — (zu)lassen, erlauben
　Līberōs vīnum bibere — Wir lassen nicht zu (erlauben nicht),
　nōn sinimus. — dass die Kinder Wein trinken.
　　　　　　　　　— Wir lassen die Kinder keinen Wein trinken.

110

Demonstrativpronomina: hic, ille

hic, haec, hoc *dieser, diese, dieses*

	Singular			Plural		
	m	f	n	m	f	n
Nominativ	hic	haec	hoc	hī	hae	haec
Genitiv		huius		hōrum	hārum	hōrum
Dativ		huic			hīs	
Akkusativ	hunc	hanc	hoc	hōs	hās	haec
Ablativ	hōc	hāc	hōc		hīs	

ille, illa, illud *jener, jene, jenes*

	Singular			Plural		
	m	f	n	m	f	n
Nominativ	ille	illa	illud	illī	illae	illa
Genitiv		illīus		illōrum	illārum	illōrum
Dativ		illī			illīs	
Akkusativ	illum	illam	illud	illōs	illās	illa
Ablativ	illō	illā	illō		illīs	

Demonstrativpronomina hic und ille: Verwendung

Das Demonstrativpronomen hic bezeichnet etwas, was sich in räumlicher oder zeitlicher Nähe des Sprechers befindet.
Das Demonstrativpronomen ille dagegen bezeichnet etwas, was sich in größerer Entfernung vom Sprecher befindet oder berühmt ist.

> Romulus et Remus fratres erant. *Hic* in pugna cecidit, *ille* fratrem interfecit.
>
> Romulus und Remus waren Brüder. *Dieser* (= Remus) fiel im Kampf, *jener* (= Romulus) tötete den Bruder.

Beziehen sich hic und ille auf einen vorausgehenden Satz, so bezieht sich hic auf das näherstehende, ille auf das weiter entfernte Wort.

M Wörter wiederholen: vergessene Vokabeln sichern

Vielleicht hast du beim Übersetzen schon festgestellt, dass dir nicht mehr alle Vokabeln einfallen, die du vor längerer Zeit gelernt hast. Hier lässt sich auf zwei verschiedene Arten Abhilfe schaffen:

→ Einerseits solltest du die alten Vokabeln **systematisch** sichern, also kapitelweise wiederholen. Teile dir z.B. für die Tage bis zur nächsten Prüfungsarbeit die **Lektionen** so ein, dass du alle schaffst. Schreibe bei der Wiederholung die Wörter heraus – z.B. in ein eigens dafür angelegtes **Vokabelheft** –, die du nicht weißt, und übe sie gezielt. Ein Wiederholungsplan könnte so aussehen:

→ Eine zweite Möglichkeit, die du unbedingt nutzen solltest, ist die Sicherung von Vokabeln an der Stelle, an der du sie für die Übersetzung eines Textes brauchst. Wenn du nämlich den Textzusammenhang kennst, merkst du dir ein Wort leichter als isoliert.

Du solltest die in jedem Kapitel abgedruckten **Wiederholungswörter** nutzen. Dort finden sich wichtige Vokabeln von **T**, die vor längerer Zeit gelernt wurden.

Vor allem aber solltest du es dir zur Regel machen, jedes Wort, das du nachschlagen musst, in dein **Vokabelheft** zu notieren und zu lernen.

So füllt sich dein Vokabelheft im Laufe der Zeit mit „Problemwörtern", die du gezielt üben kannst.

47

Wiederholungswörter

W

ostendere, ostendō, ostendī	zeigen, erklären	dēligere, dēligō, dēlēgī	(aus)wählen
pulcher, chra, chrum	schön	cīvis, cīvis *m*	Bürger
aedificium	Gebäude	mōs, mōris *m*	Sitte, Brauch; *Pl.* Charakter
gaudēre *m. Abl.*	sich freuen über	adīre, adeō, adiī *m. Akk.*	herantreten (an), bitten, aufsuchen

Lernwörter

fēlīx, fēlīcis	erfolgreich, glückbringend, glücklich	*Felix, Felicitas, i. felice, s./p. feliz*
dīves, dīvitis	reich	
thermae, ārum *f Pl.*	warme Bäder, Thermen	*Thermometer, Thermosflasche, Therme*
auctor, auctōris *m*	Anführer, Gründer, Schriftsteller, Verfasser	*Autor, e. author, f. auteur, i. autore*
dīligēns, dīligentis	gewissenhaft, sorgfältig	*i./s./p. diligente*
pauper, pauperis	arm	*e. poor, f. pauvre, i. povero*
vetus, veteris	alt	*Veteran*
intus *Adv.*	im Inneren, innen	
omnia, ium *n Pl.*	alles	
omnia posse	alles können	
nōnnūllī, ae, a	einige, manche	
multa, ōrum *n Pl.*	viel(es)	
multa scīre	viel(es) wissen	
sapiēns, sapientis	klug, weise	*i./p. sapiente*
liber, librī *m*	Buch	*Libretto, f. livre, i./s. libro*
sors, sortis *f (Gen. Pl. -ium)*	Los, Orakelspruch, Schicksal	*Sorte, f. sort, i./p. sorte*

sapiēns, sapientis	klug, weise	fēlīx, fēlīcis	erfolgreich, glückbringend, glücklich
vetus, veteris	alt	dīligēns, dīligentis	gewissenhaft, sorgfältig
dīves, dīvitis	reich	pauper, pauperis	arm

113

F   Adjektive: 3. Deklination (einendige)

Beispiel: **sapiēns** *m*, **sapiēns** *f*, **sapiēns** *n*   *klug, weise*

	Singular			Plural		
	m	*f*	*n*	*m*	*f*	*n*
Nominativ	sapiēns			sapient-**ēs**		sapient-**ia**
Genitiv	sapient-**is**			sapient-**ium**		
Dativ	sapient-**ī**			sapient-**ibus**		
Akkusativ	sapient-**em**		sapiēns	sapient-**ēs**		sapient-**ia**
Ablativ	sapient-**ī**			sapient-**ibus**		

Die einendigen Adjektive haben im Nominativ Singular nur eine Form für alle drei Genera.

Da der Wortstamm nicht an den Formen des Nominativ Singular zu erkennen ist, muss man den Genitiv Singular mitlernen, z.B. sapiēns, sapient-is bzw. dīves, dīvit-is.

Die übrigen Kasusendungen sind denen der dreiendigen Adjektive der 3. Deklination gleich.

Ausnahmen: Bei **dīves, pauper** und **vetus** entsprechen die folgenden Endungen denen der Substantive der 3. Deklination:

-e	Abl. Sg.
-a	Nom. / Akk. Pl. *n*
-um	Gen. Pl.

S   Adjektive: Substantivierung

> Homines divites multas res habent.
> Reiche Leute haben viele Dinge.
>
> *Divites multa* habent.
> *Reiche Leute (Reiche) haben viele Dinge (viel / vieles).*

Wie im Deutschen können im Lateinischen Adjektive substantiviert werden (z.B. dives *der Reiche, ein Reicher*).

Häufig werden Adjektive im **Neutrum Plural** substantiviert; im Deutschen bietet sich meist eine Übersetzung im Singular an (z.B. multa *viele Dinge, viel, vieles*; omnia *alle Dinge, alles*).

Sprachenvergleich

The rich live in big houses.

Substantivierte Adjektive gibt es zur Bezeichnung einer Gruppe von Menschen auch in der englischen Sprache:

the old, the poor, the rich, the sick, the young, the blind, the dead, the disabled, the strong

Divites in magnis villis vivunt.

48

Wiederholungswörter

clāmor, ōris *m*	Geschrei, Lärm	celer, celeris, celere	schnell
torquēre, torqueō, torsī	drehen, quälen	dolor, ōris *m*	Schmerz
multitūdō, inis *f*	große Zahl, Menge	crūdēlis, e	grausam
addūcere, addūcō	heranführen, veranlassen	movēre, moveō, mōvī	bewegen, beeindrucken

Lernwörter

atque / ac	und, und auch	
quoque *(nachgestellt)*	auch	
Ego quoque gaudeō.	Auch ich freue mich.	
equidem	(ich) allerdings, freilich	
sollicitāre, sollicitō	aufhetzen, beunruhigen, erregen	
incipere, incipiō, coepī (incēpī)	anfangen, beginnen	*capere*
ingēns, ingentis	gewaltig, ungeheuer	*i./s./p. ingente*
arēna	Sand, Kampfplatz	*Arena, f. arène, e./i./s./p. arena*
cessāre, cessō	zögern, rasten	*e. cease, f. cesser, i. cessare*
impetus, impetūs *m*	Angriff, Schwung	*petere*
laedere, laedō, laesī	beschädigen, verletzen, beleidigen	*lädieren*
cōnspectus, cōnspectūs *m*	Anblick, Blickfeld	*spectāre*
turbāre, turbō	durcheinanderbringen, stören	*turba, Trubel, e. trouble, f. troubler*
currere, currō, cucurrī	laufen, eilen	*Kurier, f. courir, i. correre, s./p. correr*

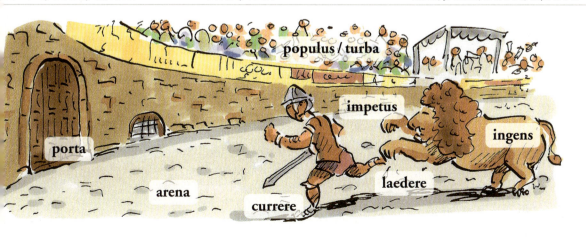

115

48

F Verben: Passiv (Präsens)

voca-t **Aktiv**	
er (sie, es) ruft	

voca-**tur** **Passiv**	
er (sie, es) wird gerufen	

Die Passivformen des Präsens werden aus den gleichen Bauelementen wie die Aktivformen gebildet, nämlich aus
→ dem Präsensstamm und
→ der Personalendung.
Die Passivformen haben eigene Personalendungen.

a-Konjugation

Infinitiv	vocā-**rī**	*gerufen (zu) werden*

	Singular		Plural	
1. Person	voc-**or**	*ich werde gerufen*	vocā-**mur**	*wir werden gerufen*
2. Person	vocā-**ris**	*du wirst gerufen*	vocā-**minī**	*ihr werdet gerufen*
3. Person	vocā-**tur**	*er (sie, es) wird gerufen*	voca-**ntur**	*sie werden gerufen*

e-Konjugation

Infinitiv	monē-**rī**	*gemahnt (zu) werden*

	Singular		Plural	
1. Person	mone-**or**	*ich werde gemahnt*	monē-**mur**	*wir werden gemahnt*
2. Person	monē-**ris**	*du wirst gemahnt*	monē-**minī**	*ihr werdet gemahnt*
3. Person	monē-**tur**	*er (sie, es) wird gemahnt*	mone-**ntur**	*sie werden gemahnt*

i-Konjugation

Infinitiv	audī-**rī**	*gehört (zu) werden*

	Singular		Plural	
1. Person	audi-**or**	*ich werde gehört*	audī-**mur**	*wir werden gehört*
2. Person	audī-**ris**	*du wirst gehört*	audī-**minī**	*ihr werdet gehört*
3. Person	audī-**tur**	*er (sie, es) wird gehört*	audi-**u-ntur**	*sie werden gehört*

48

kons. Konjugation

| Infinitiv | dūc-ī | geführt (zu) werden |

	Singular		Plural	
1. Person	dūc-or	ich werde geführt	dūc-i-mur	wir werden geführt
2. Person	dūc-e-ris	du wirst geführt	dūc-i-minī	ihr werdet geführt
3. Person	dūc-i-tur	er (sie, es) wird geführt	dūc-u-ntur	sie werden geführt

(i-Erweiterung)

| Infinitiv | cap-ī | gefasst (zu) werden |

	Singular		Plural	
1. Person	capi-or	ich werde gefasst	capi-mur	wir werden gefasst
2. Person	cape-ris	du wirst gefasst	capi-minī	ihr werdet gefasst
3. Person	capi-tur	er (sie, es) wird gefasst	capi-u-ntur	sie werden gefasst

Die Endungen der Infinitive lauten in der a-, e-, und i-Konjugation -rī (z.B. vocā-rī), in der kons. Konjugation -ī (z.B. dūc-ī).

Turba laudat.
Gladiator laudatur.
Elephantus ducitur.
Servus ducit.

S1 Verwendung des Passivs

Amicus in amphitheatrum *ducitur*.

Der Freund *wird* ins Amphitheater *geführt*.

Neben den aktiven Verbformen, die angeben, was ein Subjekt tut, gibt es passive Formen, die angeben, dass jemand (oder etwas) eine Handlung „erleidet" (Passiv: „Leideform").
Als Oberbegriff für Aktiv und Passiv verwendet man die Bezeichnung **Genus verbi**.

Amicus *a Marcellino* in amphitheatrum *ducitur*.

Der Freund *wird von Marcellinus* ins Amphitheater *geführt*.

Die Person, von der eine Handlung ausgeführt wird, steht mit der Präposition **a / ab** im Ablativ (hier: a Marcellino).

Amicus *ludis* non *delectatur*.

Der Freund *wird durch die Spiele* nicht *erfreut*.

Sachverhalte und Ursachen für eine Handlung stehen dagegen im bloßen Ablativ.

S2 Wiedergabe des Passivs

Portae *aperiuntur*.

Die Tore *werden geöffnet*.
Die Tore *öffnen sich*.
Man öffnet die Tore.

Das lateinische Passiv muss nicht immer mit einem deutschen Passiv wiedergegeben werden. Oft bietet sich auch eine Übersetzung mit dem Pronomen *sich* (reflexive Wiedergabe) oder mit dem unpersönlichen *man* an.

S3 AcI im Passiv (Präsens)

Amicum ludis non delect*ari* scio.

Ich weiß, dass *der Freund* durch die Spiele nicht *erfreut wird*.

Der Infinitiv Passiv tritt häufig im AcI auf. Die Formen des **Infinitiv Präsens Passiv** bezeichnen – wie die Formen des Infinitiv Präsens Aktiv – die **Gleichzeitigkeit**.

49

Wiederholungswörter

W

scelerātus	Verbrecher	indicāre	anzeigen, melden
fortūna	Schicksal, Glück	voluntās, ātis *f*	Wille, Absicht
mors, mortis *f*	Tod	ut	wie

Lernwörter

tēlum	(Angriffs-)Waffe, Geschoss	
contrā *Präp. m. Akk.*	gegen	*Kontrast, konträr*
contrā hostēs	gegen die Feinde	
supplicium	Strafe, Hinrichtung; flehentliches Bitten	
supplicium timēre	vor der Strafe Angst haben	
suppliciīs deōs movēre	durch flehentliches Bitten die Götter bewegen	
īnstāre, īnstō, īnstitī	bevorstehen, hart zusetzen	*in, stāre*
Perīculum īnstat.	Eine Gefahr steht bevor.	
hostibus īnstāre	den Feinden hart zusetzen	
obicere, obiciō, obiēcī	darbieten, vorwerfen	*Objekt*
scelerātum bēstiīs obicere	einen Verbrecher den wilden Tieren vorwerfen	
comitī iniūriam obicere	dem Gefährten ein Unrecht vorwerfen	
īnfēlīx, īnfēlīcis	unglücklich	*fēlīx, i. infelice*
dīgnus, a, um *(m. Abl.)*	wert, würdig (einer Sache)	
praemiō dīgnus	einer Belohnung würdig	
flāgitium	Schandtat, Gemeinheit	
excitāre, excitō	erregen, ermuntern, wecken	*e. excite / exciting, s./p. excitar*
deinde *Adv.*	dann, darauf	
tegere, tegō, tēxī	bedecken, schützen, verbergen	*tēctum*
iterum atque iterum	immer wieder	
dēnique *Adv.*	schließlich, zuletzt	
perterrēre, perterreō	sehr erschrecken, einschüchtern	*per, terrēre*

119

F Verben: Passiv (Imperfekt)

a-Konjugation	Singular	Plural
1. Person	vocā-**ba**-r	vocā-**bā**-mur
2. Person	vocā-**bā**-ris	vocā-**bā**-minī
3. Person	vocā-**bā**-tur	vocā-**ba**-ntur

a-Konjugation	vocā-**ba**-r	*ich wurde gerufen*
e-Konjugation	monē-**ba**-r	*ich wurde gemahnt*
i-Konjugation	audi-**ēba**-r	*ich wurde gehört*
kons. Konjugation	duc-**ēba**-r	*ich wurde geführt*
(i-Erweiterung)	capi-**ēba**-r	*ich wurde gefasst*

Die Formen des Imperfekt Passiv werden – wie die des Imperfekt Aktiv – mit dem Tempuszeichen -**ba**- bzw. -**ēba**- gebildet.

M Wörter lernen: individuelle Lernstrategien entwickeln

Du hast bereits einige Erfahrung mit dem Erlernen neuer Vokabeln. Vielleicht erscheint es dir im zweiten Lernjahr aber besonders schwierig, dir neue Wörter einzuprägen, da du gleichzeitig die „vergessenen" aus dem ersten Lernjahr wiederholen musst. Deshalb wirst du im Folgenden noch einmal an Tipps zum Vokabellernen erinnert, die du aus Band 1 bereits kennst; auch neue Hinweise sollen dir helfen, die für dich passenden Strategien zu entwickeln. Mögliche Lernstrategien sind:

1. an Bekanntes anknüpfen:

→ Nutze die deutschen **Fremd-** und **Lehnwörter** oder die **Vokabeln anderer Sprachen**, die dir die dritte Wortschatzspalte bietet; hier ergeben sich – je weiter du im Lateinischen und Englischen fortgeschritten bist – immer mehr Parallelen. Das im Englischen häufig gebrauchte Adjektiv *exciting* z. B. leitet sich von excitare ab.

→ Auch die Anbindung an bereits gelernte Wörter derselben **Wortfamilie** wird dir zunehmend leichter fallen, da du immer mehr Vokabeln kennst. Ein tectum beispielsweise ist das „Ergebnis" von tegere.

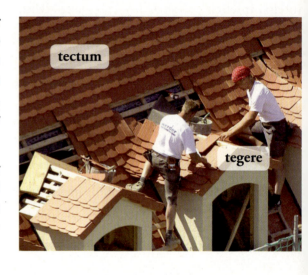

→ Nutze auch dein Wissen über die **Wortbildung**. per-terrere bedeutet demnach „*durch* und *durch* **erschrecken**", also: *sehr erschrecken*.

→ Ein wichtiges Mittel bleiben fantasievolle **„Eselsbrücken"**, z. B. für supplicium: „eine *Suppe* essen zu müssen ist für mich eine *Strafe*, fast schon eine *Hinrichtung*; da hilft nur *flehentliches Bitten* ..." Weitere Beispiele findest du auf S. 125 und S. 158.

2. Gruppen bilden:

→ Gruppiere den Wortschatz nach **Wortarten**.

→ Ergänze **Sachfelder** um passende neu gelernte Wörter. Ein Beispiel findest du auf S. 130.

→ Erfinde – auf Deutsch – eine **Geschichte**, der du Wörter des neuen Wortschatzes zuordnest.

3. kreative Lernhilfen erstellen:

→ Sicher lassen sich ein paar neue Wörter mit deiner **Lernumgebung** verknüpfen. Beispielsweise könntest du eine Karte mit der Aufschrift libri an dein Bücherregal heften oder einen Zettel mit der Aufschrift intus in deine Schreibtischschublade legen.

→ Stelle möglichst viele der neuen Lernwörter mit Hilfe einer **Pantomime** dar.

→ Für einige Vokabeln lassen sich **Wortbilder** erstellen; gestalte damit deine Vokabelkarten oder dein Vokabelheft aus. arena könntest du z. B. hellbraun schreiben, bei telum einen Wurfspieß aufzeichnen, für infelix ein trauriges Gesicht skizzieren. Weitere Anregungen auf S. 148.

→ Gestalte, z. B. nach dem Vorbild von S. 115 eine **Zeichnung**, in die du möglichst viele der neuen Vokabeln eintragen kannst.

Jeder Lernende prägt sich Vokabeln anders ein. Wichtig ist, dass du die Strategien herausfindest, mit denen **du** dir Wörter möglichst schnell merken und möglichst dauerhaft behalten kannst.

121

50

W Wiederholungswörter

cōnsilium	Beratung, Beschluss, Plan, Rat	appropinquāre	sich nähern
ideō *Adv.*	deshalb	tēlum	(Angriffs-)Waffe, Geschoss

Lernwörter

eximius, a, um	außergewöhnlich, außerordentlich	
cōnflīgere, cōnflīgō, cōnflīxī	kämpfen, zusammenstoßen	*Konflikt*
sevērus, a, um	streng, hart	
nāvigium	Schiff	*Navigation*
ascendere, ascendō, ascendī	besteigen, hinaufsteigen (zu)	*dē-scendere*
atrōx, atrōcis	furchtbar, schrecklich	
vulnerāre, vulnerō	verwunden, verletzen	

M Formen unterscheiden: Das Hilfsverb „werden"

Er wird angreifen.	„werden" + **Inf. Präs.** → **Futur I Aktiv**	Das Hilfsverb „werden" wird im Deutschen zur Bildung unterschiedlicher Formen verwendet.
Er wird angegriffen.	„werden" + **Partizip II** → **Präsens Passiv**	Im Deutschen wird das Partizip II unterschiedlich gebildet, vgl. z.B. an-*ge*-griff-*en*, *ge*-lauf-*en*, ge-lach-*t*, verhinder-*t*, behaupt-*et*.
tempta-***bi***-t	Er wird angreifen.	Im Lateinischen musst du zur Unterscheidung von Futur I Aktiv und Präsens Passiv genau auf die **Tempuszeichen** und **Endungen** achten.
tempta-***tur***	Er wird angegriffen.	

Oft hilft dir aber der Satzzusammenhang:

Gladiator *bestiam* temptabit. Der Gladiator wird das Tier angreifen.	Wenn von einem Prädikat ein Akkusativobjekt (hier: bestiam) abhängt, kann kein Passiv vorliegen.
Bestia *a gladiatore* temptatur. Das Tier wird vom Gladiator angegriffen.	Wenn bei einem Prädikat eine handelnde Person mit der Präposition a / ab im Ablativ steht (hier: a gladiatore), liegt oft ein Passiv vor.

51

Wiederholungswörter

W

dī! *Vok.*	(oh) Götter!	fūr, fūris *m*	Dieb
tālis, e	derartig, ein solcher, so (beschaffen)	malus, a, um	schlecht, schlimm
celer, celeris, celere	schnell	liber, librī *m*	Buch
aspicere, aspiciō, aspexī	erblicken, ansehen	creāre	erschaffen, wählen

Lernwörter

scelus, sceleris *n*	Verbrechen; Schurke	*scelerātus*
genus, generis *n*	Abstammung, Art, Geschlecht	*Genus*
pēs, pedis *m*	Fuß	*Pedal, Pedi-küre, Ex-pedition*
accidere, accidō, accidī	geschehen, sich ereignen	*ad, cadere, e./f. accident*
nūllus, a, um (*Gen.* **nūllīus,** *Dat.* **nūllī**)	kein	*Null*
vulnus, vulneris *n*	Wunde, (milit.) Verlust	
corpus, corporis *n*	Körper, Leichnam	*korpulent*
pectus, pectoris *n*	Brust, Herz	
domus, domūs *f (Abl. Sg. -ō, Gen. Pl. -ōrum, Akk. Pl. -ōs)*	Haus	*Dom, Domizil*
rapere, rapiō, rapuī	wegführen, rauben, wegreißen	
negāre, negō	leugnen, verneinen, verweigern	*negativ, Negation*
nōmen, nōminis *n*	Name	*Nomen, e. name, f. nom*
tempus, temporis *n*	(günstige) Zeit, Umstände	*Tempo, e. time / tense, f. temps, i./p. tempo, s. tiempo, r. timp*
crīmen, crīminis *n*	Verbrechen, Vorwurf, Beschuldigung	*kriminell, e./f./p. crime*

corpus, corporis *n*	Körper, Leichnam	genus, generis *n*	Abstammung, Art, Geschlecht
tempus, temporis *n*	(günstige) Zeit, Umstände	vulnus, vulneris *n*	Wunde, (milit.) Verlust
scelus, sceleris *n*	Verbrechen; Schurke	pectus, pectoris *n*	Brust, Herz
nōmen, nōminis *n*	Name		
crīmen, crīminis *n*	Verbrechen, Vorwurf, Beschuldigung		

F ## Substantive: 3. Deklination (Neutra)

Beispiel: **crīmen, crīminis** *n* *Verbrechen, Vorwurf, Beschuldigung*

3. Dekl. (–en)	Singular	Plural
Nominativ	crīmen	crīmin-**a**
Genitiv	crīmin-**is**	crīmin-**um**
Dativ	crīmin-**ī**	crīmin-**ibus**
Akkusativ	crīmen	crīmin-**a**
Ablativ	crīmin-**e**	crīmin-**ibus**

Die Substantive auf -en, inis sind **Neutra**. Daher haben sie im Nominativ und Akkusativ die gleichen Formen. Die übrigen Endungen sind die gleichen wie bei den Substantiven auf -or, ōris.

Beispiel: **corpus, corporis** *n* *Körper, Leichnam*

3. Dekl. (–us)	Singular	Plural
Nominativ	corpus	corpor-**a**
Genitiv	corpor-**is**	corpor-**um**
Dativ	corpor-**ī**	corpor-**ibus**
Akkusativ	corpus	corpor-**a**
Ablativ	corpor-**e**	corpor-**ibus**

Die Substantive auf -us, oris und -us, eris sind **Neutra**. Die Endungen sind die gleichen wie bei den Neutra auf -en, inis.

Wortfamilien	felix	terrere	excitare
	in**felix**	per**terrere**	solli**citare**
	stare	**vuln**erare	**cad**ere
	in**stare**	**vuln**us	ac**cid**ere
	con**stare**		oc**cid**ere

124

52

Wiederholungswörter

W

invenīre, inveniō, invēnī	finden, erfinden	praebēre, praebeō	geben, hinhalten
nōn iam	nicht mehr	rēs pūblica	Staat
rēs futūrae *f Pl.*	Zukunft	accipere, accipiō, accēpī	erhalten, erfahren, annehmen
sine *Präp. m. Abl.*	ohne	nē ... quidem	nicht einmal

Lernwörter

sānctus, a, um	ehrwürdig, heilig	*St. (Sankt), e./f. saint, s. santo*
senātus, senātūs *m*	Senat, Senatsversammlung	*senātor*
reprehendere, reprehendō, reprehendī	schimpfen, kritisieren	
sacerdōs, sacerdōtis *m/f*	Priester(in)	*sacrum*
hostia	Opfertier, Schlachtopfer	*Hostie*
carmen, carminis *n*	Gedicht, Lied	
cantāre, cantō	singen, dichten	*Kantate, f. chanter, i. cantare*
perīre, pereō, periī	umkommen, zugrunde gehen	*per, īre*
certus, a, um	sicher, bestimmt	*certē / certō, Zerti-fikat, e./f. certain*
prex, precis *f*	Bitte, Gebet	*e. prayer, f. prière*
tribuere, tribuō, tribuī	schenken, zuteilen	*Tribut, At-tribut*
sanguis, sanguinis *m*	Blut	
fundere, fundō, fūdī	(aus)gießen, zerstreuen	*Fusion, In-fusion, Fondue*
gēns, gentis *f (Gen. Pl. -ium)*	Familienverband, Stamm, Volk	*genus, f. gens, i./s./p. gente*

„Eselsbrücken"

carmen	→	Meine Freundin Carmen kann viele Lieder und Gedichte.
sanguis	→	Er sang so schauerlich, dass mir das Blut in den Adern gefror.
dives	→	Die wesentlichen Dinge des Lebens können auch reiche Leute nicht kaufen.

F **Verben: Passiv (Futur I)**

a-Konjugation	Singular	Plural
1. Person	vocā-**b-or**	vocā-**bi-mur**
2. Person	vocā-**be-ris**	vocā-**bi-minī**
3. Person	vocā-**bi-tur**	vocā-**bu-ntur**

i-Konjugation	Singular	Plural
1. Person	audi-**a-r**	audi-**ē-mur**
2. Person	audi-**ē-ris**	audi-**ē-minī**
3. Person	audi-**ē-tur**	audi-**e-ntur**

a-Konjugation	vocā-**b-or**	*ich werde gerufen werden*
e-Konjugation	monē-**b-or**	*ich werde gemahnt werden*
i-Konjugation	audi-**a-r**	*ich werde gehört werden*
kons. Konjugation	duc-**a-r**	*ich werde geführt werden*
(i-Erweiterung)	capi-**a-r**	*ich werde gefasst werden*

Die Formen des Futur I Passiv werden mit den folgenden Tempuszeichen gebildet:

→ **a- und e-Konjugation:**
- 1. Pers. Sg.   **-b-**
- 2. Pers. Sg.   **-be-**
- 3. Pers. Pl.   **-bu-**
- sonst   **-bi-**

→ **i- und kons. Konjugation:**
- 1. Pers. Sg.   **-a-**
- sonst   **-e-**

53

Wiederholungswörter

W

quīn?	warum nicht?	pēs, pedis *m*	Fuß
excitāre	erregen, ermuntern, wecken	varius, a, um	bunt, verschieden, vielfältig
gerere, gerō, gessī	ausführen, führen, tragen	vel	oder
sonus	Ton, Klang, Geräusch	portus, portūs *m*	Hafen

Lernwörter

quot?
wie viel(e)?

  Quot senātōrēs adsunt?
  Wie viele Senatoren sind da?

numerus
Zahl, Menge
Nummer, e. number, s./p. número

duo, duae, duo
zwei
Duett, Duo

trēs, trēs, tria
drei
Tri-angel

caput, capitis *n*
Kopf; Hauptstadt
Kap, Kapitel, Kapitän

  Caput mihi dolet.
  Der Kopf tut mir weh.

  Rōma caput imperiī est.
  Rom ist die Hauptstadt des Reiches.

octō *indekl.*
acht
Okto-pus

decem *indekl.*
zehn

duodecim *indekl.*
zwölf
duo, decem

quattuor *indekl.*
vier

quīnque *indekl.*
fünf

septem *indekl.*
sieben

vīgintī *indekl.*
zwanzig

animal, animālis *n (Abl. Sg. -ī, Nom. / Akk. Pl. -ia, Gen. Pl. -ium)*
Lebewesen, Tier
animalisch, e./f./s./p./r. animal

moenia, moenium *n Pl.*
Mauern, Stadtmauern
mūnīre

mare, maris *n (Abl. Sg. -ī, Nom. / Akk. Pl. -ia, Gen. Pl. -ium)*
Meer
Marine, f. mer, i./r. mare, s./p. mar

Fortsetzung ·····➔

53

fugere, fugiō, fūgī *(m. Akk.)*	fliehen (vor), meiden	*fuga*
ad portum fugere	zum Hafen fliehen	
perīculum fugere	vor der Gefahr fliehen, die Gefahr meiden	
nāvis, nāvis *f (Gen. Pl. -ium)*	Schiff	*e. navy*
turris, turris *f (Akk. Sg. -im, Abl. Sg. -ī, Gen. Pl. -ium)*	Turm	*e. tower, f. tour, i./s./p. torre*

❋

mare, maris *n (Abl. Sg. -ī, Nom. / Akk. Pl. -ia, Gen. Pl. -ium)*	Meer
animal, animālis *n (Abl. Sg. -ī, Nom. / Akk. Pl. -ia, Gen. Pl. -ium)*	Lebewesen, Tier
nāvis, nāvis *f (Gen. Pl. -ium)*	Schiff
moenia, moenium *n Pl.*	Mauern, Stadtmauern
turris, turris *f (Akk. Sg. -im, Abl. Sg. -ī, Gen. Pl. -ium)*	Turm

---

F1 Substantive: 3. Deklination (i-Stämme)

Beispiel: **mare, maris** *n Meer*

3. Dekl. (-i-)	Singular	Plural
Nominativ	mare	mar-**i**a
Genitiv	mar-**is**	mar-**i**um
Dativ	mar-**ī**	mar-**ibus**
Akkusativ	mare	mar-**i**a
Ablativ	mar-**ī**	mar-**ibus**

Einige Neutra der 3. Deklination (z.B. mare, animal, moenia Pl.) weichen in den folgenden Kasusendungen von den bisher gelernten Neutra der 3. Deklination ab:

-ī	Abl. Sg.
-ia	Nom. / Akk. Pl.
-ium	Gen. Pl.

Da in diesen Endungen ein -i- auftritt, werden diese Substantive auch **i-Stämme** genannt.

Zu den i-Stämmen gehören auch einige wenige andere Substantive, bei denen neben der Endung -ī im Abl. Sg. und der Endung -ium im Genitiv Plural die Endung -im im Akk. Sg. auftreten kann (z.B. turr-im zu turris).

128

Grundzahlen 1–20 F2

1	I	ūnus, a, um		11	XI	ūndecim	
2	II	duo, duae, duo		12	XII	duodecim	
3	III	trēs, tria		13	XIII	trēdecim	
4	IV	quattuor		14	XIV	quattuordecim	
5	V	quīnque		15	XV	quīndecim	
6	VI	sex		16	XVI	sēdecim	
7	VII	septem		17	XVII	septendecim	
8	VIII	octō		18	XVIII	duodēvīgintī	
9	IX	novem		19	XIX	ūndēvīgintī	
10	X	decem		20	XX	vīgintī	

Deklination von unus, duo und tres F3

	m	f	n	m	f	n
Nominativ	ūn-us	ūn-a	ūn-um	du-o	du-ae	du-o
Genitiv		ūn-īus		du-ōrum	du-ārum	du-ōrum
Dativ		ūn-ī		du-ōbus	du-ābus	du-ōbus
Akkusativ	ūn-um	ūn-am	ūn-um	du-ō(s)	du-ās	du-o
Ablativ	ūn-ō	ūn-ā	ūn-ō	du-ōbus	du-ābus	du-ōbus

	m	f	n
Nominativ	tr-ēs		tr-ia
Genitiv		tr-ium	
Dativ		tr-ibus	
Akkusativ	tr-ēs		tr-ia
Ablativ		tr-ibus	

54

W Wiederholungswörter

licet	es ist erlaubt, es ist möglich	prīmō *Adv.*	zuerst
sacerdōs, ōtis *m/f*	Priester(in)	dēligere, dēligō, dēlēgī	(aus)wählen
hostia	Opfertier, Schlachtopfer	regiō, ōnis *f*	Gebiet, Gegend, Richtung
sentīre, sentiō, sēnsī	fühlen, meinen, wahrnehmen	pars, partis *f*	Teil, Seite

Lernwörter

effundere, effundō, effūdī	ausgießen, vergießen	*ex, fundere*
flōs, flōris *m*	Blume, Blüte	*Florist, e. flower, f. fleur*
cruciātus, cruciātūs *m*	Folter, Qual	
imminēre, immineō	drohen, herüberragen (über)	
canere, canō, cecinī	singen, (ver)künden	*cantāre, carmen*
īnfundere, īnfundō, īnfūdī	hineingießen, darübergießen, verbreiten (über)	*in, fundere, Infusion*
fulmen, fulminis *n*	Blitz	*fulminant*
patefacere, patefaciō, patefēcī	aufdecken, öffnen	*patēre, facere*

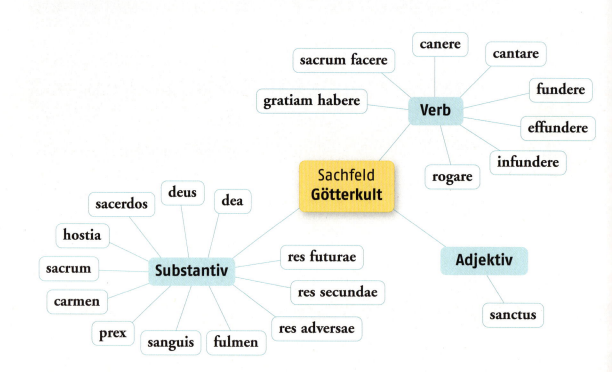

Substantive der 3. Deklination: Zusammenfassung

F

Die Substantive der 3. Deklination lassen sich – wie du weißt – verschiedenen Gruppen zuordnen (z.B. auf -or, ōris, auf -ās, ātis, auf -en, inis).

Die Kasusendungen sind aber identisch; die Ausnahmen für die Neutra hast du eigens gelernt, andere Ausnahmen sind im Wortschatz angegeben (z.B. Gen. Pl. -ium).

Auch Substantive, die sich diesen Gruppen nicht zuordnen lassen, kannst du durch die Kenntnis der Genitivform, die dir den **Wortstamm** bietet, problemlos deklinieren.

Beispiele:	mulier,	*mulier*-is	*f*
	sol,	*sol*-is	*m*
	sanguis,	*sanguin*-is	*m*
	pes,	*ped*-is	*m*

Im Wortschatz ist auch das **Genus** grundsätzlich angegeben. Dieses musst du kennen, um beispielsweise Adjektive und Substantive richtig aufeinander zu beziehen.

Die folgende Übersicht enthält zur Erleichterung die Grundregeln für das **grammatische Geschlecht** der wichtigsten Gruppen; auch die Ausnahmen, die dir bisher bekannt sind, sind aufgeführt:

Substantive auf	Beispiel	Genus	Ausnahme
-or, ōris	clamor	Maskulinum	
-es, itis	miles	Maskulinum	
-ō, ōnis	regio	Femininum	leo *m*
-ō, inis	magnitudo	Femininum	homo *m*
-s oder -x	pars, partis oder vox, vocis	Femininum	mons *m*, fons *m*
-ās, ātis	libertas	Femininum	
-ūs, ūtis	salus	Femininum	
-us, oris	corpus	Neutrum	
-us, eris	scelus	Neutrum	
-en, inis	nomen	Neutrum	

55

W Wiederholungswörter

paulātim *Adv.*	allmählich	niger, gra, grum	schwarz, dunkel
fābula	Erzählung, Geschichte, Theaterstück	nōmen, nōminis *n*	Name
postquam *Subj.*	nachdem, als	violāre	verwunden, verletzen, entehren
prīmā lūce	bei Tagesanbruch	fīnis, fīnis *m*	Ende, Grenze, Ziel, Zweck; *Pl.* Gebiet

Lernwörter

tōtus, a, um (Gen. **tōtīus**, Dat. **tōtī**)	ganz, gesamt	*total*
īra	Zorn, Wut	
damnāre, damnō *(m. Gen.)* fūrem crīminis damnāre	verurteilen (wegen) einen Dieb wegen eines Verbrechens verurteilen	
complūrēs, complūr(i)a	mehrere	
fenestra	Fenster	*f. fenêtre, i. finestra*
circiter *Adv.*	ungefähr	*circa*
speciēs, speciēī *f*	Anblick, Aussehen, Schein	*Spezies, speziell, spezifisch*
remanēre, remaneō, remānsī	(zurück)bleiben	*manēre, e. remain*
paene *Adv.*	fast	
impedīre, impediō	hindern, verhindern	
poena	Strafe	
lēx, lēgis *f*	Gesetz, Bedingung	*legal, legitim, i. legge*
iūdex, iūdicis *m*	Richter	*e. judge, f. juge, i. giudice*

Complures iuvenes (circiter septem) ad villam venerunt. Lydia enim serva in fenestra ostenditur. Cantant iuvenes: „Quam pulchra est species tua! Lex amoris lex nostra! Amor deus iudex noster est!" Dominus autem ira completus est, quod labor servae paene impeditur. Clamat dominus: „Amorem non damno. Sed poenam vobis dabo, si totum diem ibi remanetis!"

In dieser kleinen Geschichte kommen alle neuen Lernwörter aus Lektion 55 vor. Versucht, zu anderen Lektionswortschätzen ähnliche „Kurzgeschichten" zu schreiben!

Verben: Passiv (Perfekt)

F

Die Passivformen des Perfekts bestehen – wie auch im Deutschen – aus dem **Partizip Perfekt Passiv** (z.B. vocatus *gerufen*) und den **Präsensformen des Hilfsverbs** esse.

→ Partizip Perfekt Passiv (PPP)

a-Konjugation	vocā-**tus, a, um**	*gelobt*
e-Konjugation	dēlē-**tus, a, um**	*zerstört*
i-Konjugation	audī-**tus, a, um**	*gehört*

PPP-Formen, die nach dieser Regel gebildet sind, werden im Wortschatz nicht mehr eigens angeführt.

Das PPP wird dekliniert wie die Adjektive der a- und o-Deklination. Bei vielen Verben (vor allem mit v-Perfekt) wird das PPP gebildet, indem **-tus, a, um** an den Präsensstamm angefügt wird.

→ Perfekt Passiv

a-Konjugation		
Infinitiv	vocā-**tum, am, um esse** vocā-**tōs, ās, a esse**	*gerufen worden (zu) sein*

	Singular	Plural
1. Person	vocā-**tus, a, um sum**	vocā-**tī, ae, a sumus**
2. Person	vocā-**tus, a, um es**	vocā-**tī, ae, a estis**
3. Person	vocā-**tus, a, um est**	vocā-**tī, ae, a sunt**

Verwendung des Perfekt Passiv

S1

Im Passiv wird das Perfekt genauso verwendet wie im Aktiv (vgl. 27 **S**).

> Hostes superati sunt.
>
> Die Feinde wurden besiegt.
> Die Feinde sind besiegt worden.
> Die Feinde sind besiegt.

Das Perfekt wird im Deutschen in der Erzählung mit dem Präteritum wiedergegeben.

Manchmal kann das Perfekt Passiv auch einen Zustand oder ein Ergebnis bezeichnen. Dann fehlt im Deutschen der Zusatz „worden".

S2 AcI im Passiv (Perfekt)

Constat *hostes* supera*tos esse*.

Es ist bekannt, dass *die Feinde besiegt (worden) sind*.

Die Formen des **Infinitiv Perfekt Passiv** bezeichnen im AcI – wie die Formen des Infinitiv Perfekt Aktiv – die Vorzeitigkeit.

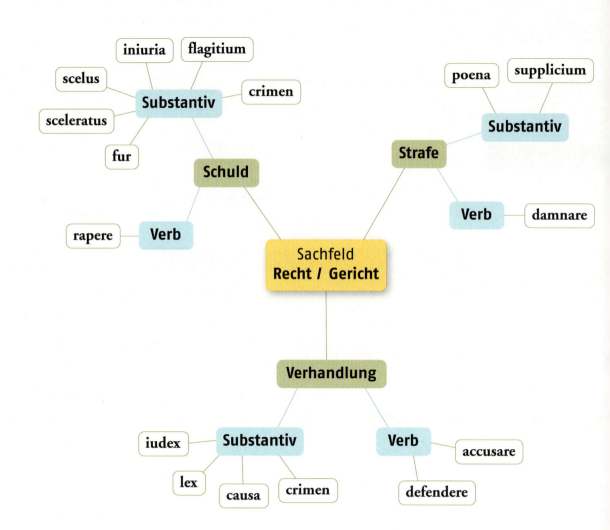

56

Wiederholungswörter

surgere, surgō, surrēxī	aufrichten; sich erheben, aufstehen	nisī *Subj.*	wenn nicht
nihil	nichts	cēterī, ae, a	die übrigen
portāre	bringen, tragen	nescīre	nicht wissen, nicht kennen, nicht verstehen
umerus	Schulter, Oberarm	putāre	glauben, meinen

Lernwörter

armātus, a, um	bewaffnet	*arma, Armee, Armada, e. army*
dare, dō, dedī, datum	geben	*Datum, Dativ*
monēre, moneō, monuī, monitum	mahnen, ermahnen	
terrēre, terreō, terruī, territum	erschrecken	
hūc *Adv.*	hierher	
arcessere, arcessō, arcessīvī, arcessītum	herbeirufen, holen	
servīre, serviō	dienen, Sklave sein	*servus, Server, Service, servieren*
socius	Gefährte, Verbündeter	*sozial*
quō?	wohin? wo?	
quaerere, quaerō, quaesīvī, quaesītum	erwerben wollen, suchen, fragen	*e./f. question, i. questione*
petere, petō, petīvī, petītum	aufsuchen, (er)streben, bitten, verlangen	*Petition*
dux, ducis *m/f*	Anführer(in)	*dūcere, e. duke, i. duce, s./p. duque*
secundus, a, um	der (die, das) zweite; günstig	*rēs secundae, Sekunde, sekundär, e. second, i. secondo*
secundum factum Herculis	die zweite Tat des Herkules	
ventus secundus	günstiger Wind	
tertius, a, um	der (die, das) dritte	*Terz, Terzett*
quārtus, a, um	der (die, das) vierte	*Quarte, Quartett*
quīntus, a, um	der (die, das) fünfte	*Quinte, Quintett*
Etrūscus, a, um	etruskisch; *Subst.* Etrusker	
ōs, ōris *n*	Gesicht, Mund	*oral*

135

monēre, moneō, monuī, monitum	mahnen, ermahnen
terrēre, terreō, terruī, territum	erschrecken
arcessere, arcessō, arcessīvī, arcessītum	herbeirufen, holen
petere, petō, petīvī, petītum	aufsuchen, (er)streben, bitten, verlangen
quaerere, quaerō, quaesīvī, **quaesītum**	erwerben wollen, suchen, fragen

F1 Verben: Stammformen

Bei vielen Verben wird das PPP unregelmäßig gebildet, d. h. der Wortstamm oder die Fugenstelle können lautlich verändert sein:

Inf. Präs.	Präsensstamm	Perfektstamm	PPP
monēre	monē-	monu-	mon**i**tum
petere	pet-	petīv-	pet**ī**tum
quaerere	quaer-	quaesīv-	quaes**ī**tum

Bei diesen Verben muss man sich neben dem **Infinitiv Präsens**, der **1. Pers. Sg. Präs. Akt.** und der **1. Pers. Sg. Perf. Akt.** das **PPP** als vierte Form merken. Diese vier Formen heißen **Stammformen**. Sie sind die Grundlage für alle Formen, die von einem Verb gebildet werden können. Die unregelmäßigen Stammformen werden immer im Wortschatz angeführt, z.B.:

Inf. Präs.	1. Pers. Sg. Präs. Akt.	1. Pers. Sg. Perf. Akt.	PPP
quaerere	**quaerō**	**quaesīvī**	**quaesītum**

F2 Ordnungszahlen

1.	**prīmus, a, um**	der (die, das) erste	6.	**sextus, a, um**	der (die, das) sechste
2.	**secundus, a, um**	der (die, das) zweite	7.	**septimus, a, um**	der (die, das) siebte
3.	**tertius, a, um**	der (die, das) dritte	8.	**octāvus, a, um**	der (die, das) achte
4.	**quārtus, a, um**	der (die, das) vierte	9.	**nōnus, a, um**	der (die, das) neunte
5.	**quīntus, a, um**	der (die, das) fünfte	10.	**decimus, a, um**	der (die, das) zehnte

57

Wiederholungswörter

W

quod *Subj.*	weil; dass	quamquam *Subj.*	obwohl
vetus, veteris	alt	dēfendere, dēfendō,	abwehren,
ante *Präp. m. Akk.*	vor	dēfendī (ā *m. Abl.*)	verteidigen (vor / gegen)
fugere, fugiō, fūgī	fliehen (vor), meiden	sīc *Adv.*	so

Lernwörter

capere, capiō, cēpī, **captum**	fassen, nehmen; erobern	*kapieren*
trahere, trahō, trāxī, **tractum**	schleppen, ziehen	*Traktor*
dūcere, dūcō, dūxī, **ductum**	führen, ziehen	*dux, Aquädukt*
vidēre, videō, vīdī, **vīsum**	sehen	*Visum, Vision*
rīdēre, rīdeō, rīsī, **rīsum**	lachen, auslachen	
littera	Buchstabe; *Pl.* Brief; Literatur, Wissenschaft	*e. letter, f. lettre, i. lettera*
reprehendere, reprehendō, reprehendī, **reprehēnsum**	schimpfen, kritisieren	
undique *Adv.*	von allen Seiten, von überallher	
paucī, ae, a	wenige	*f. peu, i./s. poco*
venīre, veniō, vēnī, **ventum**	kommen	
ventum est	man kam	
vīs *f (Akk.* vim, *Abl.* vī)	Gewalt, Kraft, Menge	
recitāre, recitō	vortragen, vorlesen	*rezitieren*
facere, faciō, fēcī, **factum**	machen, tun, handeln	*factum, e. fact, i. fatto*
vincere, vincō, vīcī, **victum**	(be)siegen, übertreffen	*victor*
interficere, interficiō, interfēcī, **interfectum**	töten, vernichten	
alius ... alius	der eine ... der andere	
laedere, laedō, laesī, **laesum**	beschädigen, verletzen, beleidigen	
comprehendere, comprehendō, comprehendī, **comprehēnsum**	begreifen, ergreifen, festnehmen	*e. comprehend, f. comprendre*

Fortsetzung ⤍⤑

57

W	conicere, coniciō, coniēcī, coniectum	(zusammen)werfen, folgern, vermuten	
	invenīre, inveniō, invēnī, inventum	finden, erfinden	*Inventar, Inventur, e. invent*
	mittere, mittō, mīsī, **missum**	(los)lassen, schicken, werfen	*Mission, e./f. mission*

F Verben: Stammformen

Hier lernst du weitere Beispiele für die unregelmäßige Bildung wichtiger Stammformen:

Inf. Präs.	1. Pers. Präs. Aktiv	1. Pers. Perf. Aktiv	PPP
vidēre	videō	vīdī	**vīsum**
rīdēre	rīdeō	rīsī	**rīsum**
venīre	veniō	vēnī	**ventum**
invenīre	inveniō	invēnī	**inventum**
dūcere	dūcō	dūxī	**ductum**
comprehendere	comprehendō	comprehendī	**comprehēnsum**
reprehendere	reprehendō	reprehendī	**reprehēnsum**
mittere	mittō	mīsī	**missum**
trahere	trahō	trāxī	**tractum**
vincere	vincō	vīcī	**victum**
laedere	laedō	laesī	**laesum**
capere	capiō	cēpī	**captum**
facere	faciō	fēcī	**factum**
interficere	interficiō	interfēcī	**interfectum**
conicere	coniciō	coniēcī	**coniectum**
īre	eō	iī	**itum**

58

Wiederholungswörter

W

cōnspectus, ūs *m*	Anblick, Blickfeld	cūra	Pflege, Sorge
cum *Subj.*	als (plötzlich); (immer) wenn	vōx, vōcis *f*	Stimme, Äußerung, Laut
altus, a, um	hoch, tief	complēre, compleō, complēvī	anfüllen, auffüllen

Lernwörter

calamitās, calamitātis *f*	Schaden, Unglück	
Eurōpa	Europa *(die Tochter des phönizischen Königs Agenor)*	
lītus, lītoris *n*	Küste, Strand	*Lido, i. lido*
virgō, virginis *f*	Mädchen, Jungfrau	*e. virgin, i. vergine, s. virgen*
taurus	Stier	*Torero, s. toro*
cōnsīdere, cōnsīdō, cōnsēdī, cōnsessum	sich setzen, sich niederlassen	*sedēre*
praeclārus, a, um	großartig	*clārus*
tangere, tangō, tetigī, tāctum	berühren	*Kon-takt, Tangente*
tergum	Rücken	
perterrēre, perterreō, perterruī, perterritum	sehr erschrecken, einschüchtern	*per, terrēre*
gravis, e	schwer	
redīre, redeō, rediī, reditum	zurückgehen, zurückkehren	*īre*
animadvertere, animadvertō, animadvertī, animadversum *m. AcI / Akk.*	bemerken	*animus, ad, vertere*
accipere, accipiō, accēpī, **acceptum**	erhalten, erfahren, annehmen	*ad, capere, akzeptieren, e. accept*
at	aber, dagegen, jedoch	
dēdūcere, dēdūcō, **dēdūxī, dēductum**	wegführen, hinführen	*dē, dūcere*
rapere, rapiō, rapuī, **raptum**	wegführen, rauben, wegreißen	
mūtāre, mūtō	(ver)ändern, verwandeln	*Mutation, mutieren*
amōre capī	von Liebe ergriffen werden	*amor, capere*

F   Verben: Passiv (Plusquamperfekt, Futur II)

→ **Plusquamperfekt Passiv**

	Singular	Plural
1. Person	vocā-**tus, a, um eram**	vocā-**tī, ae, a erāmus**
2. Person	vocā-**tus, a, um erās**	vocā-**tī, ae, a erātis**
3. Person	vocā-**tus, a, um erat**	vocā-**tī, ae, a erant**

→ **Futur II Passiv**

	Singular	Plural
1. Person	vocā-**tus, a, um erō**	vocā-**tī, ae, a erimus**
2. Person	vocā-**tus, a, um eris**	vocā-**tī, ae, a eritis**
3. Person	vocā-**tus, a, um erit**	vocā-**tī, ae, a erunt**

S1   Verwendung des Plusquamperfekt Passiv

Gaudebam, quod amici *servati erant.*

Ich freute mich, dass / weil meine Freunde *gerettet (worden) waren.*

Das Plusquamperfekt Passiv wird im Lateinischen genauso verwendet wie im Deutschen.

S2   Verwendung des Futur II Passiv

Si ab hostibus *victi erimus,* etiam urbs in periculo erit.

Wenn wir von den Feinden *besiegt werden (worden sind),* wird auch die Stadt in Gefahr sein.

Das Futur II Passiv wird wie das Futur II Aktiv im Deutschen in der Regel mit *Präsens* oder *Perfekt* wiedergegeben.

59

Wiederholungswörter

W

virtūs, virtūtis *f*	Tapferkeit, Tüchtigkeit, Leistung	ācer, ācris, ācre	energisch, heftig, scharf
contendere, contendō, contendī	sich anstrengen, kämpfen; eilen; behaupten	umquam *Adv.* līberāre	jemals befreien, freilassen

Lernwörter

Promētheus, Promētheī	Prometheus *(Göttersohn, Schöpfer der Menschen)*	
vinculum	Band, Fessel; *Pl.* Gefängnis	*i. vincolo, s./p. vínculo*
in vincula dare	fesseln, in Fesseln legen, gefangen nehmen	
interrogāre, interrogō	fragen	*rogāre, Interrogativpronomen*
statuere, statuō, statuī, statūtum	aufstellen, beschließen, festsetzen	*Statut*
mortālis, e	sterblich; *Subst.* Mensch	*mors, Salto mortale*
plēnus, a, um *(m. Gen.)* plēnus timōris	voll (von / mit) voller Angst	
ignis, ignis *m*	Feuer	
placet *m. Dat.* mihi placet	es gefällt jdm., jd. beschließt es gefällt mir, ich beschließe	*placēre, „Plazet"*
cōnstituere, cōnstituō, cōnstituī, cōnstitūtum	festsetzen, beschließen	*statuere, Konstitution, e./f. constitution*
necessārius, a, um	notwendig	*e. necessary*
bonō animō esse	guten Mutes sein, zuversichtlich sein	
relinquere, relinquō, relīquī, relictum	verlassen, zurücklassen	*reliquiae, Relikt*
modus	Art, Weise; Maß	*modal, Mode, modifizieren, Modus, e./f. mode*
eius modī / eiusmodī	derartig, so beschaffen	
torquēre, torqueō, torsī, **tortum**	drehen; quälen	*Tortur, Torte*
movēre, moveō, mōvī, **mōtum**	bewegen, beeindrucken	*E-motion, Motor, Motiv, e. motion*

141

S1 Genitiv der Beschaffenheit

res *eius modi*

eine Sache *von dieser Art*
eine *derartige* Sache

Der Genitiv kann die Beschaffenheit eines Substantivs bezeichnen (Genitivus qualitatis). Er gehört meist als Attribut zu diesem Substantiv.

res *magni pretii*

eine Sache *von großem Wert*
eine *wertvolle* Sache

taurus *ingentis corporis*

ein Stier *von / mit gewaltigem Körper*

Romani *magnae virtutis* erant.

Die Römer waren *von großer Tapferkeit.*
Die Römer waren *sehr tapfer.*

Manchmal tritt der Genitiv der Beschaffenheit auch als Prädikatsnomen (bei esse) auf.

S2 Ablativ der Beschaffenheit

Taurus *ingenti corpore* erat.

Der Stier war *von gewaltigem Körper.*
Der Stier hatte *einen gewaltigen Körper.*

Der Ablativ der Beschaffenheit (Ablativus qualitatis) bezeichnet eine Eigenschaft. Bei Formen von esse ist er als Prädikatsnomen aufzufassen und bildet mit der Form von esse das Prädikat.

Iuppiter *ira acri* fuit.

Jupiter war *von heftigem Zorn.*
Jupiter war *sehr zornig.*

puella *magno ingenio*

ein Mädchen *von großer Begabung*
ein *sehr begabtes* Mädchen

Manchmal wird ein Ablativ der Beschaffenheit wie der Genitiv der Beschaffenheit auch attributiv verwendet.

60

Wiederholungswörter

W

fuga	Flucht	dēsīderāre	sich sehnen nach, vermissen
laetitia	Freude	sollicitāre	aufhetzen, beunruhigen, erregen
prohibēre *(ā m. Abl.)*	abhalten (von), hindern (an)	sōl, sōlis *m*	Sonne
captīvus	Kriegsgefangener	inīre, ineō, iniī	hineingehen (in), beginnen

Lernwörter

Daedalus	Dädalus *(berühmter Baumeister und Erfinder aus Athen)*	
Īcarus	Ikarus *(der Sohn des Dädalus)*	
somnus	Schlaf	
condere, condō, condidī, conditum	verwahren, verbergen; erbauen, gründen	
mora	Aufenthalt, Verzögerung	
nēmō, nēminis	niemand	
retinēre, retineō, retinuī, retentum	zurückhalten, festhalten, behalten	*tenēre, e. retain, f. retenir*
lātus, a, um	breit, ausgedehnt	
volāre, volō	fliegen, eilen	*Voliere, f. voler, i. volare, s. volar*
priusquam *Subj.* Aderam, priusquam vēnistī.	bevor, eher als Ich war da, bevor du gekommen bist. Ich war eher da, als du gekommen bist.	
vītāre, vītō	meiden, vermeiden	
unda	Welle, Gewässer	*i./s./p. onda*
āēr, āeris *m*	Luft	*Mal-aria, e./f. air, i. aria*
addūcere, addūcō, **addūxī**, adductum	heranführen, veranlassen	*ad, dūcere*
solvere, solvō, solvī, solūtum vincula solvere poenam solvere	lösen, auflösen; bezahlen die Fesseln lösen Strafe bezahlen, bestraft werden	*solvent, e./f. solution*
vehemēns, vehementis	energisch, heftig	*vehement*

143

S Verwendung des Partizip Perfekt Passiv (PPP)

→ **Erscheinungsform**

Europa timore *capta* clamavit.

Die von Angst *ergriffene Europa* schrie.

Das PPP (hier: capta) steht in KNG-Kongruenz zu einem Nomen (Substantiv, Eigenname oder Pronomen) des Satzes (hier: Europa). Wegen dieser Zugehörigkeit zu einem Nomen wird es als **Participium coniunctum** (verbundenes Partizip) bezeichnet.
Da das Partizip eine Verbform ist, können auch Objekte und / oder Adverbialien (hier: timore) davon abhängen. Diese werden in der Regel vom Partizip und vom Bezugswort „eingerahmt"; man nennt dies auch „geschlossene Wortstellung".

→ **Das Participium coniunctum als satzwertige Konstruktion**

Europa a Iove capta est.
Europa clamavit.

Europa wurde von Jupiter ergriffen.
Europa schrie.

Wie den AcI (vgl. 34 S) kann man auch das Participium coniunctum als einen eigenständigen Aussagesatz verstehen, der in einen anderen Satz eingefügt ist. Deshalb bezeichnet man das Participium coniunctum als **satzwertige Konstruktion**.

Europa *a Iove* **capta** clamavit.

Die *von Jupiter* **ergriffene** Europa schrie.

Prometheus ignem e caelo rapuit.

Prometheus ignem e caelo raptum hominibus donavit.

→ **Satzgliedfunktion**

Europa a Iove *capta* clamavit.

Die Partizipialkonstruktion a Iove capta kann als Attribut (zu Europa) oder Adverbiale (zu clamavit) aufgefasst werden. Daher gibt es manchmal mehrere Möglichkeiten der Wiedergabe:

→ **Übersetzungsmöglichkeiten**

		Europa a Iove **capta** clamavit.
als **Attribut**:	wörtlich	→ **Die** von Jupiter **ergriffene Europa** schrie.
		→ **Europa,** von Jupiter **ergriffen,** schrie.
	mit Relativsatz	→ **Europa, die** von Jupiter **ergriffen worden war,** schrie.
als **Adverbiale**:	mit Adverbialsatz *weil, nachdem*	→ **Europa** schrie, **weil (nachdem) sie** von Jupiter **ergriffen worden war.**
		Iuppiter rapuit **Europam** timore **sollicitatam.**
	obwohl	→ Jupiter raubte **Europa, obwohl sie** von Furcht **beunruhigt (worden) war.**

Bei der Übersetzung mit einem Adverbialsatz passen oft die deutschen Subjunktionen *weil* oder *nachdem*. Manchmal erfordert der Sinn einen Adverbialsatz mit *obwohl*. Andere Sinnrichtungen treten nur sehr selten auf.

Bei der Übersetzung musst du prüfen, ob das Participium coniunctum als Adverbiale aufzufassen ist und wie ggf. die Sinnrichtung im jeweiligen Zusammenhang durch eine treffende deutsche Subjunktion deutlich gemacht werden kann.

Sinnrichtung	Subjunktion
temporal	nachdem, als
kausal	weil, da
konzessiv	obwohl

→ **Zeitverhältnis**

Das **PPP** zeigt an, dass das im Participium coniunctum ausgedrückte Geschehen vor dem des Prädikats stattgefunden hat. Es bezeichnet also die **Vorzeitigkeit** (Partizip der Vorzeitigkeit). Daher ist häufig eine Übersetzung mit *nachdem* möglich.

Beachte die **Grundregel** für das **Deutsche**: Bei Vorzeitigkeit zu einem Präsens oder Futur steht im Gliedsatz das Perfekt, bei Vorzeitigkeit zu einem Vergangenheitstempus steht im Gliedsatz das Plusquamperfekt.

M **Übersetzen: Partizipien analysieren**

Da Partizipien im Lateinischen sehr häufig vorkommen, sie aber nicht selten die Ursache von Fehlern in der Übersetzung sind, solltest du dir von Anfang an eine praktikable Methode zurechtlegen, mit der du Schritt für Schritt von der Analyse zu einer richtigen Übersetzung kommst.

1. Zunächst musst du erkennen, dass ein Satz ein PPP enthält.

Erkennungsmerkmale	Beispiel
a) Ein PPP hat **Endungen** wie ein Adjektiv der **a- und o-Deklination**.	vocatus, a, um; missus, a, um
b) Es lässt sich auf ein **Verb** zurückführen.	vocatus ← *vocare;* missus ← *mittere*
c) Entweder es endet auf **-tus, -ta, -tum** (regelmäßige Bildung) oder du kennst es als **vierte Form** einer **Stammformenreihe**.	voca-*tus,* voca-*ta,* voca-*tum* mittere, mitto, misi, *missum*

2. Unterscheide dann die beiden Funktionen, die ein PPP übernehmen kann.

Funktionen	Beispiel
a) Entweder es dient der **Zeitenbildung** (Perf. Passiv, Plusqpf. Passiv oder Futur II Passiv). **Erkennungsmerkmal:** Es kommt zusammen mit einer Form von esse vor. In diesem Fall kannst du einfach die entsprechende Verbform übersetzen.	Prometheus curis gravibus **motus erat**. Prometheus **war** von schweren Sorgen **bewegt (worden)**. PPP mit esse → Zeitenbildung
b) Oder es kommt als Participium coniunctum („**PC**") in einer **Partizipialkonstruktion** vor. **Erkennungsmerkmale:** Es steht ohne esse; es hat ein Bezugswort, mit dem es in KNG-Kongruenz steht. In diesem Fall lohnt sich eine genauere Analyse.	Hercules **Prometheo** curis gravibus **moto** aderat. PPP ohne esse → PC

3. Analysiere das „**PC**" auf folgende Weise. Übertrage dazu zunächst den Satz, der das „PC" enthält, in dein Heft. Wenn du einige Übung hast, kannst du die Markierung auch in Gedanken vornehmen:

Analyse	Beispiel
a) Markiere zuerst das „PC" und sein Bezugswort.	Hercules **Prometheo** curis gravibus **moto** aderat.
b) Isoliere dann durch Einklammern den Wortblock, der aus dem Partizip und den davon abhängigen Ergänzungen besteht. (Das Bezugswort bleibt außerhalb der Klammer.)	Hercules **Prometheo** (curis gravibus **moto**) aderat.
c) Übersetze den Satz ohne diesen Wortblock.	Herkules half Prometheus.
d) Übersetze den eingeklammerten Wortblock wörtlich und mit Relativsatz.	**wörtlich:** **dem** von schweren Sorgen **bewegten** (Prometheus)
	Relativsatz: (Prometheus), **der** von schweren Sorgen **bewegt (worden) war**
e) Überprüfe, ob du ihn sinnvoll mit einem Adverbialsatz wiedergeben kannst. (Das „PC" kommt als Adverbiale am häufigsten vor.)	**Adverbialsatz:** **weil er** von schweren Sorgen **bewegt (worden) war**
f) Übersetze den ganzen Satz.	Weil Prometheus von schweren Sorgen bewegt (worden) war, half ihm Herkules.

Wenn das PPP bestimmter Verben mit dem Ablativ von Substantiven verbunden ist, die Gefühle ausdrücken, lässt es sich besonders leicht mit einem knappen Präpositionalausdruck wiedergeben. Häufig finden sich – in unterschiedlichen Kombinationen – die folgenden Wendungen:

amore		aus Liebe
spe	motus	aus Hoffnung
laetitia		aus Freude
ira	captus	aus Zorn
cura		aus Sorge
timore metu	adductus	aus Angst

ira		aus Zorn
cura	sollicitatus	aus Sorge
timore metu		aus Angst

61

W Wiederholungswörter

excitāre	erregen, ermuntern, wecken	vix *Adv.*	kaum, (nur) mit Mühe
noctū *Adv.*	nachts	nāvigium	Schiff
lacrima	Träne	sevērus, a, um	streng, hart
nōnne?	(etwa) nicht?	patefacere, patefaciō, patefēcī	aufdecken, öffnen

Lernwörter

Ariadna	Ariadne *(Tochter des Königs Minos)*	
Thēseus, Thēseī	Theseus *(athenischer Held)*	
fraus, fraudis *f*	Betrug, List	
clam *Adv.*	heimlich	
fōrmōsus, a, um	schön, hübsch	*fōrma*
affirmāre, affirmō	behaupten, bestätigen	
Mīnotaurus	der Minotaurus *(ein halb stier-, halb menschengestaltiges Ungeheuer)*	
immānis, e	furchtbar, schrecklich	
contemnere, contemnō, contempsī, contemptum	verachten, nicht beachten	*e. contempt*
miseria	Not, Unglück	*miser, Misere, e. misery, f. misère*
dēsīderium *(m. Gen.)*	Sehnsucht, Verlangen (nach)	*dēsīderāre, Désirée, e. desire*
dēsīderium tuī	Sehnsucht nach dir	

Wortbilder

61

Übersetzen: Partizipien wiedergeben

Damit du bei der Übersetzung eines Participium coniunctum („PC") den Sinn genau triffst, den der Zusammenhang des Textes nahelegt, lohnt es sich immer zu überprüfen, ob das „PC" mit einem Adverbialsatz wiedergegeben werden sollte oder ob nur die wörtliche Übersetzung bzw. die Wiedergabe mit Relativsatz in Frage kommt.

Duae puellae in ludo sunt.
Hic sedet puella a magistro *laudata*,
ibi puella *reprehensa*.

Zwei Mädchen sind in der Schule.
Hier sitzt das vom Lehrer gelobte Mädchen
(das Mädchen, das vom Lehrer gelobt worden ist),
dort das ausgeschimpfte Mädchen
(das Mädchen, das ausgeschimpft worden ist).

In diesem Fall passt eine **wörtliche Übersetzung** oder eine Wiedergabe mit **Relativsatz**; die Partizipien laudata und reprehensa sind nämlich als Attribute zu puella aufzufassen, nach denen man *„was für ein?"* fragt.

Iulia a magistro *laudata* gaudet;
Cornelia *reprehensa* tristis est.

Julia freut sich, weil sie vom Lehrer gelobt worden ist; Cornelia ist traurig, weil sie ausgeschimpft worden ist.

Hier liegt die Übersetzung mit **Adverbialsatz** nahe, da die beiden Partizipien als Adverbialien die jeweiligen Prädikate gaudet und tristis est näher erläutern.
Ausgehend vom Prädikat passen als Fragen z.B. *„warum?"* oder *„wann?"*.

62

W Wiederholungswörter

sacrum	Opfer, Heiligtum	līberī, ōrum *m Pl.*	Kinder
licet	es ist erlaubt, es ist möglich	ille, illa, illud	jener, jene, jenes
septem *indekl.*	sieben	superbus, a, um	stolz, überheblich

Lernwörter

Lātōna	Latona *(Göttin)*	
colere, colō, coluī, cultum	bewirtschaften, pflegen; verehren	*kultivieren, Kult, Kultur, e./f. culture*
agrōs colere	die Felder bewirtschaften	
deōs colere	die Götter verehren	
ipse, ipsa, ipsum	(er, sie, es) selbst; persönlich;	
(Gen. **ipsīus***, Dat.* **ipsī***)*	gerade; sogar *(hervorhebend)*	
Nioba	Niobe *(Königin von Theben)*	
āra	Altar	*Alt-ar*
Tantalus	Tantalus *(Sohn des Jupiter)*	
superī, superōrum *m Pl.*	die Götter	
appellāre, appellō *m. dopp. Akk.*	anrufen; nennen	*appellieren, Appell*
dīcere, dīcō, dīxī, dictum	sagen, sprechen;	
m. dopp. Akk.	nennen, bezeichnen (als)	
putāre, putō	glauben, meinen;	
m. dopp. Akk.	halten für	
nōmināre, nōminō	nennen	*nōmen, nominieren, Nominativ*
aestimāre, aestimō	einschätzen, beurteilen;	
m. dopp. Akk.	halten für	
potēns, potentis	mächtig, stark	*posse, potestās, potent*
legere, legō, lēgī, lēctum	lesen; auswählen	*Lektion, Lektor, Lektüre*
parere, pariō, peperī, partum	zur Welt bringen, gebären; schaffen	
fīlium parere	einen Sohn zur Welt bringen	
glōriam parere	(sich) Ruhm (ver)schaffen	
dūcere, dūcō, dūxī, ductum	führen, ziehen;	
m. dopp. Akk.	halten für	

150

in *Präp. m. Akk.*	in (… hinein); nach *(wohin?)*; gegen
vindicāre, vindicō	beanspruchen, bestrafen;
in *m. Akk.*	vorgehen gegen
omnia sibi vindicāre	alles für sich beanspruchen
dolum vindicāre	eine List bestrafen
in hostēs vindicāre	gegen die Feinde vorgehen
reddere, reddō, reddidī,	zurückgeben, etwas zukommen lassen; *dare*
redditum *m. dopp. Akk.*	jdn. zu etw. machen
nefārius, a, um	gottlos, verbrecherisch
Apollō, Apollinis *m*	Apollon *(Gott der Künste)*
facere, faciō, fēcī, factum	machen, tun, handeln;
m. dopp. Akk.	jdn. zu etw. machen

dīcere, dīcō, dīxī, dictum	sagen, sprechen; *m. dopp. Akk.* nennen, bezeichnen (als)
appellāre, appellō	anrufen; *m. dopp. Akk.* nennen
facere, faciō, fēcī, factum	machen, tun, handeln; *m. dopp. Akk.* jdn. zu etw. machen
putāre, putō	glauben, meinen; *m. dopp. Akk.* halten für
dūcere, dūcō, dūxī, ductum	führen, ziehen; *m. dopp. Akk.* halten für
nōmināre, nōminō	nennen
aestimāre, aestimō	einschätzen, beurteilen; *m. dopp. Akk.* halten für
reddere, reddō, reddidī, redditum	zurückgeben, etw. zukommen lassen;
	m. dopp. Akk. jdn. zu etw. machen

Pronomen ipse   F

ipse, ipsa, ipsum   *(er, sie, es) selbst*

	Singular			Plural		
	m	*f*	*n*	*m*	*f*	*n*
Nominativ	ipse	ipsa	ipsum	ipsī	ipsae	ipsa
Genitiv		ipsīus		ipsōrum	ipsārum	ipsōrum
Dativ		ipsī			ipsīs	
Akkusativ	ipsum	ipsam	ipsum	ipsōs	ipsās	ipsa
Ablativ	ipsō	ipsā	ipsō		ipsīs	

S1 Pronomen ipse: Verwendung

se *ipsum* vincere

sich *selbst* besiegen

Das Pronomen ipse dient zur Hervorhebung einer Person oder Sache.
Deshalb kann es auch die Bedeutungen *gerade*, *eben*, *genau*, *persönlich*, *unmittelbar*, *allein*, *sogar* haben.

Hercules *ipse*

Herkules *persönlich*

hac *ipsa* nocte

gerade in dieser Nacht

post *ipsum* campum

unmittelbar hinter dem Feld

virtus *ipsa*

allein die Leistung

S2 Doppelter Akkusativ

Homines *Herculem virum fortem* dicebant.
Die Menschen nannten *Herkules einen tapferen Mann.*

Homines *Herculem fortem* putabant.
Die Menschen hielten *Herkules für tapfer.*

Ein doppelter Akkusativ entsteht meist dadurch, dass nach bestimmten Verben zu einem Akkusativobjekt (hier: Herculem) ein Prädikatsnomen tritt (hier: virum fortem bzw. fortem), das mit dem Akkusativobjekt in Kongruenz steht.

Der doppelte Akkusativ tritt unter anderem bei den folgenden Verben auf:

dicere, vocare, appellare, nominare	*m. dopp. Akk.*	nennen, bezeichnen (als)
ducere, putare, aestimare	*m. dopp. Akk.*	halten für
facere, reddere	*m. dopp. Akk.*	machen zu

Hercules fortis dicebatur.

Herkules wurde *als tapfer* bezeichnet.

Im Passiv steht bei diesen Verben ein doppelter Nominativ.

63

Wiederholungswörter

W

marītus	Ehemann	sors, sortis *f*	Los, Orakelspruch, Schicksal
dēscendere, dēscendō, dēscendī	herabsteigen	tribuere, tribuō, tribuī	schenken, zuteilen
umbra	Schatten	tenebrae, ārum *f Pl.*	Dunkelheit, Finsternis

Lernwörter

Eurydica	Eurydike *(Gattin des Orpheus)*	
Orpheus, Orpheī	Orpheus *(berühmter thrakischer Sänger)*	
nūbere, nūbō, nūpsī, nūptum *m. Dat.*	heiraten	
iuvenī nūbere	einen jungen Mann heiraten	
coniūnx, coniugis *m/f*	Gatte, Gattin	
Tartarus	der Tartarus, die Unterwelt	
nōn sōlum ..., sed etiam	nicht nur ..., sondern auch	
commovēre, commoveō, commōvī, commōtum	bewegen, veranlassen	*movēre*
acerbus, a, um	bitter, grausam, rücksichtslos	*ācer*
iubēre, iubeō, iussī, iussum *(m. Akk.)*	anordnen, befehlen	*Jussiv*
Servum labōrāre iubeō.	Ich befehle dem Sklaven zu arbeiten.	
	Ich befehle, dass der Sklave arbeitet.	
simul *Adv.*	gleichzeitig, zugleich	*simultan*
condiciō, condiciōnis *f*	Bedingung, Lage, Verabredung	*Konditionalsatz, e./f. condition*
vetāre, vetō, vetuī, vetitum *(m. Akk.)*	verbieten	*Veto*
Tē abīre vetō.	Ich verbiete dir wegzugehen.	
	Ich verbiete, dass du weggehst.	
respicere, respiciō, respexī, respectum	zurückblicken, berücksichtigen	*respektieren, Respekt, e. respect, f. respecter, s. respetar*
redūcere, redūcō, redūxī, reductum	zurückführen, zurückziehen	*dūcere, reduzieren, e. reduce*
flectere, flectō, flexī, flexum	biegen, (hin)lenken, umstimmen	*flektieren, Flexion, re-flektieren, flexibel, flechten*
perdere, perdō, perdidī, perditum	verlieren, verschwenden, zugrunde richten	*i. perdere, f. perdre, s./p. perder*

F   Partizip Präsens Aktiv (PPA)

Beispiel: **vocāns**   *rufend*

	Singular			Plural		
	m	*f*	*n*	*m*	*f*	*n*
Nominativ	vocā-**ns**			voca-**nt-ēs**		voca-**nt-ia**
Genitiv	voca-**nt-is**			voca-**nt-ium**		
Dativ	voca-**nt-ī**			voca-**nt-ibus**		
Akkusativ	voca-**nt-em**		vocā-**ns**	voca-**nt-ēs**		voca-**nt-ia**
Ablativ	voca-**nt-e**			voca-**nt-ibus**		

(voca-**ns** aus voca-**nt-s**)

Das Partizip Präsens Aktiv zu Verben der a- und e- Konjugation wird gebildet, indem zwischen den Präsensstamm und die Endung der 3. Deklination -**nt**- eingefügt wird:

vocāns, vocan**t**is
monēns, monen**t**is

PPA zu velle: volēns, volen**t**is
PPA zu īre: iēns, eun**t**is

Bei der i- und der konsonantischen Konjugation wird der Stamm durch ein -**e**- erweitert:

audi-ē-ns, audien**t**is
ag-ē-ns, agen**t**is
capi-ē-ns, capien**t**is

S   Verwendung des Partizip Präsens Aktiv

→ Das Partizip Präsens Aktiv als Participium coniunctum

Icarus clamans in mare cecidit.

Ikarus stürzte *schreiend* ins Meer.

Das Partizip Präsens Aktiv (hier: clamans) steht – wie das PPP – als Participium coniunctum in Kongruenz zu einem Nomen (hier: Icarus). Auch die Partizipialkonstruktion mit einem Partizip Präsens Aktiv ist eine satzwertige Konstruktion.

Icarus patri non *parens* in mare cecidit.

(Dem Vater nicht *gehorchend* stürzte *Ikarus* ins Meer.)

Da das Partizip Präsens eine aktive Verbform ist, können Adverbialien und Objekte (hier: patri) von ihm abhängen.

63

→ Satzgliedfunktion

> *Puer* patri non *parens* in mare cecidit.

Die Partizipialkonstruktion mit einem Partizip Präsens (hier: parens) kann als Attribut (hier: zu puer) oder als Adverbiale (hier: zu cecidit) aufgefasst werden. Daher sind mehrere Möglichkeiten der Wiedergabe im Deutschen zu bedenken:

→ Übersetzungsmöglichkeiten

		Puer patri non **parens** in mare cecidit.
als **Attribut**:	wörtlich (selten)	→ Der dem Vater nicht **gehorchende Junge** stürzte ins Meer.
	mit Relativsatz	→ **Der Junge, der** dem Vater nicht **gehorchte,** stürzte ins Meer.
als **Adverbiale**:	mit Adverbialsatz *weil, als*	→ **Der Junge** stürzte ins Meer, **weil (als)** er dem Vater nicht **gehorchte**.
		Daedalus per aerem **volans** Cretam reliquit.
	indem; dadurch, dass	→ **Dädalus** verließ Kreta, **indem (dadurch, dass) er** durch die Luft **flog**.
		Daedalus in patriam **veniens** (tamen) infelix erat.
	obwohl	→ **Obwohl Dädalus** in seine Heimat **kam**, war er (dennoch) unglücklich.

Beim PPA gibt es die gleichen Sinnrichtungen wie beim PPP; manchmal erfordert der Sinn einen Adverbialsatz mit *indem (dadurch, dass).*

Sinnrichtung	Subjunktion
temporal	während, als
kausal	weil, da
konzessiv	obwohl
modal	indem; dadurch, dass; wobei

→ Zeitverhältnis

Das im **Partizip Präsens Aktiv** ausgedrückte Geschehen ist gleichzeitig zu dem des Prädikats; es bezeichnet also die **Gleichzeitigkeit** (Partizip der **Gleichzeitigkeit**). Daher ist oft eine Übersetzung mit *während* möglich.

Beachte die **Grundregel** für das **Deutsche**: Bei Gleichzeitigkeit zu einem Präsens oder Futur steht im Gliedsatz das Präsens, bei Gleichzeitigkeit zu einem Vergangenheitstempus steht im Gliedsatz das Präteritum.

155

64

W Wiederholungswörter

dēdūcere, dēdūcō, dēdūxī, dēductum	wegführen, hinführen	laetus, a, um	froh; fruchtbar
		resistere, resistō, restitī	stehen bleiben; Widerstand leisten
convenīre, conveniō, convēnī	zusammenkommen, zusammenpassen, besuchen	ingēns, ingentis	gewaltig, ungeheuer
		mōns, montis *m*	Berg
apud *Präp. m. Akk.*	bei	summus, a, um	der höchste, oberste

Lernwörter

Sīsyphus	Sisyphos *(König von Korinth)*	
īnferī, īnferōrum *m Pl.*	die Bewohner der Unterwelt, Unterwelt	*Inferno*
fallere, fallō, fefellī	täuschen, betrügen	
brevī (tempore)	nach kurzer Zeit, bald (darauf)	
immō *Adv.*	im Gegenteil, ja sogar	
premere, premō, pressī, pressum	(unter)drücken, bedrängen	*De-pression, Presse, pressen, e. press, f. presser*
regere, regō, rēxī, rēctum	beherrschen, leiten, lenken	*rēx, regieren*
obsecrāre, obsecrō	anflehen, bitten	
dēbēre, dēbeō, dēbuī, dēbitum	müssen, sollen; schulden	*f. devoir, s. deber*
prōmittere, prōmittō, prōmīsī, prōmissum	versprechen	*mittere, e. promise*
fidēs, fideī *f*	Glaube, Treue, Vertrauen, Zuverlässigkeit	*per-fide, f. foi, i. fede, s. fe, p. fé*
fidem servāre	die Treue halten; sein Wort halten	
effugere, effugiō, effūgī *(m. Akk.)*	entfliehen, entkommen	*fugere*
dēligere, dēligō, dēlēgī, dēlēctum	(aus)wählen	*dē, legere*
saxum	Fels, Stein	*i. sasso*
volvere, volvō, volvī, volūtum	rollen, wälzen; überlegen	*E-volution, Re-volution, Re-volver*
summus mōns *m*	Berggipfel, die höchste Stelle des Berges	

Partizip als Adverbiale: Überblick

→ Übersetzungsmöglichkeiten

Das Participium coniunctum (PPA oder PPP) tritt häufig als Adverbiale auf. Dann stehen drei Möglichkeiten der Wiedergabe zur Verfügung:

	Orpheus amore **motus** in Tartarum descendit.
1. Adverbialsatz	→ **Weil Orpheus von Liebe bewegt (worden) war**, stieg er in die Unterwelt hinab.
2. Präpositionalausdruck	→ **Aus Liebe** stieg **Orpheus** in die Unterwelt hinab.
3. Beiordnung (mit einem Adverb, das die Sinnrichtung angibt)	→ **Orpheus war** von Liebe **bewegt und** stieg **deshalb** in die Unterwelt hinab.

→ Sinnrichtungen

Die Sinnrichtung bei einem adverbial gebrauchten Partizip wird im Lateinischen sprachlich meist nicht ausgedrückt. Daher ist für eine treffende deutsche Wiedergabe der logische Zusammenhang des Satzes bzw. Textes zu beachten. Die folgende Tabelle bietet eine Übersicht über die verschiedenen Sinnrichtungen und gibt an, mit welchen

→ **Subjunktionen** (im Adverbialsatz),
→ **Präpositionen** (im Präpositionalausdruck) oder
→ **Adverbien** (in der Beiordnung)

sie ausgedrückt werden können:

Sinnrichtung		Adverbialsatz	Präpositionalausdruck	Beiordnung
temporal	vorzeitig	nachdem, als	nach	(und) dann
	gleichzeitig	während, als	während, bei	(und) dabei
kausal		weil, da	wegen	(und) deshalb
konditional		wenn, falls	im Falle	–
konzessiv		obwohl	trotz	(aber) trotzdem, (aber) dennoch
modal		indem; dadurch, dass; wobei	bei, durch	(und) so

→ Beispiele

temporal	**Eurydica** ab animali **interfecta** in Tartarum venit.
	Nachdem (als) Eurydike von einem Tier **getötet worden war**, kam sie in die Unterwelt.
kausal	**Orpheus** uxorem **desiderans** in Tartarum descendit.
	Weil (da) Orpheus sich nach seiner Frau **sehnte**, stieg er in die Unterwelt hinab.
konditional	Orpheus speravit: **Pluto** carmina mea **audiens** gaudebit.
	Orpheus hoffte: **Wenn (falls)** Pluto meine Lieder **hört**, wird er sich freuen.
konzessiv	Orpheus iterum amisit **uxorem** a Plutone **redditam**.
	Orpheus verlor **seine Frau** wieder, **obwohl sie** (ihm) von Pluto **zurückgegeben worden war**.
modal	**Orpheus** carmina pulchra **cantans** homines deosque commovit.
	Indem (dadurch, dass) Orpheus schöne Lieder **sang**, bewegte er Menschen und Götter.

→ Zeitverhältnis

Carmina pulchra **cantans**	Das **PPA** drückt die **Gleichzeitigkeit** mit dem Geschehen des Prädikats aus.
Orpheus deos commovit.	

A Iove **capta**	Europa clamavit.	Das **PPP** drückt die **Vorzeitigkeit** zum Geschehen des Prädikats aus.

„Eselsbrücken"

super**i**	→	Die **Götter** sind **super**, sie können alles.
fall**ere**	→	**Täusche** mich auf keinen **Fall**!
acerbus	→	Wenn ein **Bus** über den **Acker** fährt, ist das für den Bauern **bitter** und **grausam**, außerdem ziemlich **rücksichtslos**.
immo	→	**Im** Mondlicht sind Bäume nicht frisch und grün. **Im Gegenteil**, sie wirken fahl, **ja sogar** gespenstisch.
volv**ere**	→	Ich **überlege**, ob ich mir einen **Volvo** kaufe; der **rollt** lange Zeit.

65

Wiederholungswörter

magis ... quam	mehr ... als	accidere, accidō, accidī	geschehen, sich ereignen
speciēs, speciēī f	Anblick, Aussehen, Schein	mīles, mīlitis m	Soldat
cīvis, cīvis m	Bürger	dum Subj.	während, solange, bis
circum Präp. m. Akk.	rings um, um ... herum	pauper, pauperis	arm

Lernwörter

senex, senis m	Greis, alter Mann	*senātor, senātus, senil*
vestis, vestis f (Gen. Pl. -ium)	Kleidung, Pl. Kleider	*Weste*
neglegere, neglegō, neglēxī, neglēctum	nicht (be)achten, vernachlässigen	*e. neglect, f. négliger*
iuvāre, iuvō, iūvī m. Akk.	unterstützen, helfen; erfreuen	
quaerere ex / dē	jdn. fragen	*e. question*
pretium ē mercātōre quaerere	den Händler nach dem Preis fragen	
prōvidēre, prōvideō, prōvīdī, prōvīsum	m. Akk. vorhersehen; m. Dat. sorgen für	*prō, vidēre, Provision*
perīculum prōvidēre	eine Gefahr vorhersehen	
cīvibus prōvidēre	für die Bürger sorgen	
praeesse, praesum, praefuī m. Dat.	leiten, an der Spitze stehen	*esse, Präsenz*
Imperātor mīlitibus praeest.	Der Feldherr steht an der Spitze der Soldaten.	
prō Präp. m. Abl.	vor; anstelle von, für	*pro und contra*
prō domō sedēre	vor dem Haus sitzen	
prō amīcō respondēre	für den Freund antworten, anstelle des Freundes antworten	
parcere, parcō, pepercī m. Dat.	schonen, verschonen	
captīvīs parcere	die Kriegsgefangenen (ver)schonen	
cōnsulere, cōnsulō, cōnsuluī, cōnsultum	m. Akk. um Rat fragen; m. Dat. sorgen für; in m. Akk. vorgehen gegen	*konsultieren, e. consult*
deōs cōnsulere	die Götter um Rat fragen	
sociīs cōnsulere	für die Verbündeten sorgen	
in hostēs cōnsulere	gegen die Feinde vorgehen	

Fortsetzung ⟶

65

plēbs, plēbis f	(nicht adeliges, einfaches) Volk
persuādēre, persuādeō, persuāsī, persuāsum *m. Dat.*	überreden, *(m. AcI)* überzeugen
senātōribus persuādēre	die Senatoren überzeugen
tribūnus	Tribun *(führender Vertreter eines Stadtbezirks, einer Legion oder der Plebs)*

---

iuvāre, iuvō, iūvī	*m. Akk.*	unterstützen, helfen; erfreuen
praeesse, praesum, praefuī	*m. Dat.*	leiten, an der Spitze stehen
parcere, parcō, pepercī	*m. Dat.*	schonen, verschonen
persuādēre, persuādeō, persuāsī, persuāsum	*m. Dat.*	überreden, überzeugen
prōvidēre, prōvideō, prōvīdī, prōvīsum	*m. Akk.*	vorhersehen;
	m. Dat.	sorgen für
cōnsulere, cōnsulō, cōnsuluī, cōnsultum	*m. Akk.*	um Rat fragen;
	m. Dat.	sorgen für;
	in *m. Akk.*	vorgehen gegen

S1 Verben mit abweichender Kasusrektion

Nonnulli servi *dominos* (Akk.) effugerunt.

Manche Sklaven entflohen *ihren Herren* (Dat.).

Romani *multis populis* (Dat.) imperabant.

Die Römer herrschten *über viele Völker* (Präpositionalausdruck).

Oft kann man einen lateinischen Akkusativ oder Dativ im Deutschen mit dem gleichen Kasus wiedergeben. Dies ist jedoch nicht immer möglich.

Bei lateinischen Verben, die einen **vom Deutschen abweichenden Kasus** verlangen („regieren"), ist dieser im Wortschatz angegeben.

Beachte dies vor allem bei den folgenden Verben:

imperāre	*m. Dat.*	befehlen, herrschen über
nūbere	*m. Dat.*	heiraten
parcere	*m. Dat.*	schonen, verschonen
praeesse	*m. Dat.*	an der Spitze stehen, leiten
persuādēre	*m. Dat.*	überreden, überzeugen

160

65

cūrāre	*m. Akk.*	pflegen, sorgen für
effugere	*m. Akk.*	entfliehen, entkommen
fugere	*m. Akk.*	fliehen vor, meiden
iubēre	*m. Akk.*	anordnen, befehlen
carēre	*m. Abl.*	frei sein von, ohne (etw.) sein, nicht haben

Verben mit unterschiedlicher Kasusrektion   S2

Nonnulli Romani *servis* (Dat.) bene consulebant.

Einige Römer sorgten gut für ihre Sklaven.

Nonnulli Romani *servos* (Akk.) consulebant.

Manche Römer fragten ihre Sklaven um Rat.

Bei manchen Verben hängt die deutsche Bedeutung vom Kasus oder von der Konstruktion ab, die im Lateinischen nach dem Verb steht.

Wichtig sind dazu die folgenden Verben:

cōnsulere	*m. Dat.*	sorgen für
	m. Akk.	um Rat fragen
prōvidēre	*m. Dat.*	sorgen für
	m. Akk.	vorhersehen
quaerere	*m. Akk.*	suchen, erwerben wollen
	ex / de *m. Abl.*	jdn. fragen

Verwechslungs- gefahr	parare parēre párere parcere	praebere praestare praeesse	vidi (← videre) vici (← vincere) vixi (← vivere)	iussi (← iubere) iuvi (← iuvare)

66

W Wiederholungswörter

salūs, salūtis *f*	Gesundheit, Rettung, Gruß, Glück	accipere, accipiō, accēpī, acceptum	erhalten, erfahren, annehmen
castra, ōrum *n Pl.*	Lager		
nōnne?	(etwa) nicht?	priusquam *Subj.*	bevor, eher als

Lernwörter

cūrae esse	Sorge bereiten	
Coriolānus	Coriolan *(röm. Patrizier)*	
num? *(im Hauptsatz)*	etwa?	
dēserere, dēserō, dēseruī, dēsertum	im Stich lassen, verlassen	*desertieren, e. desert*
auxiliō venīre	zu Hilfe kommen	*auxilium, venīre*
crīminī dare	zum Vorwurf machen	*crīmen, dare*
ūsus, ūsūs *m*	Nutzen, Benutzung	*e. use*
ūsuī esse	von Nutzen sein, nützlich sein	*ūsus*
pōnere, pōnō, posuī, positum	(auf)stellen, (hin)legen, setzen	*Position, f. poser, s. poner*
efficere, efficiō, effēcī, effectum	bewirken, herstellen	*ex, facere, Effekt, e. effect*
āvertere, āvertō, āvertī, āversum	abwenden, vertreiben	*ā, vertere, Aversion*
perniciēī esse	Verderben bringen	*perniciēs*
alere, alō, aluī, altum	ernähren, großziehen	*„Alete", Eltern*
intrā *m. Akk.*	innerhalb (von)	*intra-venös*
intrā mūrōs	innerhalb der Mauern	
intrā decem annōs	innerhalb von zehn Jahren	
discere, discō, didicī	lernen, erfahren	
frangere, frangō, frēgī, frāctum	zerbrechen *(trans.)*	*fragil, Fragment, Fraktur*
Servus tabulam frangit.	Der Sklave zerbricht die Schreibtafel.	
Tabula frangitur.	Die Schreibtafel wird zerbrochen.	
	Die Schreibtafel zerbricht.	

cūrae esse	Sorge bereiten	ūsuī esse	von Nutzen sein, nützlich sein
auxiliō venīre	zu Hilfe kommen	perniciēī esse	Verderben bringen
crīminī dare	zum Vorwurf machen		

162

Dativ des Zwecks

S1

> Hoc *magno usui est.*
> Das *ist von großem Nutzen.*

> Tu mihi *curae es.*
> Du *bereitest* mir *Sorge.*

Der Dativ eines abstrakten Substantivs (z.B. usus, cura) gibt in Verbindung mit einer Form von esse an, welche Auswirkung oder welchen Zweck etwas hat (Dativus finalis).
Der Dativ des Zwecks ist als Prädikatsnomen aufzufassen und bildet zusammen mit der Form von esse das Prädikat.

Häufig sind folgende Ausdrücke:

usui esse	von Nutzen / nützlich sein
curae esse	Sorge bereiten
honori esse	Ehre einbringen
ornamento esse	als Schmuck dienen
perniciei esse	Verderben bringen

In einigen Wendungen tritt der Dativ des Zwecks (als Adverbiale) bei Vollverben auf; z.B.:

auxilio venire	zu Hilfe kommen
crimini dare	zum Vorwurf machen

Dativ des Vorteils

S2

> Pater et mater *liberis* provident.
> Der Vater und die Mutter sorgen *für die Kinder.*

Der Dativ des Vorteils (Dativus commodi) bezeichnet eine Person, für die eine Handlung geschieht bzw. zu deren Vorteil (oder Nachteil) etwas ist. Wir fragen *„für wen?"*.

Partizipien: Substantivierung

S3

amans	der / die Liebende
amantes	die Liebenden
victi	die Besiegten

Wie im Deutschen können im Lateinischen Partizipien substantiviert werden. Sie treten dann ohne Bezugswort auf.

67

W Wiederholungswörter

saxum	Fels, Stein	nox, noctis *f*	Nacht
hostis, hostis *m*	Feind (Landesfeind)	fallere, fallō, fefellī	täuschen, betrügen
iuvenis, iuvenis *m*	junger Mann; *Adj.* jung	excitāre	erregen, ermuntern, wecken
spēs, speī *f*	Erwartung, Hoffnung	vel	oder

Lernwörter

īdem, eadem, idem	derselbe, der gleiche	*Identität*
arx, arcis *f*	Burg	
dēsinere, dēsinō, dēsiī, dēsitum	aufhören	*dē, sinere*
Camillus	Camillus *(röm. Politiker und Feldherr, um 446–365 v. Chr.)*	
Gallus, a, um	gallisch; *Subst.* Gallier	
vestīgium	Fußsohle, Spur, Stelle	
silentium	Schweigen	*e. silence, f. silence, s. silencio*
cūstōs, cūstōdis *m/f*	Wächter(in)	*Küster, i. custode*
Iūnō, Iūnōnis *f*	Juno *(Ehefrau des Jupiter, Göttin der Ehe und der Frauen)*	*Juni*
sacer, sacra, sacrum *(m. Gen.)*	heilig, geweiht (jdm.)	*sakral, Sakrament, i./s. sacro*
tantus ... quantus	so groß ... wie (groß)	
tantum ... quantum	so viel ... wie (viel)	
haerēre, haereō, haesī	hängen, stecken bleiben	*ko-härent*
tot *indekl.*	so viele	
tot ... quot	so viele ... wie (viele)	
exercitus, exercitūs *m*	Heer	*exercēre*
proelium	Kampf, Schlacht	
quālis, e	wie (beschaffen), was für ein(e)	*Qualität*
tālis ... quālis	so beschaffen ... wie (beschaffen)	
īdem ... quī	derselbe ... wie	

Pronomen idem

īdem, éadem, idem   *derselbe, dieselbe, dasselbe*

	Singular			Plural		
	m	*f*	*n*	*m*	*f*	*n*
Nominativ	īdem	éadem	idem	eīdem / iīdem	eaedem	éadem
Genitiv		eiusdem		eōrundem	eārundem	eōrundem
Dativ		eīdem			eīsdem / iīsdem / īsdem	
Akkusativ	eundem	eandem	idem	eōsdem	eāsdem	éadem
Ablativ	eōdem	eādem	eōdem		eīsdem / iīsdem / īsdem	

Die Formen von īdem bestehen aus den Formen von
is, ea, id und dem Suffix -dem. An der Fugenstelle
kommen Lautveränderungen vor.

Korrelativa

Tot libros legi *quot* tu (legisti).

Ich habe *so viele* Bücher gelesen *wie* du.

Korrelativa sind Adjektive, Adverbien oder Pronomina, die aufeinander bezogen sind und einen
Vergleich ausdrücken.

→ **Beispiele**

tālis ... quālis	so beschaffen ... wie (beschaffen)
tantus ... quantus	so groß ... wie (groß)
tantum ... quantum	so viel ... wie (viel)
tot ... quot	so viele ... wie (viele)
tam ... quam	so ... wie
ita ... ut	so ... wie
īdem ... quī	derselbe ... wie

68

W Wiederholungswörter

plēnus, a, um *(m. Gen.)*	voll (von / mit)	beātus, a, um	glücklich, reich
āra	Altar	pectus, pectoris *n*	Brust, Herz
ostendere, ostendō, ostendī	zeigen, erklären	tangere, tangō, tetigī, tāctum	berühren
nisī *Subj.*	wenn nicht	contrā *Präp. m. Akk.*	gegen

Lernwörter

Hamilcar, Hamilcaris *m*	Hamilkar *(Vater Hannibals)*	
Hannibal, Hannibalis *m*	Hannibal *(karthagischer Feldherr, 247–183 v. Chr.)*	
odium	Hass	*i./s. odio, p. ódio*
dexter, dext(e)ra, dext(e)rum	rechts	*i. destro*
dext(e)ra (manus)	die Rechte, die rechte Hand	
trāns *Präp. m. Akk.*	über (... hinaus), jenseits	
trāns montēs	über die Berge, jenseits der Berge	
apertus, a, um	offen, offenkundig	*aperīre, i. aperto, s. abierto*
pellere, pellō, pepulī, pulsum	stoßen, schlagen, (ver)treiben	*Puls*
odiō esse	verhasst sein	*odium*
Rōmānī Hannibalī odiō erant.	Die Römer waren Hannibal verhasst. Die Römer wurden von Hannibal gehasst.	
iūrāre, iūrō	schwören	
augēre, augeō, auxī, auctum	vergrößern, vermehren	*Auktion*
immortālis, e	unsterblich	*mors, mortālis*
amīcitia	Freundschaft	*amīcus, f. amitié, i. amicizia*
vertere, vertō, vertī, versum	drehen, wenden	*Version, versiert*
addere, addō, addidī, additum	hinzufügen	*addieren, Addition, e. add*
cupere, cupiō, cupīvī, cupītum	wünschen, verlangen	

Verben: Konjunktiv Imperfekt

Lateinische Verbformen geben außer der Person, dem Numerus (Singular bzw. Plural), dem Tempus (z.B. Präsens, Imperfekt) und dem Genus verbi (Aktiv bzw. Passiv) auch den **Modus** (die Aussageweise) an.

Man unterscheidet drei Modi:
→ **Indikativ** (sog. Wirklichkeitsform, z.B. *er geht*),
→ **Imperativ** (Befehlsform, z.B. *geh!*),
→ **Konjunktiv** (sog. Möglichkeitsform, z.B. *er ginge*).

Imperativ   **Indikativ**   **Konjunktiv**

→ **Konjunktiv Imperfekt Aktiv**

vocā-re-m *ich riefe, ich würde rufen*

a-Konjugation	Singular	Plural
1. Person	vocā-re-m	vocā-rē-mus
2. Person	vocā-rē-s	vocā-rē-tis
3. Person	vocā-re-t	vocā-re-nt

a-Konjugation	vocā-re-m
e-Konjugation	monē-re-m
i-Konjugation	audī-re-m
kons. Konjugation	ag-e-re-m
(i-Erweiterung)	cape-re-m

Der Konjunktiv Imperfekt wird wie der Indikativ Imperfekt in allen Konjugationsklassen gleich gebildet. Zeichen des Konjunktiv Imperfekt ist -rē-.

68

→ **Konjunktiv Imperfekt Passiv**

vocā-re-r   *ich würde gerufen (werden)*

a-Konjugation	Singular	Plural
1. Person	vocā-**re-r**	vocā-**rē-mur**
2. Person	vocā-**rē-ris**	vocā-**rē-minī**
3. Person	vocā-**rē-tur**	vocā-**re-ntur**

a-Konjugation	vocā-**re-r**
e-Konjugation	monē-**re-r**
i-Konjugation	audī-**re-r**
kons. Konjugation (i-Erweiterung)	ag-e-**re-r** cape-**re-r**

Besonders zu beachten sind:

Konjunktiv Imperfekt Aktiv		Infinitiv
īrem, īrēs, īret, ...	*ich ginge, ...*	īre
essem, essēs, esset, ...	*ich wäre, ...*	esse
possem, possēs, posset, ...	*ich könnte, ...*	posse
vellem, vellēs, vellet, ...	*ich wollte, ...*	velle

S   Konjunktiv Imperfekt als Irrealis der Gegenwart

> Si hoc *scirem, gauderem.*
>
> Wenn *ich* dies *wüsste, würde ich mich freuen.*

Im Deutschen hat der Konjunktiv Imperfekt die gleiche Bedeutung. Beachte, dass du ihn im Deutschen richtig bildest (z.B. *ich wüsste, ich liefe, ich käme*). Wo im Deutschen der Konjunktiv Imperfekt mit dem

Der Konjunktiv Imperfekt (Konjunktiv II der Gleichzeitigkeit) drückt aus, dass etwas sein könnte, aber nicht eintritt. Er dient also zum Ausdruck des **Irrealis** (der „Nichtwirklichkeit") der **Gegenwart**.

Indikativ Imperfekt gleich ist (z.B. *ich sagte*), musst du im Hauptsatz in der Regel mit *würde* umschreiben (z.B. *ich würde sagen*).

69

Wiederholungswörter

W

cōnsistere, cōnsistō, cōnstitī	stehen bleiben, haltmachen, sich aufstellen	sub *Präp. m. Abl.*	unter *(wo?)*
		caput, capitis *n*	Kopf; Hauptstadt
perīre, pereō, periī	umkommen, zugrunde gehen	potestās, ātis *f*	(Amts-)Gewalt, Macht

Lernwörter

agmen, agminis *n*	Heereszug	
Poenus, a, um	punisch, karthagisch; *Subst.* Punier, Karthager	
ōrātiō, ōrātiōnis *f*	Rede	*ōs, ōris*
iter, itineris *n*	Reise, Marsch, Weg	
superesse, supersum, superfuī	überleben, übrig sein	
īnsidiae, īnsidiārum *f Pl.*	Falle, Attentat, Hinterlist	*in, sedēre, i./s. insidia*
incipere, incipiō, coepī (incēpī), inceptum	anfangen, beginnen	
cōnficere, cōnficiō, cōnfēcī, cōnfectum	fertig machen, beenden	*facere, Konfekt, Konfektion, Konfitüre, Konfetti*
ūsque ad *m. Akk.* ūsque ad campum īre	bis (zu) bis zum Feld gehen	
subīre, subeō, subiī	auf sich nehmen, herangehen	*sub, īre*
Alpēs, Alpium *f Pl.*	die Alpen	
trānsīre, trānseō, trānsiī, trānsitum	durchqueren, hinübergehen, überschreiten	*trāns, īre, Transit*
dēfendere, dēfendō, dēfendī, dēfēnsum (ā *m. Abl.*)	abwehren, verteidigen	*defensiv, e. defend, f. défendre, s. defender*
obicere, obiciō, obiēcī, obiectum	darbieten, vorwerfen	*Objekt, objektiv, e. object, f. objet, i. oggetto, s. objeto*
expellere, expellō, expulī, expulsum	vertreiben, verbannen	*ex, pellere, e. expel*
aut	oder	
prōcēdere, prōcēdō, prōcessī, prōcessum	(vorwärts)gehen, vorrücken	*prō, cēdere, Prozess, Prozession*

69

F   Verben: Konjunktiv Plusquamperfekt

→ Konjunktiv Plusquamperfekt Aktiv

vocā-v-isse-m   *ich hätte gerufen*

a-Konjugation	Singular	Plural
1. Person	vocā-v-**isse-m**	vocā-v-**issē-mus**
2. Person	vocā-v-**issē-s**	vocā-v-**issē-tis**
3. Person	vocā-v-**isse-t**	vocā-v-**isse-nt**

→ Konjunktiv Plusquamperfekt Passiv

vocā-tus, a, um essem   *ich wäre gerufen worden*

a-Konjugation	Singular	Plural
1. Person	vocā-**tus, a, um essem**	vocā-**tī, ae, a essēmus**
2. Person	vocā-**tus, a, um essēs**	vocā-**tī, ae, a essētis**
3. Person	vocā-**tus, a, um esset**	vocā-**tī, ae, a essent**

Die Formen des Konjunktiv Plusquamperfekt werden in allen Konjugationsklassen gleich gebildet.
Im Aktiv wird zwischen Perfektstamm und Endung -isse- eingefügt.
Im Passiv steht nach der PPP-Form eine Form des Konjunktiv Imperfekt von esse.

Die Formen von **esse** lauten: fuissem, fuissēs, fuisset, fuissēmus, fuissētis, fuissent.
Die Formen von **īre** lauten: īssem, īssēs, īsset, īssēmus, īssētis, īssent.

S   Konjunktiv Plusquamperfekt als Irrealis der Vergangenheit

> Si hoc *scivissem,* ad te *venissem.*
>
> Wenn *ich* dies *gewusst hätte, wäre ich*
> zu dir *gekommen.*

Der Konjunktiv Plusquamperfekt (Konjunktiv II der Vorzeitigkeit) drückt aus, dass etwas in der Vergangenheit hätte sein können, aber nicht eintrat.
Er dient also zum Ausdruck des **Irrealis** (der „Nichtwirklichkeit") der **Vergangenheit**.

Im Deutschen hat der Konjunktiv Plusquamperfekt die gleiche Bedeutung. Er wird mit „*hätte*" oder „*wäre*" gebildet (z. B. *ich hätte gesungen, ich wäre gegangen*).

70

Wiederholungswörter

W

nūntiāre	melden	commūnis, e	gemeinsam, allgemein
cūria	Kurie *(Sitzungsgebäude des Senats)*	officium	Dienst, Pflicht(gefühl)
mulier, mulieris *f*	Frau	fortūna	Schicksal, Glück
dēspērāre	die Hoffnung aufgeben, verzweifeln	tōtus, a, um	ganz, gesamt

Lernwörter

occīdere, occīdō, occīdī, occīsum	niederschlagen, töten	*caedere*
lūctus, lūctūs *m*	Trauer	
postrēmō *Adv.*	schließlich	*post, posteā, postquam*
suī, suōrum *m Pl.*	die Seinen, die Ihren, seine (ihre) Leute	*suus*
singulus, a, um	je ein, jeder einzelne	*Single, Singular, e. single, i. singolo*
ut *Subj. m. Konj.*	dass, zu *(m. Inf.)*	
ōrāre, ōrō	(an)beten, bitten	*ōs, ōrātiō*
nē *Subj. m. Konj.*	dass nicht, nicht zu *(m. Inf.)*	
agere, agō, ēgī, āctum	handeln, treiben, verhandeln	*agieren, Agent, Akt, Akte, Aktion*
nē *Subj. m. Konj.*	*(nach Ausdrücken des Fürchtens und Hinderns)* dass	
timēre, nē	fürchten, dass	
perīculum est, nē	es besteht die Gefahr, dass	
cōnsul, cōnsulis *m*	Konsul	*cōnsulere*
pōstulāre, pōstulō	fordern	
īgnōtus, a, um	unbekannt	*i./s./p. ignoto*
praeda	Beute	
argentum	Silber, Geld	*Argentinien, f. argent*
victōria	Sieg	*vincere, e. victory, f. victoire, i. vittoria, s. victoria, p. vitória, r. victorie*

70

S1 Gliedsätze als Objekt: Begehrsätze

Te rogavi, ut mihi consilium dares.

Ich bat dich, dass du mir einen Rat gibst.
Ich bat dich darum, mir einen Rat zu geben.

Abhängige Begehrsätze enthalten Wünsche und Aufforderungen; sie stehen im **Konjunktiv**. Dieser wird im Deutschen in der Regel mit Indikativ oder Infinitiv wiedergegeben.

Abhängige Begehrsätze werden eingeleitet mit:

→ **ut** *Subj. m. Konj.*	dass *(m. Ind.)*, zu *(m. Inf.)*	
→ **ne** *Subj. m. Konj.*	dass nicht *(m. Ind.)*,	
	nicht zu *(m. Inf.)*	

Te rogavi, ne abires.

Ich bat dich, dass du nicht weggehst.
Ich bat dich darum, nicht wegzugehen.

Daedalus timebat, ne filius in mare caderet.

Dädalus fürchtete, dass sein Sohn ins Meer fällt.

Nach Verben und Ausdrücken des **Fürchtens** (z.B. timere oder periculum est) heißt

→ **ne** *Subj. m. Konj.*	dass *(m. Ind.)*.	

Abhängige Begehrsätze haben meist die Satzglied-funktion des Objekts.

S2 Genitiv der Zugehörigkeit

Haec navis *patris est.*

Dieses Schiff *gehört meinem Vater.*

Der Genitiv der Zugehörigkeit bezeichnet als Geni-tivus possessivus den Eigentümer einer Sache.

Consulis erat rei publicae consulere.

Es war Aufgabe eines Konsuls,
für den Staat zu sorgen.

Es gibt auch Wendungen, in denen der Genitiv der Zugehörigkeit (bei einer 3. Pers. Sg. von esse) aus-drückt, dass etwas Aufgabe, Pflicht oder charakte-ristische Eigenschaft der Person ist, die im Genitiv steht.

Als Übersetzung eignet sich meist eine der folgen-den Wendungen:

Patris et matris est liberos alere.

Es ist Pflicht des Vaters und der Mutter,
die Kinder großzuziehen.

→ *es ist Aufgabe / Pflicht ...*
→ *es ist Eigenschaft ...*
→ *es ist typisch / charakteristisch für ...*

Der Genitiv der Zugehörigkeit ist als Prädikatsnomen aufzufassen und bildet zusammen mit der Form von esse das Prädikat.

71

Wiederholungswörter

W

diēs, diēī *m*	Tag		tam ... quam	so ... wie
ingenium	Begabung, Talent, Verstand		ignis, ignis *m*	Feuer
portus, portūs *m*	Hafen		certē / certō *Adv.*	gewiss, sicherlich
nāvis, nāvis *f*	Schiff		at	aber, dagegen, jedoch

Lernwörter

Archimēdēs, Archimēdis *m*	Archimedes *(griech. Mathematiker und Ingenieur, um 287–212 v. Chr.)*	
doctus, a, um	gelehrt, gebildet	*docēre, Doktor, Doktrin*
adversārius, a, um	feindlich; *Subst.* Gegner, Feind	
radius	Strahl, (Rad-)Speiche	*Radar, Radio, Radium, radio-aktiv*
invādere, invādō, invāsī, invāsum	eindringen, sich verbreiten, befallen	*Invasion*
hortus	Garten	*Hort*
avidus, a, um *(m. Gen.)* avidus pecūniae	(be)gierig (nach) gierig nach Geld, geldgierig	
figūra	Figur, Form, Gestalt	*i./s./p. figura*
quiētus, a, um	ruhig, untätig	*e. quiet*
admonēre, admoneō	ermahnen, auffordern, erinnern	*ad, monēre*
ferōx, ferōcis	wild, trotzig	ferrum (Wasse→wild)
ēnsis, ēnsis *m*	Schwert	

Übersetzen: Modi wiedergeben

M1

Du kennst bereits die drei Modi (Aussageweisen) des Verbs: Indikativ, Imperativ und Konjunktiv. Den Modus einer lateinischen Verbform erkennst du an der Endung (z.B. gaude-*te*, Imperativ Plural) oder am Moduszeichen (z.B. gaude-*re*-m, Konjunk-

tiv Imperfekt). Analysiere also vor der Übersetzung jede Verbform genau.

Indikativ und **Imperativ** kannst du im Deutschen mit dem gleichen Modus wiedergeben.

Bei einem **lateinischen Konjunktiv** musst du unterscheiden, ob du ihn im Deutschen mit Indikativ übersetzen kannst oder ob du ihn ausdrücken musst.

> → Der **deutsche Indikativ** wird verwendet, wenn in lateinischen Gliedsätzen bestimmte Subjunktionen den Konjunktiv verlangen; bisher hast du die folgenden gelernt:
>
> ut *Subj. m. Konj.*   dass
> nē *Subj. m. Konj.*   dass nicht

> → In anderen Fällen muss der lateinische **Konjunktiv im Deutschen** ausgedrückt werden. Er kann verschiedene Funktionen übernehmen. Bisher kennst du die Funktion des **Irrealis**.
>
> Beispiel:
> Si verba didi*ciss*em, a magistro lauda*re*r.
> Wenn ich die Wörter gelernt *hätte*, *würde* ich vom Lehrer gelobt werden.

M2 Sprache betrachten: Verbformen analysieren

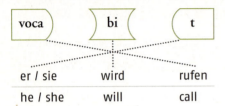
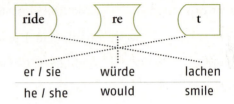

Die Beispiele zeigen einen wesentlichen Unterschied zwischen dem Lateinischen einerseits und dem Deutschen und Englischen andererseits:
Lateinische Verbformen bestehen aus einzelnen „Puzzleteilen", die zu einer kompakten Form zusammengefügt sind. Im Deutschen und Englischen werden diese „Puzzleteile" oft durch mehrere einzelne Wörter ausgedrückt.
In den Beispielen drückt die Personalendung -t die 3. Person Singular aus, das Tempuszeichen -bi- zeigt das Futur I an, das Moduszeichen -re- signalisiert einen Konjunktiv Imperfekt.

Du kennst bereits die folgenden wichtigen Tempus- und Moduszeichen lateinischer Verben:

→ **Ausgangsform: Präsensstamm**

Imperfekt	Aktiv / Passiv	Indikativ	-ba-
		Konjunktiv	-re-
Futur I	Aktiv / Passiv		-b- (-be-, -bi-, -bu-)
			-e- (-a-)

→ **Ausgangsform: Perfektstamm**

Plusquamperfekt	Aktiv	Indikativ	-era-
		Konjunktiv	-isse-
Futur II	Aktiv		-eri-

72

Wiederholungswörter

W

tot *indekl.*	so viele	agere, agō, ēgī, āctum	handeln, treiben, verhandeln
tantus, a, um	so groß, so viel	salūs, salūtis *f*	Gesundheit, Rettung, Gruß, Glück
auxilium	Hilfe	rogāre, rogō	bitten, fragen
itaque	deshalb	licet	es ist erlaubt, es ist möglich

Lernwörter

ut *Subj. m. Konj.*	dass, sodass, damit, um zu *(m. Inf.)*	
adversus *Präp. m. Akk.*	gegen	*adversārius*
adversus cōnsulēs	gegen die Konsuln	
restituere, restituō, restituī, restitūtum	wiederherstellen	*statuere*
convertere, convertō, convertī, conversum	verändern, (um)wenden	*vertere,* konvertieren
opprimere, opprimō, oppressī, oppressum	bedrohen, niederwerfen unterdrücken	*premere*
Delphōs	nach Delphi *(wohin?)*	
pergere, pergō, perrēxī	aufbrechen; weitermachen	*regere*
furor, furōris *m*	Wahnsinn, Wut	*furios,* e. *fury*
nē *Subj. m. Konj.*	dass nicht; damit nicht, um nicht zu *(m. Inf.)*	
Rōmae	in Rom *(wo?)*	
circúmdare, circumdō, circumdedī, circumdatum	umgeben	*circum, dare,* i. *circondare,* s./p. *circundar*
respondēre, respondeō, respondī, respōnsum	antworten	Kor-*respondenz*
dēpōnere, dēpōnō, dēposuī, dēpositum	niederlegen, aufgeben	*dē, pōnere,* Depot, Deponie, deponieren
scrībere, scrībō, scrīpsī, scrīptum	schreiben, beschreiben	Skript, Manu-skript

Fortsetzung ⸺⟩

175

72

trādere, trādō, trādidī, trāditum	übergeben, überliefern	*Tradition, e. trade*
aeternus, a, um	ewig	*e. eternal, i./s. eterno*
religiō, religiōnis *f*	Glaube, Aberglaube, (Gottes-) Verehrung, Frömmigkeit, Gewissenhaftigkeit	*Religion, e./f. religion, i. religione, s. religión, o. religião*
cultus, cultūs *m*	Bildung, Lebensweise, Pflege, Verehrung	*colere, Kultur, Kult*
iuventūs, iuventūtis *f*	Jugend	*iuvenis*

S1 Genitivus subiectivus / obiectivus

amor *patris*

die Liebe *des Vaters*

die Liebe *zum Vater*

Nach bestimmten Substantiven, vor allem solchen, die eine Empfindung ausdrücken (z.B. amor, spes, metus), kann der Genitiv bezeichnen:

→ die Person, die als „Subjekt" diese Empfindung hat,

→ die Person oder Sache, die „Objekt" des Gefühls ist.

Genitivus subiectivus und obiectivus sind als Attribut aufzufassen. Welcher Genitiv vorliegt, ergibt sich aus der Bedeutung der Substantive oder aus dem Kontext.

Beachte folgende Wendungen:

Beispiel	Gen. subiectivus	Gen. obiectivus
amor patris	die Liebe *des* Vaters	die Liebe *zum* Vater
timor Romanorum	die Furcht *der* Römer	die Furcht *vor* den Römern
spes salutis		Hoffnung *auf* Rettung
metus mortis		die Furcht *vor* dem Tod, Todesfurcht
odium tui		Hass *auf* dich

Gliedsätze als Adverbiale (konsekutiv, final) S2

→ **Konsekutivsätze**

Tantus erat timor, *ut* omnes fugerent.

Die Angst war *so groß*, *dass* alle flohen.

Tantus erat timor, *ut* milites *non* pugnarent.

Die Angst war *so groß*, *dass* die Soldaten *nicht* kämpften.

Konsekutivsätze (Folgesätze) stehen im **Konjunktiv**. Sie werden eingeleitet mit:

| → **ut** | *Subj. m. Konj.* | dass, sodass *(m. Ind.)* |
| → **ut non** | *Subj. m. Konj.* | (so)dass nicht *(m. Ind.)* |

Auf ein konsekutives ut weist im übergeordneten Satz oft ein „Signalwort" wie ita, tantus o.Ä. hin.

 ut

Tantus erat timor, omnes fugerent.

→ **Finalsätze**

Omnes fugerunt, *ut* se servarent.

Alle flohen, *um* sich zu retten (*damit* sie sich retteten).

Omnes fugerunt, *ne* perirent.

Alle flohen, *um nicht* umzukommen (*damit* sie *nicht* umkamen).

Finalsätze (Absichtssätze) stehen im **Konjunktiv**. Sie werden eingeleitet mit:

| → **ut** *Subj. m. Konj.* | dass, damit *(m. Ind.)*, um zu *(m. Inf.)* |
| → **ne** *Subj. m. Konj.* | dass nicht, damit nicht *(m. Ind.)*, um nicht zu *(m. Inf.)* |

→ **Satzgliedfunktionen**

Konsekutiv- und Finalsätze haben die Satzgliedfunktion des Adverbiales. Sie geben eine Folge bzw. eine Absicht (einen Zweck) an.

M ut und ne: Bedeutungen unterscheiden

Wenn dir die Wörtchen ut und ne in einem Text begegnen, kannst du ihre Bedeutung leicht ermitteln, wenn du die hier abgebildeten „Mobiles" vor Augen hast.

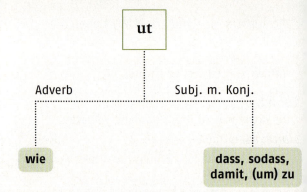

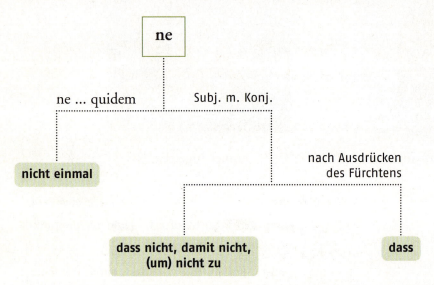

73

Wiederholungswörter

cīvis, cīvis *m (Gen. Pl. -ium)*	Bürger	homō, hominis *m*	Mensch
ibi	dort	genus, generis *n*	Abstammung, Art, Geschlecht
vetus, veteris	alt	turpis, e	unanständig, hässlich, schändlich
tantum *Adv.*	nur	necessārius, a, um	notwendig

Lernwörter

auris, auris *f (Gen. Pl. -ium)*	Ohr	*e. ear*
fāma	(guter / schlechter) Ruf, Gerücht	*famos, e. fame, i./s. fama*
pervenīre, perveniō, pervēnī, perventum ad / in *m. Akk.*	kommen zu / nach	*per, venīre*
ad forum pervenīre	zum Forum kommen	
invītus, a, um	ungern, gegen den Willen	
iste, ista, istud		*s./p. este*
(Gen. **istīus***, Dat.* **istī***)*	dieser, diese, dieses (da)	
comperīre, comperiō, comperī, compertum	(genau) erfahren	
frequēns, frequentis	häufig, zahlreich	*Frequenz, frequentieren*
Bacchus	Bacchus *(Gott des Weines)*	
scelerātus, a, um	verbrecherisch, schändlich; *Subst.* Verbrecher	*scelus*
sustinēre, sustineō, sustinuī	ertragen, standhalten	
iniūriās sustinēre	die Beleidigungen ertragen	
placidus, a, um	friedlich, ruhig, sanft	*placēre*
falsus, a, um	falsch	*fallere, e. false, i./s. falso*
crux, crucis *f*	Kreuz	*Kruzi-fix, e. cross, f. croix, i. croce, s./p. cruz, r. cruce*
necāre, necō	töten	

73

F Demonstrativpronomen iste

iste, ista, istud   *dieser (da), diese (da), dieses (da)*

	Singular			Plural		
	m	*f*	*n*	*m*	*f*	*n*
Nominativ	iste	ista	istud	istī	istae	ista
Genitiv	istīus			istōrum	istārum	istōrum
Dativ	istī			istīs		
Akkusativ	istum	istam	istud	istōs	istās	ista
Ablativ	istō	istā	istō	istīs		

S1 Demonstrativpronomen iste: Verwendung

Isto ornamento gaudeo.

Ich freue mich über *dieses* Schmuckstück.

Iste bezeichnet eine Person oder Sache, die einem Angeredeten nahe ist (hier: isto ornamento).

Iste fur effugit.

Dieser Dieb *(da)* ist entkommen.

Manchmal hat iste einen negativen oder verächtlichen Unterton (hier: iste fur).

S2 Prädikativum

→ **Erscheinungsform**

Hannibal *primus* cum elephantis Alpes transiit.

Hannibal überschritt *als Erster* mit Elefanten die Alpen.

Im Lateinischen können bestimmte **Substantive** und **Adjektive** zur Ergänzung eines Vollverbs prädikativ gebraucht werden; sie bieten eine nähere Erläuterung zum Vollverb. Ein so verwendetes Nomen heißt **Prädikativum**.
Bei der Übersetzung muss im Deutschen oft *als* eingefügt werden.

Hannibal *senex* periit.

Hannibal kam *als alter Mann* um.

Substantivische Prädikativa sind meist Altersangaben oder Amtsbezeichnungen; häufig treten die folgenden Beispiele auf:

senex	als alter Mann
iuvenis	als junger Mann
puer	als Junge, in seiner Kindheit
consul	als Konsul
victor	als Sieger
imperator	als Feldherr

Adjektivische Prädikativa bezeichnen oft einen körperlichen oder seelischen Zustand, eine Reihenfolge oder Menge; häufig treten die folgenden Beispiele auf:

laetus	froh
tristis	traurig
fortis	tapfer
frequens	häufig, zahlreich
primus	als Erster, zuerst
unus	als Einziger

→ Satzgliedfunktionen

Das Prädikativum lässt sich, da es ein Vollverb näher erläutert, als Adverbiale auffassen; es ist mit seinem Bezugswort (hier: Hannibal) kongruent.

Wortfamilien	venire	metuere	placere
	convenire	metus	placidus
	invenire		
	pervenire	fallere	scelus
		falsus	sceleratus

74

W Wiederholungswörter

āra	Altar	studium	Beschäftigung, Engagement,
placet *m. Dat.*	es gefällt jdm., jd. beschließt		Interesse
tamen	dennoch, jedoch	postquam *Subj. m. Ind.*	nachdem, als
maximē *Adv.*	am meisten, besonders	parāre, parō	(vor)bereiten, vorhaben *(m. Inf.)*;
numquam *Adv.*	niemals		erwerben

Lernwörter

Augustus	Augustus *(erster röm. Kaiser 27 v. Chr.–14 n. Chr.)*	
cum *Subj. m. Konj.*	als, nachdem; weil; obwohl; während (dagegen)	
paulō	(um) ein wenig	
ante *Adv.*	vorher	*anteā*
gerere, gerō, gessī, **gestum**	ausführen, führen, tragen	
tribuere, tribuō, tribuī, **tribūtum**	schenken, zuteilen	*Tribut*
ubī (prīmum) *Subj. m. Ind.*	sobald	
Mārcus Antōnius	Marcus Antonius *(röm. Politiker und Feldherr, um 85–30 v. Chr.)*	
Cleopatra	Kleopatra VII. *(letzte Königin Ägyptens von 51–30 v. Chr.)*	
quīdam, quaedam, quiddam *subst.*	ein gewisser, (irgend)einer; *Pl.* einige	*quī*
quīdam, quaedam, quoddam *adj.*	ein gewisser, (irgend)ein; *Pl.* einige	*quī*
dīmittere, dīmittō, dīmīsī, dīmissum	aufgeben, entlassen	*mittere*
occultē *Adv.*	heimlich	*okkult, f. occulte*
Caesar, Caesaris *m*	Gaius Julius Cäsar *(röm. Politiker, Feldherr und Schriftsteller, 100–44 v. Chr.)*	
prōtinus *Adv.*	sofort	
animadvertere in *m. Akk.*	vorgehen gegen	
animadvertere in senātum	gegen den Senat vorgehen	
necesse (est)	(es ist) notwendig	*necessārius*
metuere, metuō, metuī	(sich) fürchten	*metus*
impellere, impellō, impulī, impulsum	antreiben, veranlassen	*in, pellere, Impuls*

Indefinitpronomen quidam

F

quīdam   *ein gewisser, (irgend)einer*

substantivisch	Singular			Plural		
	m	*f*	*n*	*m*	*f*	*n*
Nominativ	quīdam	quaedam	quiddam	quīdam	quaedam	quaedam
Genitiv		cuiusdam		quōrundam	quārundam	quōrundam
Dativ		cuidam			quibusdam	
Akkusativ	quendam	quandam	quiddam	quōsdam	quāsdam	quaedam
Ablativ	quōdam	quādam	quōdam		quibusdam	

adjektivisch	Singular			Plural		
Nominativ	quīdam	quaedam	quoddam	quīdam	quaedam	quaedam
Genitiv		cuiusdam		quōrundam	quārundam	quōrundam
Dativ		cuidam			quibusdam	
Akkusativ	quendam	quandam	quoddam	quōsdam	quāsdam	quaedam
Ablativ	quōdam	quādam	quōdam		quibusdam	

Indefinitpronomen quidam: Verwendung

S1

auctor *quidam* Romanus
ein (gewisser) römischer Schriftsteller

Mit quidam wird eine Person oder Sache bezeichnet, die der Sprecher nicht genauer benennen kann oder will.

auctores *quidam* Romani
gewisse / einige römische Schriftsteller

Der Plural von quidam bedeutet meistens *einige*.

ingens *quidam* timor
eine *geradezu* ungeheure Angst

sacra quaedam res
eine *sozusagen* heilige Sache

Manchmal dient quidam zur Verstärkung (*geradezu, wirklich*) oder zur Abschwächung (*sozusagen, eine Art von*).

S2 Gliedsätze als Adverbiale (temporal, kausal, konzessiv, adversativ)

→ Temporalsätze

Temporalsätze enthalten **Zeitangaben**; außerdem drücken sie das **Zeitverhältnis** (vorzeitig oder gleichzeitig) zum übergeordneten Satz aus.

Postquam Troia a Graecis capta est, Aeneas ex urbe fugit.

Nachdem Troja von den Griechen erobert worden war, floh Äneas aus der Stadt.

Indikativische Temporalsätze werden eingeleitet mit:

→ cum	als (plötzlich); (immer) wenn
→ postquam *m. Ind. Perf.*	nachdem, als
→ priusquam	bevor, eher als
→ ubi (primum)	sobald
→ dum *m. Ind. Präs.*	während

Cum Troia a Graecis capta esset, Aeneas ex urbe fugit.

Nachdem Troja von den Griechen erobert worden war, floh Äneas aus der Stadt.

Konjunktivische Temporalsätze werden eingeleitet mit:

→ cum	als, nachdem

→ Kausalsätze

Kausalsätze nennen den **Grund** für die Aussage des übergeordneten Satzes.

Quia (Quod) Troia deleta erat, Aeneas patriam novam quaesivit.

Weil Troja zerstört (worden) war, suchte Äneas eine neue Heimat.

Indikativische Kausalsätze werden eingeleitet mit:

→ quod	weil
→ quia	weil

Cum Troia deleta esset, Aeneas patriam novam quaesivit.

Weil Troja zerstört (worden) war, suchte Äneas eine neue Heimat.

Konjunktivische Kausalsätze werden eingeleitet mit:

→ cum	weil

→ Konzessivsätze

Konzessivsätze geben einen **Gegengrund** an, d.h. der Sprecher nennt ein Hindernis, das jedoch für das Geschehen keine Bedeutung hat.

Etsi (Quamquam) comites tristes erant, Aeneas spem non amisit.

Obwohl die Gefährten traurig waren, gab Äneas die Hoffnung nicht auf.

Indikativische Konzessivsätze werden eingeleitet mit:

→ **quamquam**	*obwohl*
→ **etsi**	*auch wenn, obwohl*

Cum comites tristes essent, Aeneas spem non amisit.

Obwohl die Gefährten traurig waren, gab Äneas die Hoffnung nicht auf.

Konjunktivische Konzessivsätze werden eingeleitet mit:

→ **cum**	*obwohl*

→ Adversativsätze

Adversativsätze enthalten einen **Gegensatz** zur Aussage des übergeordneten Satzes.

Dido Aeneam amare non desiit. *cum* Aeneas consilio Iovis paruit.

Dido hörte nicht auf, Äneas zu lieben, *während* Äneas *(dagegen)* dem Beschluss Jupiters gehorchte.

Konjunktivische Konzessivsätze werden eingeleitet mit:

→ **cum**	*während (dagegen)*

M cum: Bedeutungen unterscheiden

Wenn dir das vieldeutige Wörtchen cum in einem Text begegnet, kannst du seine Bedeutung leicht ermitteln, wenn du dich an das hier abgebildete „Mobile" erinnerst.

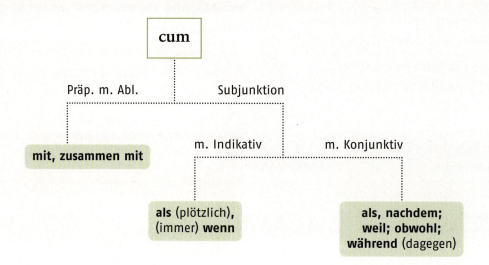

75

Wiederholungswörter

W

fugā salūtem petere	in der Flucht die Rettung suchen, die Flucht ergreifen	turris, turris *f (Gen. Pl.* -ium)	Turm
cubiculum	Schlafzimmer, Zimmer	contendere, contendō, contendī	sich anstrengen, kämpfen; eilen; behaupten
auctor, ōris *m*	Anführer, Gründer, Schriftsteller, Verfasser	odiō esse	verhasst sein
ignis, ignis *m*	Feuer	cruciātus, cruciātūs *m*	Folter, Qual

Lernwörter

citō *Adv.*	schnell	
inicere, iniciō, iniēcī, iniectum	hineinwerfen, einflößen; anlegen, anziehen	*Injektion, e. inject*
auscultāre, auscultō	zuhören, gehorchen	*f. écouter, i. ascoltare, s. escuchar*
Nerō, Nerōnis *m*	Nero *(röm. Kaiser 54–68 n. Chr.)*	
inclūdere, inclūdō, inclūsī, inclūsum	einschließen	*inklusive, e. include*
appāret *m. AcI* Appāret Nerōnem crūdēlem fuisse.	es ist offenkundig Es ist offenkundig, dass Nero grausam war.	
foedus, a, um	hässlich, schändlich, grässlich	*s. feo*
spectāculō esse	als Schauspiel dienen	*spectāculum*
clādēs, clādis *f (Gen. Pl.* -ium)	Niederlage, Unglück, Unheil	
prōnūntiāre, prōnūntiō	bekannt geben, vortragen	*prō, nūntiāre, e. pronounce, f. prononcer, s./p. pronunciar*
Chrīstiānus, a, um	christlich; *Subst.* Christ	
pūnīre, pūniō	bestrafen	*poena, e. punish, f./p. punir*

Texte erschließen: Pro-Formen nutzen

M

Wie Schlüsselwörter, das Tempusprofil, Satzarten und Konnektoren (vgl. 41 M) können auch sog. Pro-Formen bei der Erschließung eines Textes helfen. Damit sind die Wörter gemeint, die als sprachliche Stellvertreter stehen, also hauptsächlich **Pronomina**.

Der Name Pronomen („Wort an Stelle eines Nomens") zeigt bereits, dass damit eine Person, Sache oder ein Abschnitt aus dem **vorangegangenen Text** gemeint ist.

Daedalus naturam superare cupivit.
Is cum filio Cretam per aerem reliquit.
Istud patri et filio perniciei erat.

Dädalus wollte die Natur übertreffen.
Er verließ mit seinem Sohn Kreta durch die Luft.
Dies brachte Vater und Sohn Verderben.

Die Tatsache, dass das Pronomen is auf die Person Dädalus verweist, kann man aus dem zweiten Beispielsatz allein nicht ableiten; dazu wird der vorangegangene Satz benötigt.

Mit istud ist der überhebliche Wunsch des Dädalus gemeint, den er mit seiner Flucht in die Tat umsetzt, also der Inhalt des vorangegangenen Textabschnitts.

Pronomina, die auf Personen oder Sachen verweisen, stimmen in **Genus und Numerus** in der Regel mit dem **Bezugswort** überein. Pronomina, die auf Textabschnitte verweisen, stehen meist im **Neutrum**

(Sg. oder Pl.). Bei jeder Form eines Pronomens ist daher genau zu überprüfen, für welche Person, für welche Sache oder für welchen Textabschnitt sie steht.

Als Pro-Formen treten häufig auf:

Personalpronomen	is	er
Demonstrativpronomina	is	dieser
	hic	dieser
	iste	dieser (da)
	ille	jener
Relativpronomen	qui	welcher, der
Weitere Pronomina	ipse	(er) selbst
	idem	derselbe, der gleiche

Eine Besonderheit stellen **Pronomina** dar, die mit dem **Buchstaben „s"** beginnen, z.B. *s*e, *s*uus. Sie werden reflexiv verwendet.

Daedalus et Icarus virtute *sua* victi sunt.

Dädalus und Ikarus sind durch *ihre (eigene)* Leistung besiegt worden.

Wenn sie in einem Hauptsatz vorkommen, beziehen sie sich auf das Subjekt.

Daedalus putabat Icarum *s*ecum fugere posse.

Dädalus glaubte, dass Ikarus mit *ihm* fliehen könne.

Wenn sie in einem Nebensatz oder im AcI vorkommen, beziehen sie sich auf das Subjekt des übergeordneten Satzes.

Tabellarium

1. Substantive

a–Dekl.	Singular	Plural
Nominativ	serv-a	serv-ae
Genitiv	serv-ae	serv-ārum
Dativ	serv-ae	serv-īs
Akkusativ	serv-am	serv-ās
Ablativ	serv-ā	serv-īs

o–Dekl.	Singular	Plural		Singular	Plural
Nominativ	serv-us	serv-ī		dōn-um	dōn-a
Genitiv	serv-ī	serv-ōrum		dōn-ī	dōn-ōrum
Dativ	serv-ō	serv-īs		dōn-ō	dōn-īs
Akkusativ	serv-um	serv-ōs		dōn-um	dōn-a
Ablativ	serv-ō	serv-īs		dōn-ō	dōn-īs

3. Dekl.	Singular	Plural		Singular	Plural
Nominativ	senātor	senātōr-ēs		crīmen	crīmin-a
Genitiv	senātōr-is	senātōr-um		crīmin-is	crīmin-um
Dativ	senātōr-ī	senātōr-ibus		crīmin-ī	crīmin-ibus
Akkusativ	senātōr-em	senātor-ēs		crīmen	crīmin-a
Ablativ	senātōr-e	senātor-ibus		crīmin-e	crīmin-ibus

u–Dekl.	Singular	Plural
Nominativ	met-us	met-ūs
Genitiv	met-ūs	met-uum
Dativ	met-uī	met-ibus
Akkusativ	met-um	met-ūs
Ablativ	met-ū	met-ibus

e–Dekl.	Singular	Plural
Nominativ	r-ēs	r-ēs
Genitiv	r-eī	r-ērum
Dativ	r-eī	r-ēbus
Akkusativ	r-em	r-ēs
Ablativ	r-ē	r-ēbus

Tabellarium

2. Adjektive

a-/o-Dekl.	Singular m	f	n	Plural m	f	n
Nominativ	magn-us	magn-a	magn-um	magn-ī	magn-ae	magn-a
Genitiv	magn-ī	magn-ae	magn-ī	magn-ōrum	magn-ārum	magn-ōrum
Dativ	magn-ō	magn-ae	magn-ō		magn-īs	
Akkusativ	magn-um	magn-am	magn-um	magn-ōs	magn-ās	magn-a
Ablativ	magn-ō	magn-ā	magn-ō		magn-īs	

dreiendige

3. Dekl.	m	f	n	m	f	n
Nominativ	ācer	ācr-is	ācr-e	ācr-ēs	ācr-ēs	ācr-ia
Genitiv		ācr-is			ācr-ium	
Dativ		ācr-ī			ācr-ibus	
Akkusativ		ācr-em	ācr-e		ācr-ēs	ācr-ia
Ablativ		ācr-ī			ācr-ibus	

zweiendige

Nominativ		fort-is	fort-e		fort-ēs	fort-ia
Genitiv		fort-is			fort-ium	
Dativ		fort-ī			fort-ibus	
Akkusativ		fort-em	fort-e		fort-ēs	fort-ia
Ablativ		fort-ī			fort-ibus	

einendige

Nominativ		sapiēns			sapient-ēs	sapient-ia
Genitiv		sapient-is			sapient-ium	
Dativ		sapient-ī			sapient-ibus	
Akkusativ		sapient-em	sapiēns		sapient-ēs	sapient-ia
Ablativ		sapient-ī			sapient-ibus	

Tabellarium

3. Pronomina

Personalpronomen

	Singular				Plural		
	1. Person	2. Person	3. Person (refl.)		1. Person	2. Person	3. Person (refl.)
Nominativ	ego	tū	–		nōs	vōs	–
Dativ	mihi	tibi	sibi		nōbīs	vōbīs	sibi
Akkusativ	mē	tē	sē		nōs	vōs	sē
Ablativ	mēcum	tēcum	ā sē		nōbīscum	vōbīscum	ā sē
	sine mē	sine tē	sēcum		sine nōbīs	sine vōbīs	sēcum

Demonstrativpronomen is *dieser*

	m	f	n	m	f	n
Nominativ	is	ea	id	eī/iī	eae	ea
Genitiv		eius		eōrum	eārum	eōrum
Dativ		eī			eīs/iīs	
Akkusativ	eum	eam	id	eōs	eās	ea
Ablativ	eō	eā	eō		eīs/iīs	

Demonstrativpronomen iste *dieser (da)*

Nominativ	iste	ista	istud	istī	istae	ista
Genitiv		istīus		istōrum	istārum	istōrum
Dativ		istī			istīs	
Akkusativ	istum	istam	istud	istōs	istās	ista
Ablativ	istō	istā	istō		istīs	

Demonstrativpronomen hic *dieser*

Nominativ	hic	haec	hoc	hī	hae	haec
Genitiv		huius		hōrum	hārum	hōrum
Dativ		huic			hīs	
Akkusativ	hunc	hanc	hoc	hōs	hās	haec
Ablativ	hōc	hāc	hōc		hīs	

Demonstrativpronomen ille *jener*

Nominativ	ille	illa	illud	illī	illae	illa
Genitiv		illīus		illōrum	illārum	illōrum
Dativ		illī			illīs	
Akkusativ	illum	illam	illud	illōs	illās	illa
Ablativ	illō	illā	illō		illīs	

Tabellarium

Pronomen **ipse** *(er) selbst*

	Singular			Plural		
	m	**f**	**n**	**m**	**f**	**n**
Nominativ	ipse	ipsa	ipsum	ipsī	ipsae	ipsa
Genitiv		ipsīus		ipsōrum	ipsārum	ipsōrum
Dativ		ipsī			ipsīs	
Akkusativ	ipsum	ipsam	ipsum	ipsōs	ipsās	ipsa
Ablativ	ipsō	ipsā	ipsō		ipsīs	

Pronomen **īdem** *derselbe*

Nominativ	īdem	éadem	idem	eīdem / iīdem	eaedem	éadem
Genitiv		eiusdem		eōrundem	eārundem	eōrundem
Dativ		eīdem			eīsdem / iīsdem / īsdem	
Akkusativ	eundem	eandem	idem	eōsdem	eāsdem	éadem
Ablativ	eōdem	eādem	eōdem		eīsdem / iīsdem / īsdem	

Relativpronomen **quī** *der; welcher*

Nominativ	quī	quae	quod	quī	quae	quae
Genitiv		cuius		quōrum	quārum	quōrum
Dativ		cui			quibus	
Akkusativ	quem	quam	quod	quōs	quās	quae
Ablativ	quō	quā	quō		quibus	

Indefinitpronomen **quīdam** *ein gewisser, (irgend)ein*

subst.

Nominativ	quīdam	quaedam	quiddam	quīdam	quaedam	quaedam
Genitiv		cuiusdam		quōrundam	quārundam	quōrundam
Dativ		cuidam			quibusdam	
Akkusativ	quendam	quandam	quiddam	quōsdam	quāsdam	quaedam
Ablativ	quōdam	quādam	quōdam		quibusdam	

adj.

Nominativ	quīdam	quaedam	quoddam	quīdam	quaedam	quaedam
Genitiv		cuiusdam		quōrundam	quārundam	quōrundam
Dativ		cuidam			quibusdam	
Akkusativ	quendam	quandam	quoddam	quōsdam	quāsdam	quaedam
Ablativ	quōdam	quādam	quōdam		quibusdam	

Tabellarium

4. Verben: Indikativ Aktiv

Präsensstamm

	ā-Konjugation		ē-Konjugation		ī-Konjugation	
Inf. Präsens	rogā-re		monē-re		audī-re	

PPA	rogā-ns, roga-ntis		monē-ns, mone-ntis		audi-ē-ns, audi-e-ntis	

Präsens	Singular	Plural	Singular	Plural	Singular	Plural
1. Person	rog-ō	rogā-mus	mone-ō	monē-mus	audi-ō	audī-mus
2. Person	rogā-s	rogā-tis	monē-s	monē-tis	audī-s	audī-tis
3. Person	roga-t	roga-nt	mone-t	mone-nt	audi-t	audi-u-nt

Imperfekt	Singular	Plural	Singular	Plural	Singular	Plural
1. Person	rogā-ba-m	rogā-bā-mus	monē-ba-m	monē-bā-mus	audi-ēba-m	audi-ēbā-mus
2. Person	rogā-bā-s	rogā-bā-tis	monē-bā-s	monē-bā-tis	audi-ēbā-s	audi-ēbā-tis
3. Person	rogā-ba-t	rogā-ba-nt	monē-ba-t	monē-ba-nt	audi-ēba-t	audi-ēba-nt

Futur I	Singular	Plural	Singular	Plural	Singular	Plural
1. Person	rogā-b-ō	rogā-bi-mus	monē-b-ō	monē-bi-mus	audi-a-m	audi-ē-mus
2. Person	rogā-bi-s	rogā-bi-tis	monē-bi-s	monē-bi-tis	audi-ē-s	audi-ē-tis
3. Person	rogā-bi-t	rogā-bu-nt	monē-bi-t	monē-bu-nt	audi-e-t	audi-e-nt

Imperativ	rogā	rogā-te	monē	monē-te	audī	audī-te

Perfektstamm

Inf. Perfekt	rogāv-isse		monu-isse		audīv-isse	

Perfekt	Singular	Plural	Singular	Plural	Singular	Plural
1. Person	rogāv-ī	rogāv-imus	monu-ī	monu-imus	audīv-ī	audīv-imus
2. Person	rogāv-istī	rogāv-istis	monu-istī	monu-istis	audīv-istī	audīv-istis
3. Person	rogāv-it	rogāv-ērunt	monu-it	monu-ērunt	audīv-it	audīv-ērunt

Plusqpf.	Singular	Plural	Singular	Plural	Singular	Plural
1. Person	rogāv-eram	rogāv-erāmus	monu-eram	monu-erāmus	audīv-eram	audīv-erāmus
2. Person	rogāv-erās	rogāv-erātis	monu-erās	monu-erātis	audīv-erās	audīv-erātis
3. Person	rogāv-erat	rogāv-erant	monu-erat	monu-erant	audīv-erat	audīv-erant

Futur II	Singular	Plural	Singular	Plural	Singular	Plural
1. Person	rogāv-erō	rogāv-erimus	monu-erō	monu-erimus	audīv-erō	audīv-erimus
2. Person	rogāv-eris	rogāv-eritis	monu-eris	monu-eritis	audīv-eris	audīv-eritis
3. Person	rogāv-erit	rogāv-erint	monu-erit	monu-erint	audīv-erit	audīv-erint

Tabellarium

Präsensstamm

	konsonantische Konjugation		(i–Erweiterung)		Hilfsverb	
Inf. Präsens	ag-e-re		cape-re		es-se	
PPA	ag-ē-ns, ag-e-ntis		capi-ē-ns, capi-e-ntis			

Präsens	Singular	Plural	Singular	Plural	Singular	Plural
1. Person	ag-ō	ag-i-mus	capi-ō	capi-mus	su-m	su-mus
2. Person	ag-i-s	ag-i-tis	capi-s	capi-tis	es	es-tis
3. Person	ag-i-t	ag-u-nt	capi-t	capi-u-nt	es-t	s-u-nt

Imperfekt	Singular	Plural	Singular	Plural	Singular	Plural
1. Person	ag-ēba-m	ag-ēbā-mus	capi-ēba-m	capi-ēbā-mus	er-a-m	er-ā-mus
2. Person	ag-ēbā-s	ag-ēbā-tis	capi-ēbā-s	capi-ēbā-tis	er-ā-s	er-ā-tis
3. Person	ag-ēba-t	ag-ēba-nt	capi-ēba-t	capi-ēba-nt	er-a-t	er-a-nt

Futur I	Singular	Plural	Singular	Plural	Singular	Plural
1. Person	ag-a-m	ag-ē-mus	capi-a-m	capi-ē-mus	er-ō	er-i-mus
2. Person	ag-ē-s	ag-ē-tis	capi-ē-s	capi-ē-tis	er-i-s	er-i-tis
3. Person	ag-e-t	ag-e-nt	capi-e-t	capi-e-nt	er-i-t	er-u-nt

Imperativ	ag-e	ag-i-te	cape	capi-te	es	es-te

Perfektstamm

Inf. Perfekt	ēg-isse		cēp-isse		fu-isse	

Perfekt	Singular	Plural	Singular	Plural	Singular	Plural
1. Person	ēg-ī	ēg-imus	cēp-ī	cēp-imus	fu-ī	fu-imus
2. Person	ēg-istī	ēg-istis	cēp-istī	cēp-istis	fu-istī	fu-istis
3. Person	ēg-it	ēg-ērunt	cēp-it	cēp-ērunt	fu-it	fu-ērunt

Plusqpf.	Singular	Plural	Singular	Plural	Singular	Plural
1. Person	ēg-eram	ēg-erāmus	cēp-eram	cēp-erāmus	fu-eram	fu-erāmus
2. Person	ēg-erās	ēg-erātis	cēp-erās	cēp-erātis	fu-erās	fu-erātis
3. Person	ēg-erat	ēg-erant	cēp-erat	cēp-erant	fu-erat	fu-erant

Futur II	Singular	Plural	Singular	Plural	Singular	Plural
1. Person	ēg-erō	ēg-erimus	cēp-erō	cēp-erimus	fu-erō	fu-erimus
2. Person	ēg-eris	ēg-eritis	cēp-eris	cēp-eritis	fu-eris	fu-eritis
3. Person	ēg-erit	ēg-erint	cēp-erit	cēp-erint	fu-erit	fu-erint

Tabellarium

5. Verben: Indikativ Passiv

Präsensstamm

	ā-Konjugation		*ē-Konjugation*		*ī-Konjugation*	
Inf. Präsens	rogā-rī		monē-rī		audī-rī	

Präsens	*Singular*	*Plural*	*Singular*	*Plural*	*Singular*	*Plural*
1. Person	rog-or	rogā-mur	mone-or	monē-mur	audi-or	audī-mur
2. Person	rogā-ris	rogā-minī	monē-ris	monē-minī	audī-ris	audī-minī
3. Person	rogā-tur	roga-ntur	monē-tur	mone-ntur	audī-tur	audi-u-ntur

Imperfekt	*Singular*	*Plural*	*Singular*	*Plural*	*Singular*	*Plural*
1. Person	rogā-ba-r	rogā-bā-mur	monē-ba-r	monē-bā-mur	audi-ēba-r	audi-ēbā-mur
2. Person	rogā-bā-ris	rogā-bā-minī	monē-bā-ris	monē-bā-minī	audi-ēbā-ris	audi-ēbā-minī
3. Person	rogā-bā-tur	rogā-ba-ntur	monē-bā-tur	monē-ba-ntur	audi-ēbā-tur	audi-ēba-ntur

Futur I	*Singular*	*Plural*	*Singular*	*Plural*	*Singular*	*Plural*
1. Person	rogā-b-or	rogā-bi-mur	monē-b-or	monē-bi-mur	audi-a-r	audi-ē-mur
2. Person	rogā-be-ris	rogā-bi-minī	monē-be-ris	monē-bi-minī	audi-ē-ris	audi-ē-minī
3. Person	rogā-bi-tur	rogā-bu-ntur	monē-bi-tur	monē-bu-ntur	audi-ē-tur	audi-e-ntur

Perfektstamm

Inf. Perfekt	rogā-tum esse		moni-tum esse		audī-tum esse	

PPP	rogā-tus, a, um		moni-tus, a, um		audī-tus, a, um	

Perfekt	*Singular*	*Plural*	*Singular*	*Plural*	*Singular*	*Plural*
1. Person	rogā-tus sum	rogā-tī sumus	moni-tus sum	moni-tī sumus	audī-tus sum	audī-tī sumus
2. Person	rogā-tus es	rogā-tī estis	moni-tus es	moni-tī estis	audī-tus es	audī-tī estis
3. Person	rogā-tus est	rogā-tī sunt	moni-tus est	moni-tī sunt	audī-tus est	audī-tī sunt

Plusqpf.	*Singular*	*Plural*	*Singular*	*Plural*	*Singular*	*Plural*
1. Person	rogā-tus eram	rogā-tī erāmus	moni-tus eram	moni-tī erāmus	audī-tus eram	audī-tī erāmus
2. Person	rogā-tus erās	rogā-tī erātis	moni-tus erās	moni-tī erātis	audī-tus erās	audī-tī erātis
3. Person	rogā-tus erat	rogā-tī erant	moni-tus erat	moni-tī erant	audī-tus erat	audī-tī erant

Futur II	*Singular*	*Plural*	*Singular*	*Plural*	*Singular*	*Plural*
1. Person	rogā-tus erō	rogā-tī erimus	moni-tus erō	moni-tī erimus	audī-tus erō	audī-tī erimus
2. Person	rogā-tus eris	rogā-tī eritis	moni-tus eris	moni-tī eritis	audī-tus eris	audī-tī eritis
3. Person	rogā-tus erit	rogā-tī erunt	moni-tus erit	moni-tī erunt	audī-tus erit	audī-tī erunt

Tabellarium

Präsensstamm

	konsonantische Konjugation		(i-Erweiterung)	
Inf. Präsens	ag-ī		cap-ī	

Präsens	*Singular*	*Plural*	*Singular*	*Plural*
1. Person	ag-or	ag-i-mur	capi-or	capi-mur
2. Person	ag-e-ris	ag-i-minī	cape-ris	capi-minī
3. Person	ag-i-tur	ag-u-ntur	capi-tur	capi-u-ntur

Imperfekt	*Singular*	*Plural*	*Singular*	*Plural*
1. Person	ag-ēbā-r	ag-ēbā-mur	capi-ēba-r	capi-ēbā-mur
2. Person	ag-ēbā-ris	ag-ēbā-minī	capi-ēbā-ris	capi-ēbā-minī
3. Person	ag-ēbā-tur	ag-ēba-ntur	capi-ēbā-tur	capi-ēba-ntur

Futur I	*Singular*	*Plural*	*Singular*	*Plural*
1. Person	ag-a-r	ag-ē-mur	capi-a-r	capi-ē-mur
2. Person	ag-ē-ris	ag-ē-minī	capi-ē-ris	capi-ē-minī
3. Person	ag-ē-tur	ag-e-ntur	capi-ē-tur	capi-e-ntur

Perfektstamm

Inf. Perfekt	āc-tum esse		cap-tum esse	

PPP	āc-tus, a, um		cap-tus, a, um	

Perfekt	*Singular*	*Plural*	*Singular*	*Plural*
1. Person	āc-tus sum	āc-tī sumus	cap-tus sum	cap-tī sumus
2. Person	āc-tus es	āc-tī estis	cap-tus es	cap-tī estis
3. Person	āc-tus est	āc-tī sunt	cap-tus est	cap-tī sunt

Plusqpf.	*Singular*	*Plural*	*Singular*	*Plural*
1. Person	āc-tus eram	āc-tī erāmus	cap-tus eram	cap-tī erāmus
2. Person	āc-tus erās	āc-tī erātis	cap-tus erās	cap-tī erātis
3. Person	āc-tus erat	āc-tī erant	cap-tus erat	cap-tī erant

Futur II	*Singular*	*Plural*	*Singular*	*Plural*
1. Person	āc-tus erō	āc-tī erimus	cap-tus erō	cap-tī erimus
2. Person	āc-tus eris	āc-tī eritis	cap-tus eris	cap-tī eritis
3. Person	āc-tus erit	āc-tī erunt	cap-tus erit	cap-tī erunt

Tabellarium

6. Verben: Konjunktiv Aktiv

	ā–Konjugation		*ē–Konjugation*		*ī–Konjugation*	

Imperfekt	*Singular*	*Plural*	*Singular*	*Plural*	*Singular*	*Plural*
1. Person	rogā-**re-m**	rogā-**rē-mus**	monē-**re-m**	monē-**rē-mus**	audī-**re-m**	audī-**rē-mus**
2. Person	rogā-**rē-s**	rogā-**rē-tis**	monē-**rē-s**	monē-**rē-tis**	audī-**rē-s**	audī-**rē-tis**
3. Person	rogā-**re-t**	rogā-**re-nt**	monē-**re-t**	monē-**re-nt**	audī-**re-t**	audī-**re-nt**

Plusqpf.	*Singular*	*Plural*	*Singular*	*Plural*	*Singular*	*Plural*
1. Person	rogāv-**isse-m**	rogāv-**issē-mus**	monu-**isse-m**	monu-**issē-mus**	audīv-**isse-m**	audīv-**issē-mus**
2. Person	rogāv-**issē-s**	rogāv-**issē-tis**	monu-**issē-s**	monu-**issē-tis**	audīv-**issē-s**	audīv-**issē-tis**
3. Person	rogāv-**isse-t**	rogāv-**isse-nt**	monu-**isse-t**	monu-**isse-nt**	audīv-**isse-t**	audīv-**isse-nt**

7. Verben: Konjunktiv Passiv

Imperfekt	*Singular*	*Plural*	*Singular*	*Plural*	*Singular*	*Plural*
1. Person	rogā-**re-r**	rogā-**rē-mur**	monē-**re-r**	monē-**rē-mur**	audī-**re-r**	audī-**rē-mur**
2. Person	rogā-**rē-ris**	rogā-**rē-minī**	monē-**rē-ris**	monē-**rē-minī**	audī-**rē-ris**	audī-**rē-minī**
3. Person	rogā-**rē-tur**	rogā-**re-ntur**	monē-**rē-tur**	monē-**re-ntur**	audī-**rē-tur**	audī-**re-ntur**

Plusqpf.	*Singular*	*Plural*	*Singular*	*Plural*	*Singular*	*Plural*
1. Person	rogā-**tus essem**	rogā-**tī essēmus**	moni-**tus essem**	moni-**tī essēmus**	audī-**tus essem**	audī-**tī essēmus**
2. Person	rogā-**tus essēs**	rogā-**tī essētis**	moni-**tus essēs**	moni-**tī essētis**	audī-**tus essēs**	audī-**tī essētis**
3. Person	rogā-**tus esset**	rogā-**tī essent**	moni-**tus esset**	moni-**tī essent**	audī-**tus esset**	audī-**tī essent**

Tabellarium

	konsonantische Konjugation		(i-Erweiterung)		Hilfsverb	

Imperfekt	*Singular*	*Plural*	*Singular*	*Plural*	*Singular*	*Plural*
1. Person	ag-**e-re-m**	ag-**e-rē-mus**	cape-**re-m**	cape-**rē-mus**	es-**se-m**	es-**sē-mus**
2. Person	ag-**e-rē-s**	ag-**e-rē-tis**	cape-**rē-s**	cape-**rē-tis**	es-**sē-s**	es-**sē-tis**
3. Person	ag-**e-re-t**	ag-**e-re-nt**	cape-**re-t**	cape-**re-nt**	es-**se-t**	es-**se-nt**

Plusqpf.	*Singular*	*Plural*	*Singular*	*Plural*	*Singular*	*Plural*
1. Person	ēg-**isse-m**	ēg-**issē-mus**	cēp-**isse-m**	cēp-**issē-mus**	fu-**isse-m**	fu-**issē-mus**
2. Person	ēg-**issē-s**	ēg-**issē-tis**	cēp-**issē-s**	cēp-**issē-tis**	fu-**issē-s**	fu-**issē-tis**
3. Person	ēg-**isse-t**	ēg-**isse-nt**	cēp-**isse-t**	cēp-**isse-nt**	fu-**isse-t**	fu-**isse-nt**

Imperfekt	*Singular*	*Plural*	*Singular*	*Plural*
1. Person	ag-**e-re-r**	ag-**e-rē-mur**	cape-**re-r**	cape-**rē-mur**
2. Person	ag-**e-rē-ris**	ag-**e-rē-minī**	cape-**rē-ris**	cape-**rē-minī**
3. Person	ag-**e-rē-tur**	ag-**e-re-ntur**	cape-**rē-tur**	cape-**re-ntur**

Plusqpf.	*Singular*	*Plural*	*Singular*	*Plural*
1. Person	āc-**tus essem**	āc-**tī essēmus**	cap-**tus essem**	cap-**tī essēmus**
2. Person	āc-**tus essēs**	āc-**tī essētis**	cap-**tus essēs**	cap-**tī essētis**
3. Person	āc-**tus esset**	āc-**tī essent**	cap-**tus esset**	cap-**tī essent**

Tabellarium

8. posse

Präsensstamm

Inf. Präsens	pos-se

	Indikativ		**Konjunktiv**	

Präsens	*Singular*	*Plural*		
1. Person	pos-sum	pos-sumus		
2. Person	pot-es	pot-estis		
3. Person	pot-est	pos-sunt		

Imperfekt	*Singular*	*Plural*	*Singular*	*Plural*
1. Person	pot-eram	pot-erāmus	pos-se-m	pos-sē-mus
2. Person	pot-erās	pot-erātis	pos-sē-s	pos-sē-tis
3. Person	pot-erat	pot-erant	pos-se-t	pos-se-nt

Futur I	*Singular*	*Plural*		
1. Person	pot-erō	pot-erimus		
2. Person	pot-eris	pot-eritis		
3. Person	pot-erit	pot-erunt		

Perfektstamm

Inf. Perfekt	potu-isse

	Indikativ		**Konjunktiv**	

Perfekt	*Singular*	*Plural*		
1. Person	potu-ī	potu-imus		
2. Person	potu-istī	potu-istis		
3. Person	potu-it	potu-ērunt		

Plusqpf.	*Singular*	*Plural*	*Singular*	*Plural*
1. Person	potu-eram	potu-erāmus	potu-isse-m	potu-issē-mus
2. Person	potu-erās	potu-erātis	potu-issē-s	potu-issē-tis
3. Person	potu-erat	potu-erant	potu-isse-t	potu-isse-nt

Futur II	*Singular*	*Plural*		
1. Person	potu-erō	potu-erimus		
2. Person	potu-eris	potu-eritis		
3. Person	potu-erit	potu-erint		

Tabellarium

9. velle

Präsensstamm

Inf. Präsens	vel-le

PPA	vol-ē-ns, vol-e-ntis

	Indikativ		**Konjunktiv**	

Präsens	*Singular*	*Plural*		
1. Person	volō	volumus		
2. Person	vīs	vultis		
3. Person	vult	volunt		

Imperfekt	*Singular*	*Plural*	*Singular*	*Plural*
1. Person	vol-ēba-m	vol-ēbā-mus	vel-le-m	vel-lē-mus
2. Person	vol-ēbā-s	vol-ēbā-tis	vel-lē-s	vel-lē-tis
3. Person	vol-ēba-t	vol-ēba-nt	vel-le-t	vel-le-nt

Futur I	*Singular*	*Plural*		
1. Person	vol-a-m	vol-ē-mus		
2. Person	vol-ē-s	vol-ē-tis		
3. Person	vol-e-t	vol-e-nt		

Perfektstamm

Inf. Perfekt	volu-isse

	Indikativ		**Konjunktiv**	

Perfekt	*Singular*	*Plural*		
1. Person	volu-ī	volu-imus		
2. Person	volu-istī	volu-istis		
3. Person	volu-it	volu-ērunt		

Plusqpf.	*Singular*	*Plural*	*Singular*	*Plural*
1. Person	volu-eram	volu-erāmus	volu-isse-m	volu-issē-mus
2. Person	volu-erās	volu-erātis	volu-issē-s	volu-issē-tis
3. Person	volu-erat	volu-erant	volu-isse-t	volu-isse-nt

Futur II	*Singular*	*Plural*		
1. Person	volu-erō	volu-erimus		
2. Person	volu-eris	volu-eritis		
3. Person	volu-erit	volu-erint		

10. ire

Präsensstamm

Inf. Präsens	ī-re

PPA	i-ē-ns, e-u-ntis

	Indikativ		**Konjunktiv**

Präsens	*Singular*	*Plural*
1. Person	e-ō	ī-mus
2. Person	ī-s	ī-tis
3. Person	i-t	e-u-nt

Imperfekt	*Singular*	*Plural*	*Singular*	*Plural*
1. Person	ī-ba-m	ī-bā-mus	ī-re-m	ī-rē-mus
2. Person	ī-bā-s	ī-bā-tis	ī-rē-s	ī-rē-tis
3. Person	ī-ba-t	ī-ba-nt	ī-re-t	ī-re-nt

Futur I	*Singular*	*Plural*
1. Person	ī-b-ō	ī-bi-mus
2. Person	ī-bi-s	ī-bi-tis
3. Person	ī-bi-t	ī-bu-nt

Imperativ	ī	ī-te

Perfektstamm

Inf. Perfekt	īsse

	Indikativ		**Konjunktiv**

Perfekt	*Singular*	*Plural*
1. Person	i-ī	i-imus
2. Person	īstī	īstis
3. Person	i-it	i-ērunt

Plusqpf.	*Singular*	*Plural*	*Singular*	*Plural*
1. Person	i-eram	i-erāmus	īsse-m	īssē-mus
2. Person	i-erās	i-erātis	īssē-s	īssē-tis
3. Person	i-erat	i-erant	īsse-t	īsse-nt

Futur II	*Singular*	*Plural*
1. Person	i-erō	i-erimus
2. Person	i-eris	i-eritis
3. Person	i-erit	i-erint

Stammformen wichtiger Verben

In der folgenden Übersicht stehen diejenigen Verben oder Stammformen,
die im Lehrbuch noch nicht vorkamen, in Klammern.

Verben der ā-Konjugation

u-Perfekt

vetāre	vetō	vetuī	vetitum	verbieten

Dehnungsperfekt

iuvāre	iuvō	iūvī	~	unterstützen, helfen; erfreuen

Reduplikationsperfekt

dare	dō	dedī	datum	geben
circumdare	circumdō	circumdedī	circumdatum	umgeben
stāre	stō	stetī	~	stehen
īnstāre	īnstō	īnstitī	~	bevorstehen, hart zusetzen
praestāre	praestō	praestitī	~	gewähren, leisten, zeigen; übertreffen

Verben der ē-Konjugation

v-Perfekt

complēre	compleō	complēvī	complētum	anfüllen, auffüllen
dēlēre	dēleō	dēlēvī	dēlētum	zerstören, vernichten
flēre	fleō	flēvī	flētum	weinen, beweinen

u-Perfekt

docēre	doceō	docuī	(doctum)	lehren, unterrichten
tenēre	teneō	tenuī	~	halten, festhalten, besitzen
pertinēre	pertineō	pertinuī	~	betreffen, gehören (zu), sich erstrecken (bis)
retinēre	retineō	retinuī	retentum	behalten, festhalten, zurückhalten
sustinēre	sustineō	sustinuī	~	ertragen, standhalten

s-Perfekt

augēre	augeō	auxī	auctum	vergrößern, vermehren
haerēre	haereō	haesī	~	hängen, stecken bleiben
iubēre	iubeō	iussī	iussum	anordnen, befehlen
manēre	maneō	mānsī	~	bleiben, (er)warten
remanēre	remaneō	remānsī	~	(zurück)bleiben
persuādēre	persuādeō	persuāsī	persuāsum	überreden, überzeugen
rīdēre	rīdeō	rīsī	rīsum	lachen, auslachen
torquēre	torqueō	torsī	tortum	drehen; quälen

Stammformen wichtiger Verben

Dehnungsperfekt				
movēre	moveō	mōvī	mōtum	bewegen, beeindrucken
commovēre	commoveō	commōvī	commōtum	bewegen, veranlassen
respondēre	respondeō	respondī	respōnsum	antworten
sedēre	sedeō	sēdī	(sessum)	sitzen
vidēre	videō	vīdī	vīsum	sehen
prōvidēre	prōvideō	prōvīdī	prōvīsum	vorhersehen; sorgen für

Verben der ī-Konjugation

u-Perfekt				
aperīre	aperiō	aperuī	(apertum)	aufdecken, öffnen

s-Perfekt				
sentīre	sentiō	sēnsī	(sēnsum)	fühlen, meinen, wahrnehmen

Dehnungsperfekt				
venīre	veniō	vēnī	ventum	kommen
convenīre	conveniō	convēnī	(conventum)	zusammenkommen, zusammenpassen, besuch
invenīre	inveniō	invēnī	inventum	finden, erfinden
pervenīre	pervenio	pervēnī	perventum	kommen (zu / nach)

Reduplikationsperfekt				
comperīre	comperiō	comperī	compertum	(genau) erfahren

Verben der konsonantischen Konjugation

v-Perfekt				
arcessere	arcessō	arcessīvī	arcessītum	herbeirufen, holen
petere	petō	petīvī	petītum	aufsuchen, (er)streben, bitten, verlangen
appetere	appetō	appetīvī	(appetītum)	erstreben, haben wollen; angreifen
quaerere	quaerō	quaesīvī	quaesītum	erwerben wollen, suchen; jdn. fragen
sinere	sinō	sīvī	(situm)	(zu)lassen, erlauben
dēsinere	dēsinō	dēsiī	dēsitum	aufhören

Stammformen wichtiger Verben

u-Perfekt

alere	alō	aluī	altum	ernähren, großziehen
colere	colō	coluī	cultum	bewirtschaften, pflegen; verehren
cōnsulere	cōnsulō	cōnsuluī	cōnsultum	um Rat fragen; sorgen für; vorgehen (gegen)
dēserere	dēserō	dēseruī	dēsertum	im Stich lassen, verlassen
pōnere	pōnō	posuī	positum	(auf)stellen, (hin)legen, setzen
dēpōnere	dēpōnō	dēposuī	dēpositum	niederlegen, aufgeben

s-Perfekt

cēdere	cēdō	cessī	~	gehen, nachgeben, weichen
concēdere	concēdō	concessī	~	erlauben, nachgeben, zugestehen
prōcēdere	prōcēdō	prōcessī	~	(vorwärts)gehen, vorrücken
claudere	claudō	clausī	clausum	schließen, abschließen, einschließen
inclūdere	inclūdō	inclūsī	inclūsum	einschließen
cōnflīgere	cōnflīgō	cōnflīxī	(cōnflīctum)	kämpfen, zusammenstoßen
contemnere	contemnō	contempsī	contemptum	verachten, nicht beachten
dīcere	dīcō	dīxī	dictum	sagen, sprechen
dūcere	dūco	dūxī	ductum	führen, ziehen
addūcere	addūcō	addūxī	adductum	heranführen, veranlassen
dēdūcere	dēdūcō	dēdūxī	dēductum	wegführen, hinführen
ēdūcere	ēdūcō	(ēdūxī)	(ēductum)	herausführen
redūcere	redūcō	redūxī	reductum	zurückführen, zurückziehen
flectere	flectō	flexī	flexum	biegen, (hin)lenken, umstimmen
gerere	gerō	gessī	gestum	ausführen, führen, tragen
invādere	invādō	invāsī	invāsum	eindringen, sich verbreiten, befallen
laedere	laedō	laesī	laesum	beschädigen, verletzen
[legere]			[s. S. 206]	
neglegere	neglegō	neglēxī	neglēctum	nicht (be)achten, vernachlässigen
mittere	mittō	mīsī	missum	(los)lassen, schicken, werfen
āmittere	āmittō	āmīsī	(āmissum)	aufgeben, verlieren
dīmittere	dīmittō	dīmīsī	dīmissum	aufgeben, entlassen
omittere	omittō	omīsī	(omissum)	aufgeben, beiseite lassen
prōmittere	prōmittō	prōmīsī	prōmissum	versprechen
nūbere	nūbō	nūpsī	nūptum	heiraten
premere	premō	pressī	pressum	(unter)drücken, bedrängen
opprimere	opprimō	oppressī	oppressum	bedrohen, niederwerfen, unterdrücken
regere	regō	rēxī	rēctum	beherrschen, leiten, lenken
pergere	pergō	perrēxī	~	aufbrechen; weitermachen
surgere	surgō	surrēxī	~	aufrichten; sich erheben, aufstehen

Stammformen wichtiger Verben

scrībere	scrībō	scrīpsī	scrīptum	schreiben, beschreiben
tegere	tegō	tēxī	(tēctum)	bedecken, schützen, verbergen
trahere	trahō	trāxī	tractum	schleppen, ziehen
vīvere	vīvō	vīxī	~	leben

Dehnungsperfekt

agere	agō	ēgī	āctum	handeln, treiben, verhandeln
cōnsīdere	cōnsīdō	cōnsēdī	cōnsessum	sich setzen, sich niederlassen
frangere	frangō	frēgī	frāctum	zerbrechen (trans.)
fundere	fundō	fūdī	(fūsum)	(aus)gießen, zerstreuen
effundere	effundō	effūdī	(effūsum)	ausgießen, vergießen
īnfundere	īnfundō	īnfūdī	(īnfūsum)	hineingießen, darübergießen, verbreiten (übe
legere	legō	lēgī	lēctum	lesen; auswählen
dēligere	dēligō	dēlēgī	dēlēctum	(aus)wählen
relinquere	relinquō	relīquī	relictum	verlassen, zurücklassen
vincere	vincō	vīcī	victum	(be)siegen, übertreffen

Reduplikationsperfekt

cadere	cadō	cecidī	~	fallen
accidere	accidō	accidī	~	geschehen, sich ereignen
occidere	occidō	occidī	~	(zu Boden) fallen, umkommen, untergehen
caedere	caedō	cecīdī	(caesum)	fällen, töten
occīdere	occīdō	occīdī	occīsum	niederschlagen, töten
canere	canō	cecinī	~	singen, (ver)künden
currere	currō	cucurrī	(cursum)	laufen, eilen
[dare]			[s. S. 203]	
addere	addō	addidī	additum	hinzufügen
condere	condō	condidī	conditum	verwahren, verbergen; erbauen, gründen
crēdere	crēdō	crēdidī	(crēditum)	glauben, anvertrauen
perdere	perdō	perdidī	perditum	verlieren, verschwenden, zugrunde richten
reddere	reddō	reddidī	redditum	zurückgeben, etw. zukommen lassen
trādere	trādō	trādidī	trāditum	übergeben, überliefern
vēndere	vēndō	(vēndidī)	(vēnditum)	verkaufen

Stammformen wichtiger Verben

discere	discō	didicī	~	lernen, erfahren
fallere	fallō	fefellī	~	täuschen, betrügen
parcere	parcō	pepercī	~	schonen, verschonen
pellere	pellō	pepulī	pulsum	stoßen, schlagen, (ver)treiben
expellere	expellō	expulī	expulsum	vertreiben, verbannen
impellere	impellō	impulī	impulsum	antreiben, veranlassen
repellere	repellō	reppulī	(repulsum)	zurückstoßen, abweisen, vertreiben
[sistere]				stellen, sich hinstellen
cōnsistere	cōnsistō	cōnstitī	~	stehen bleiben, haltmachen, sich aufstellen
resistere	resistō	restitī	~	stehen bleiben; Widerstand leisten
tangere	tangō	tetigī	tāctum	berühren
[tendere]				sich anstrengen, spannen, (aus)strecken
contendere	contendō	contendī	~	sich anstrengen, kämpfen; eilen; behaupten
ostendere	ostendō	ostendī	~	zeigen, erklären

Perfekt ohne Stammveränderung

bibere	bibō	bibī	~	trinken
dēfendere	dēfendō	dēfendī	dēfēnsum	abwehren, verteidigen
metuere	metuō	metuī	~	(sich) fürchten
[prehendere]				ergreifen
comprehendere	comprehendō	comprehendī	comprehēnsum	begreifen, ergreifen, festnehmen
reprehendere	reprehendō	reprehendī	reprehēnsum	schimpfen, kritisieren
[scandere]				steigen
ascendere	ascendō	ascendī	~	besteigen, hinaufsteigen (zu)
dēscendere	dēscendō	dēscendī	~	herabsteigen
solvere	solvō	solvī	solūtum	lösen, auflösen; bezahlen
statuere	statuō	statuī	statūtum	aufstellen, beschließen, festsetzen
cōnstituere	cōnstituō	cōnstituī	cōnstitūtum	festsetzen, beschließen
restituere	restituō	restituī	restitūtum	wiederherstellen
tribuere	tribuō	tribuī	tribūtum	schenken, zuteilen
vertere	vertō	vertī	versum	drehen, wenden
animadvertere	animadvertō	animadvertī	animadversum	bemerken; vorgehen (gegen)
āvertere	āvertō	āvertī	āversum	abwenden, vertreiben
convertere	convertō	convertī	conversum	verändern, (um)wenden
volvere	volvō	volvī	volūtum	rollen, wälzen; überlegen

Stammformen wichtiger Verben

Verben der konsonantischen Konjugation (mit i-Erweiterung)

v-Perfekt

cupere	cupiō	cupīvī	cupītum	wünschen, verlangen

u-Perfekt

rapere	rapiō	rapuī	raptum	wegführen, rauben, wegreißen

s-Perfekt

aspicere	aspiciō	aspexī	(aspectum)	erblicken, ansehen
respicere	respiciō	respexī	respectum	zurückblicken, berücksichtigen

Dehnungsperfekt

capere	capiō	cēpī	captum	fassen, nehmen; erobern
accipere	accipiō	accēpī	acceptum	erhalten, erfahren
incipere	incipiō	coepī (incēpī)	inceptum	anfangen, beginnen
facere	faciō	fēcī	factum	machen, tun, handeln
cōnficere	cōnficiō	cōnfēcī	cōnfectum	fertig machen, beenden
efficere	efficiō	effēcī	effectum	bewirken, herstellen
interficere	interficiō	interfēcī	interfectum	töten, vernichten
patefacere	patefaciō	patefēcī	(patefactum)	aufdecken, öffnen
fugere	fugiō	fūgī	~	fliehen (vor), meiden
effugere	effugiō	effūgī	~	entfliehen, entkommen
[iacere]				werfen, schleudern
conicere	coniciō	coniēcī	coniectum	(zusammen)werfen, folgern, vermuten
obicere	obiciō	obiēcī	(obiectum)	darbieten, vorwerfen
inicere	iniciō	iniēcī	iniectum	hineinwerfen, einflößen; anlegen, anziehen

Reduplikationsperfekt

parere	pariō	peperī	partum	zur Welt bringen, gebären; schaffen

Stammformen wichtiger Verben

Weitere Verben

esse	sum	fuī	~	sein, sich befinden
adesse	adsum	adfuī	~	da sein, helfen
dēesse	dēsum	defuī	~	abwesend sein, fehlen
posse	possum	potuī	~	können
praeesse	praesum	praefuī	~	leiten, an der Spitze stehen
superesse	supersum	superfuī	~	überleben, übrig sein
īre	eō	iī	itum	gehen
abīre	abeō	abiī	(abitum)	weggehen
adīre	adeō	adiī	(aditum)	herantreten (an), bitten, aufsuchen
exīre	exeō	exiī	(exitum)	herausgehen, hinausgehen; enden
inīre	ineō	iniī	(initum)	hineingehen (in), beginnen
perīre	pereō	periī	(peritum)	umkommen, zugrunde gehen
praeterīre	praetereō	praeteriī	(praeteritum)	übergehen, vorbeigehen (an)
redīre	redeō	rediī	reditum	zurückgehen, zurückkehren
subīre	subeō	subiī	(subitum)	auf sich nehmen, herangehen
trānsīre	trānseō	trānsiī	(trānsitum)	durchqueren, hinübergehen, überschreiten
velle	volō	voluī	~	wollen

Grammatisches Register

Ablativ (6. Fall) 9
  Ablativ als Adverbiale 9. 33
  Ablativ als Objekt 33
  Ablativ der Beschaffenheit 59
  Ablativ des Grundes 33
  Ablativ des Mittels 9
  Ablativ der Trennung 33
  Ablativ der Zeit 33
Adjektive (Eigenschaftswörter) 15
  der a- / o-Deklination 15
  der a- / o-Deklination auf -(e)r 16
  der 3. Deklination (einendige) 47
  der 3. Deklination (zweiendige) 38
  der 3. Deklination (dreiendige) 37
  Adjektiv als Attribut 15
  Adjektiv als Prädikatsnomen 15
  Substantivierung 47
Adverbiale (Umstandsbestimmung) 9
  Ablativ als Adverbiale 9. 33
  Gliedsätze als Adverbiale 22. 72. 74
  Partizip als Adverbiale 64
  Präpositionalausdruck als Adverbiale 13
Akkusativ (4. Fall) 3
  Akkusativ als Objekt 3
  Akkusativ als Adverbiale 26
  Akkusativ der zeitlichen Ausdehnung 26
  Doppelter Akkusativ 62
Akkusativ mit Infinitiv 34
  AcI als satzwertige Konstruktion 34
Artikel (Begleiter) 1
Attribut (Beifügung) 2
  Adjektiv als Attribut 15
  Genitiv als Attribut 7
  Relativsatz als Attribut 39
  Substantiv als Attribut 2
Begehrsätze 70
Dativ (3. Fall) 5
  Dativ als Objekt 5
  Dativ des Besitzers 42
  Dativ des Vorteils 66
  Dativ des Zwecks 66
Deklination (Beugung des Substantivs) 1
Deklinationsklassen 1
  a- / o-Deklination 1
    Substantive 1. 12. 16
    Adjektive 15. 16
  3. Deklination 21
    Substantive 21. 22. 23. 25. 26. 28. 35. 37. 51. 53. 54
    Adjektive 37. 38. 47
  e-Deklination 44
  u-Deklination 43

Deklinieren (Beugen des Substantivs) 1
Endung 1
Finalsätze (Gliedsätze, die eine Absicht angeben) 72
Genitiv (2. Fall) 7
  Genitiv als Attribut 7
  Genitiv der Beschaffenheit 59
  Genitiv der Zugehörigkeit 7. 70
  Genitivus subiectivus / obiectivus 72
Genus (grammatisches Geschlecht) 1. 54
  allgemein 1
  grammatisches Geschlecht 1. 54
  natürliches Geschlecht 23
Genus verbi (Aktiv bzw. Passiv) 48
Gliedsätze s. Adverbiale
  s. Begehrsätze
  s. Fragesätze
Grammatische Eigenschaften 13
Grundzahlen 53
Hilfsverb (esse) 2. 4
Imperativ (Befehlsform) 6
Indikativ (Wirklichkeitsform) 6
Infinitive (Grundformen) 2
  Infinitiv Präsens Aktiv 2
  Infinitiv Perfekt Aktiv 27
Irrealis
  der Gegenwart 68
  der Vergangenheit 69
Kasus (Fälle) 1
  Ablativ 9
  Akkusativ 3
  Dativ 5
  Genitiv 7
  Nominativ 1
  Vokativ 6
Kausalsätze (Gliedsätze, die einen Grund angeben) 22. 74
Kompositum (zusammengesetztes Verbum) 18
Konditionalsätze (Bedingungssätze) 22
Kongruenz (Übereinstimmung in Fall, Zahl und Geschlecht) 2
  KNG-Kongruenz 15
Konjugation (Beugung des Verbs) 2
Konjugationsklassen 2. 20
Konjugieren (Beugen des Verbs) 2
Konjunktion (beiordnendes Bindewort) 22
Konjunktiv (Möglichkeitsform) 68
  Imperfekt 68
  Plusquamperfekt 69
  als Irrealis 68. 69
Konnektoren (Satzverbindungen) 41
Konsekutivsätze (Gliedsätze, die eine Folge angeben) 72
Konzessivsätze (Gliedsätze, die einen Gegengrund angeben) 22. 74

210

Grammatisches Register

Korrelativa 67

Modus (Aussageweise) 6. 68. 71

Nominativ (1. Fall) 1

Numerus (Singular bzw. Plural) 1

Objekt (Satzergänzung) 3

  Gliedsätze als Objekt 70

Ordnungszahlen 56

Participium coniunctum (verbundenes Partizip) 60. 63

  als satzwertige Konstruktion 60. 63

  Satzgliedfunktion 60. 63

  Übersetzungsmöglichkeiten 60. 61. 63. 64

  Zeitverhältnis: Gleichzeitigkeit (PPA): 63. 64

  Zeitverhältnis: Vorzeitigkeit (PPP) 60. 64

Partizip (Mittelwort)

  Partizip als Adverbiale 64

  Partizip Perfekt Passiv (PPP) 55

    Verwendung 60

  Partizip Präsens Aktiv (PPA) 63

    Verwendung 63

  Substantivierung 66

Passiv s. Verben

Perfektbildung 27

  Perfektstamm 27

  v-Perfekt 27

  u-Perfekt 28

  s-Perfekt 31

  Dehnung 32

  ohne Stammveränderung 32

  Reduplikation 31

Plural (Mehrzahl) 1

Prädikat (Satzaussage) 2

Prädikativum 73

Prädikatsnomen 2

  Substantiv als Prädikatsnomen 2

  Adjektiv als Prädikatsnomen 15

Präfix (Vorsilbe) 18

Präposition (Verhältniswort) 13

Präsensstamm 31

Pronomina (Fürwörter) 14

  hic, ille 46

  idem 67

  ipse 62

  is 29

  iste 73

  Demonstrativpronomen (hinweisendes Fürwort) 29

  Indefinitpronomen (unbestimmtes Fürwort) 72

  Personalpronomen (persönliches Fürwort) 14. 29

  Possessivpronomen (besitzanzeigendes Fürwort) 29. 35

  Pro-Formen 75

  Reflexivpronomen (rückbezügliches Fürwort) 35

Relativpronomen (bezügliches Fürwort) 39

  im AcI 35

  suus: Verwendung 35

Relativsatz als Attribut 39

Sachfelder 12. 19

Satzarten 41

Satzbauplan 3

Satzfragen 14

Satzglied 10

Satzwertige Konstruktion 34

  AcI 34

  Participium coniunctum 60. 63. 64

Schlüsselwörter 41

Singular (Einzahl) 1

Sinnrichtungen 22

Stammformen 56. 57

Subjekt (Satzgegenstand) 2

  Subjekt im Prädikat 3

Subjunktion (unterordnendes Bindewort) 22

Substantiv (Namen- oder Hauptwort) 1

  Substantiv als Attribut 2

  Substantiv als Prädikatsnomen 2

  Pluralwörter 29

Suffix (Nachsilbe) 25

Tempora (Zeiten) 24. 30

  Futur I (Zukunft) 40. 41

  Futur II 42

  Imperfekt (1. Vergangenheit) 24. 25

  Perfekt (2. Vergangenheit) 24. 27

  Plusquamperfekt (3. Vergangenheit) 24. 36

  Präsens (Gegenwart) 2

Temporalsätze (Gliedsätze, die eine Zeitbestimmung angeben) 22. 38. 74

Verben (Zeitwörter) 2

Verben: Aktiv

  e-Konjugation 2

    1. / 2. Pers. Präs. 4

    3. Pers. Präs. 2

    Inf. Präs. 2

  a-Konjugation

    Präsens 8

  i-Konjugation

    Präsens 11

  kons. Konjugation

    Präsens 17

  kons. Konjugation (i-Erweiterung)

    Präsens 19

  alle Konjugationen

    Futur I 40. 41

    Futur II 42

    Imperfekt 24. 25

Perfekt   24. 27
  Plusqpf.   24. 36
ire   45
posse   18
velle   22
  Partizip Präsens Aktiv (PPA)   63
Verben: Passiv
 Futur I   52
 Futur II   58
 Imperfekt   49
 Perfekt   55
 Plusquamperfekt   58
 Präsens   48
 Partizip Perfekt Passiv (PPP)   55
Verbum simplex (einfaches Verb)   18
Vokativ (5. Fall)   6
Wortarten   11
Wortbildung   18. 25
Wortfamilien   11
Wortfelder   19
Wortfragen   14
Wortstamm   2
Zeitenfolge   83
Zeitverhältnis   34
 Gleichzeitigkeit   34. 63. 64
 Vorzeitigkeit   34. 60. 64

Lateinisch-deutsches Register

ā / ab *Präp. m. Abl.* von, von ... her **17**
  ā basilicā venīre von der Markthalle kommen **17**
  ab oppidō venīre von der Stadt kommen **17**
abīre, abeō, abiī weggehen **45**
ac / atque und, und auch **48**
accidere, accidō, accidī geschehen, sich ereignen **51**
accipere, accipiō, accēpī, acceptum erhalten, erfahren, annehmen **39. 58**
accūsāre, accūsō anklagen, beschuldigen **38**
ācer, ācris, ācre energisch, heftig, scharf **37**
acerbus, a, um bitter, grausam, rücksichtslos **63**
ad *Präp. m. Akk.* zu, bei, nach, an **13**
  ad basilicam esse bei der Markthalle sein **13**
  ad basilicam properāre zu der Markthalle eilen **13**
addere, addō, addidī, additum hinzufügen **68**
addūcere, addūcō, addūxī, adductum heranführen, veranlassen **18. 60**
adesse, adsum da sein, helfen **18**
  amīcō adesse dem Freund helfen **18**
adhūc *Adv.* bis jetzt, noch **6**
adīre, adeō, adiī *(m. Akk.)* herantreten (an), bitten, aufsuchen **45**
  senātōrem adīre an einen Senator herantreten, einen Senator bitten **45**
  Circum Maximum adīre den Circus Maximus aufsuchen **45**
admonēre, admoneō ermahnen, auffordern, erinnern **71**
adversārius, a, um feindlich; *Subst.* Gegner, Feind **71**
adversus *Präp. m. Akk.* gegen **72**
  adversus cōnsulēs gegen die Konsuln **72**
aedificāre, aedificō bauen **12**
aedificium Gebäude **12**
Aenēās, Aenēae *m* Äneas *(Trojaner und Stammvater der Römer)* **35**
Aeolus Äolus *(Herr über die Winde)* **6**
āēr, āeris *m* Luft **60**
aestās, aestātis *f* Sommer **41**
aestimāre, aestimō einschätzen, beurteilen; *m. dopp. Akk.* halten für **62**
aeternus, a, um ewig **72**
Aetna Ätna *(Vulkan auf Sizilien)* **11**
affirmāre, affirmō behaupten, bestätigen **61**
Āfrica Afrika **9**
ager, agrī *m* Acker, Feld, Gebiet **16**
agere, agō, ēgī, āctum handeln, treiben, verhandeln **32. 70**
  vītam agere ein Leben führen, leben **41**
agmen, agminis *n* Heereszug **69**
alere, alō, aluī, altum ernähren, großziehen **66**
alibī *Adv.* anderswo **20**
alius, alia, aliud ein anderer **34**
alius ... alius der eine ... der andere **57**
Alpēs, Alpium *f Pl.* die Alpen **69**
altus, a, um hoch, tief **28**
amāre, amō lieben **8**

amīca Freundin **7**
amīcitia Freundschaft **68**
amīcus Freund **4**
āmittere, āmittō, āmīsī aufgeben, verlieren **26. 31**
amor, amōris *m* Liebe **22**
  amōre capī von Liebe ergriffen werden **58**
amphitheātrum Amphitheater **25**
Amūlius Amulius *(König von Alba, Bruder des Numitor)* **38**
an *(im Fragesatz)* oder (etwa) **27**
animadvertere, animadvertō, animadvertī, animadversum *m. AcI / Akk.* bemerken; **in** *m. Akk.* vorgehen gegen **34. 58. 74**
  animadvertere in senātum gegen den Senat vorgehen **74**
animal, animālis *n (Gen. Pl. -ium)* Lebewesen, Tier **53**
animus Geist, Mut, Gesinnung **22**
  bonō animō esse guten Mutes sein, zuversichtlich sein **59**
  in animō habēre im Sinn haben, vorhaben **22**
annus Jahr **25**
  eō annō in diesem Jahr **33**
ante *Präp. m. Akk.* vor **13**
  ante cēnam vor dem Essen **13**
  ante vīllam vor dem Landhaus **13**
ante *Adv.* vorher **74**
anteā *Adv.* vorher, früher **27**
antīquus, a, um alt, altertümlich **24**
aperīre, aperiō, aperuī aufdecken, öffnen **41**
apertus, a, um offen, offenkundig **68**
Apollō, Apollinis *m* Apollon *(Gott des Lichts, der Künste und der Weissagung)* **62**
appāret *m. AcI* es ist offenkundig **75**
  Appāret Nerōnem crūdēlem fuisse. Es ist offenkundig, dass Nero grausam war. **75**
appellāre, appellō anrufen; *m. dopp. Akk.* nennen **62**
appetere, appetō, appetīvī erstreben, haben wollen; angreifen **42**
appropinquāre, appropinquō sich nähern **10**
apud *Präp. m. Akk.* bei **21**
  apud amīcōs bei Freunden **21**
aqua Wasser **6**
āra Altar **62**
arcessere, accessō, accessīvī, accessītum herbeirufen, holen **40. 56**
Archimēdēs, Archimēdis *m* Archimedes *(griech. Mathematiker und Ingenieur, um 287-212 v. Chr.)* **71**
arēna Sand, Kampfplatz **48**
argentum Silber **70**
Ariadna Ariadne *(Tochter des Königs Minos)* **61**
arma, armōrum *n Pl.* Gerät, Waffen **29**
armātus, a, um bewaffnet **56**
arx, arcis *f* Burg **67**

ascendere, ascendō, ascendī besteigen, hinaufsteigen (zu) **50**

Asia Asien **9**

aspicere, aspiciō, aspexī erblicken, ansehen **19. 31**

at aber, dagegen, jedoch **58**

atque / ac und, und auch **48**

ātrium Atrium *(Eingangshalle)* **20**

atrōx, atrōcis furchtbar, schrecklich **50**

auctor, auctōris *m* Anführer, Gründer, Schriftsteller, Verfasser **47**

audācia Frechheit, Kühnheit **36**

audīre, audiō hören **11**

augēre, augeō, auxī, auctum vergrößern, vermehren **3. 31. 68**

Augiās *m* Augias *(mythischer König, dessen Stall Herkules ausmistete)* **32**

aureus, a, um golden, aus Gold **42**

auris, auris *f (Gen. Pl. -ium)* Ohr **73**

auscultāre, auscultō zuhören, gehorchen **75**

aut oder **69**

autem *(nachgestellt)* aber, andererseits **19**

  Puerī autem tacent. Die Jungen aber schweigen. **19**

auxiliō venīre zu Hilfe kommen **66**

auxilium Hilfe **18**

Aventīnus der Aventin *(am Tiber gelegener Hügel Roms)* **39**

āvertere, āvertō, āvertī, āversum abwenden, vertreiben **66**

avidus, a, um *(m. Gen.)* (be)gierig (nach) **71**

  avidus pecūniae geldgierig **71**

avunculus Onkel **30**

avus Großvater **1**

B **Bacchus** Bacchus *(Gott des Weines)* **73**

bal(i)neum Bad **20**

basilica Markthalle, Gerichtshalle **13**

beātus, a, um glücklich, reich **41**

bellum Krieg **34**

bellum gerere Krieg führen **42**

bene *Adv.* gut **9**

beneficium Wohltat **12**

bēstia (wildes) Tier **24**

bibere, bibō, bibī trinken **18. 37**

bonus, a, um gut, tüchtig **15**

  bonō animō esse guten Mutes sein, zuversichtlich sein **59**

brevī (tempore) nach kurzer Zeit, bald (darauf) **64**

Brūtus Lucius Junius Brutus *(Befreier Roms)* **43**

C **cadere, cadō, cecidī** fallen **29. 31**

caedere, caedō, cecīdī fällen, töten **36**

caelum Himmel **24**

Caesar, Caesaris *m* Cäsar; Kaiser **23**

Caesar, Caesaris *m* Gaius Iulius Caesar *(röm. Politiker, Feldherr und Schriftsteller, 100–44 v. Chr.)* **74**

calamitās, calamitātis *f* Schaden, Unglück **58**

Camillus Camillus *(röm. Politiker und Feldherr, um 446–365 v. Chr.)* **67**

Campānia Kampanien *(fruchtbare Landschaft südlich von Rom)* **17**

campus Feld, freier Platz **1**

canere, canō, cecinī singen, (ver)künden **54**

cantāre, cantō singen **52**

capere, capiō, cēpī, captum fassen, nehmen; erobern **19. 32. 57**

  amōre capī von Liebe ergriffen werden **58**

  cōnsilium capere einen Plan (Entschluss) fassen **32**

Capitōlium das Kapitol *(bedeutendster der sieben Hügel Roms)* **42**

captīvus Kriegsgefangener **9**

caput, capitis *n* Kopf; Hauptstadt **53**

  Caput mihi dolet. Der Kopf tut mir weh. **53**

  Rōma caput imperiī est. Rom ist die Hauptstadt des Reiches. **53**

carēre, careō *m. Abl.* frei sein von, ohne (etw.) sein, nicht haben **33**

  amīcīs carēre keine Freunde haben, ohne Freunde sein **33**

carmen, carminis *n* Gedicht, Lied **52**

carrus Wagen, Karren **17**

Carthāgō, Carthāginis *f* Karthago *(Stadt in Nordafrika)* **35**

cārus, a, um lieb, teuer, wertvoll **23**

castra, castrōrum *n Pl.* Lager **29**

causa Sache, Ursache, Grund; Prozess **44**

cavus Höhle **20**

cēdere, cēdō, cessī gehen, nachgeben, weichen **34**

celer, celeris, celere schnell **37**

cella Kammer **20**

cēna Mahlzeit, Essen **8**

cēnāre, cēnō essen **9**

Cerberus Zerberus *(der dreiköpfige Höllenhund)* **33**

certē / certō *Adv.* gewiss, sicherlich **34**

certus, a, um sicher, bestimmt **52**

cessāre, cessō zögern, rasten **48**

cēterī, ae, a die übrigen **24**

Chrīstiānus, a, um christlich; *Subst.* Christ **75**

cibus Nahrung, Speise, Futter **6**

circiter *Adv.* ungefähr **55**

circum *Präp. m. Akk.* rings um, um … herum **36**

  circum mūrōs um die Mauern (herum) **36**

circumdare, circumdō, circumdedī, circumdatum umgeben **72**

Circus Maximus Circus Maximus *(Rennbahn für Wagenrennen in Rom)* **45**

citō *Adv.* schnell **75**

cīvis, cīvis *m (Gen. Pl. -ium)* Bürger **35**

cīvitās, cīvitātis *f* Gemeinde, Staat **23**

clādēs, clādis *f (Gen. Pl. -ium)* Niederlage, Unglück, Unheil **75**

Lateinisch-deutsches Register

clam *Adv.* heimlich **61**

clāmāre, clāmō laut rufen, schreien **14**

clāmor, clāmōris *m* Geschrei, Lärm **22**

clārus, a, um klar, hell, berühmt **21**

Cleopatra Kleopatra VII. *(letzte Königin Ägyptens von 51–30 v. Chr.)* **74**

cōgitāre, cōgitō denken, beabsichtigen **35**

colere, colō, coluī, cultum bewirtschaften, pflegen; verehren **62**

  agrōs colere die Felder bewirtschaften **62**

  deōs colere die Götter verehren **62**

columna Säule **30**

comes, comitis *m/f* Begleiter(in), Gefährte, Gefährtin **37**

commovēre, commoveō, commōvī, commōtum bewegen, veranlassen **63**

commūnis, e gemeinsam, allgemein **40**

comperīre, comperiō, comperī, compertum (genau) erfahren **73**

complēre, compleō, complēvī anfüllen, auffüllen **6. 28**

complūrēs, complūr(i)a mehrere **55**

comprehendere, comprehendō, comprehendī, comprehēnsum begreifen, ergreifen, festnehmen **32. 57**

concēdere, concēdō, concessī erlauben, nachgeben, zugestehen **42**

Concordia Concordia *(Göttin der Eintracht)* **12**

condere, condō, condidī, conditum verwahren, verbergen; erbauen, gründen **39. 60**

condiciō, condiciōnis *f* Bedingung, Lage, Verabredung **63**

cōnficere, cōnficiō, cōnfēcī, cōnfectum fertig machen, beenden **69**

cōnfirmāre, cōnfirmō bekräftigen, ermutigen, stärken **41**

cōnflīgere, cōnflīgō, cōnflīxī kämpfen, zusammenstoßen **50**

conicere, coniciō, coniēcī, coniectum (zusammen) werfen, folgern, vermuten **57**

coniūnx, coniugis *m/f* Gatte, Gattin **63**

cōnsīdere, cōnsīdō, cōnsēdī, cōnsessum sich setzen, sich niederlassen **58**

cōnsilium Beratung, Beschluss, Plan, Rat **12**

cōnsilium capere einen Plan (Entschluss) fassen **32**

cōnsistere, cōnsistō, cōnstitī stehen bleiben, haltmachen, sich aufstellen **18. 34**

cōnspectus, cōnspectūs *m* Anblick, Blickfeld **48**

cōnstat es ist bekannt, es steht fest **34**

cōnstituere, cōnstituō, cōnstituī, cōnstitūtum festsetzen, beschließen **59**

cōnsul, cōnsulis *m* Konsul **70**

cōnsulere, cōnsulō, cōnsuluī, cōnsultum *m. Akk.* um Rat fragen; *m. Dat.* sorgen für; **in** *m. Akk.* vorgehen gegen **65**

  deōs cōnsulere die Götter um Rat fragen **65**

  sociīs cōnsulere für die Verbündeten sorgen **65**

  in hostēs cōnsulere gegen die Feinde vorgehen **65**

contemnere, contemnō, contempsī, contemptum verachten, nicht beachten **61**

contendere, contendō, contendī sich anstrengen, kämpfen; eilen; behaupten **39**

contrā *Präp. m. Akk.* gegen **49**

  contrā hostēs gegen die Feinde **49**

convenīre, conveniō, convēnī zusammenkommen, zusammenpassen, besuchen **35**

convertere, convertō, convertī, conversum verändern, (um)wenden **72**

cōpia Menge, Vorrat, Möglichkeit; *Pl.* Truppen **6. 42**

Coriolānus Coriolan *(röm. Patrizier)* **66**

corpus, corporis *n* Körper, Leichnam **51**

cottīdiē *Adv.* täglich **10**

creāre, creō erschaffen, wählen **21**

crēdere, crēdō, crēdidī glauben, anvertrauen **40**

Crēta Kreta *(Insel im Mittelmeer)* **11**

crīmen, crīminis *n* Verbrechen, Vorwurf, Beschuldigung **51**

  fūrem crīminis damnāre einen Dieb wegen eines Verbrechens verurteilen **55**

crīminī dare zum Vorwurf machen **66**

cruciātus, cruciātūs *m* Folter, Qual **54**

crūdēlis, e grausam **38**

crux, crucis *f* Kreuz **73**

cubiculum Schlafzimmer, Zimmer **20**

cui? wem? **5**

cultus, cultūs *m* Bildung, Lebensweise, Pflege, Verehrung **72**

cum *Präp. m. Abl.* mit, zusammen mit **13**

  cum amīcō mit dem Freund **13**

cum *Subj. m. Ind.* als (plötzlich); (immer) wenn **28**

cum *Subj. m. Konj.* als, nachdem; weil; obwohl, während (dagegen) **74**

cūnctī, ae, a alle (zusammen) **15**

cupere, cupiō, cupīvī, cupītum wünschen, verlangen **68**

cūr? warum? **2**

cūra Pflege, Sorge **41**

cūrae esse Sorge bereiten **66**

cūrāre, cūrō pflegen, sorgen für **27**

  equum cūrāre das Pferd pflegen **27**

  familiam cūrāre für die Familie sorgen **27**

cūria Kurie *(Sitzungsgebäude des Senats)* **12**

currere, currō, cucurrī laufen, eilen **48**

cūstōdīre, cūstōdiō bewachen, im Auge behalten **20**

cūstōs, cūstōdis *m/f* Wächter(in) **67**

D

Daedalus Dädalus *(berühmter Baumeister und Erfinder aus Athen)* **60**

damnāre, damnō *(m. Gen.)* verurteilen (wegen) **55**

  fūrem crīminis damnāre einen Dieb wegen eines Verbrechens verurteilen **55**

Lateinisch–deutsches Register

dare, dō, dedī, datum geben 24. 31. 56
  crīminī dare zum Vorwurf machen 66
  in vincula dare in Fesseln legen, fesseln,
gefangen nehmen 59
dē *m. Abl.* von, von … her, von … weg, von … herab;
über 15
  dē templō vom Tempel herab 15
dea Göttin 12
dēbēre, dēbeō, dēbuī, dēbitum müssen, sollen,
schulden 2. 64
decem *indekl.* zehn 53
decimus, a, um der (die, das) zehnte 56
dēdūcere, dēdūcō, dēdūxī, dēductum wegführen,
hinführen 18. 58
dēesse, dēsum abwesend sein, fehlen 18
dēfendere, dēfendō, dēfendī, dēfēnsum *(ā m. Abl.)*
abwehren, verteidigen (vor / gegen) 38. 69
deinde *Adv.* dann, darauf 49
dēlectāre, dēlectō erfreuen, unterhalten 8
dēlēre, dēleō, dēlēvī zerstören, vernichten 6. 28
dēligere, dēligō, dēlēgī, dēlēctum (aus)wählen 39. 64
Delphōs nach Delphi *(wohin?)* 72
dēmōnstrāre, dēmōnstrō beweisen, darlegen 36
dēnique *Adv.* schließlich, zuletzt 49
dēpōnere, dēpōnō, dēposuī, dēpositum niederlegen,
aufgeben 72
dēscendere, dēscendō, dēscendī herabsteigen 19. 32
dēserere, dēserō, dēseruī, dēsertum im Stich lassen,
verlassen 66
dēsīderāre, dēsīderō sich sehnen nach, vermissen 11
  patriam dēsīderāre sich nach der Heimat sehnen 11
dēsīderium *(m. Gen.)* Sehnsucht, Verlangen (nach) 61
  dēsīderium tuī Sehnsucht nach dir 61
dēsinere, dēsinō, dēsiī, dēsitum aufhören 67
dēspērāre, dēspērō die Hoffnung aufgeben,
verzweifeln
  dē salūte dēspērāre die Hoffnung auf Rettung
aufgeben 36
deus Gott, Gottheit 6
dexter, dext(e)ra, dext(e)rum rechts 68
dext(e)ra (manus) die Rechte, die rechte Hand 68
dī! *Vok.* (oh) Götter! 28
Diāna Diana *(Göttin der Jagd)* 24
dīc! sag! sprich! 29
dīcere, dīcō, dīxī, dictum sagen, sprechen; *m. dopp.*
Akk. nennen, bezeichnen (als) 17. 31. 62
Dīdō, Dīdōnis *f* Dido *(die Gründerin und Königin*
Karthagos) 35
diēs, diēī *m* Tag 44
dīgnus, a, um *(m. Abl.)* wert, würdig (einer Sache) 49
  praemiō dīgnus einer Belohnung würdig 49
dīligēns, dīligentis gewissenhaft, sorgfältig 47
dīmittere, dīmittō, dīmīsī, dīmissum aufgeben,
entlassen 74

discere, discō, didicī lernen, erfahren 66
discipulus Schüler 12
diū *Adv.* lange (Zeit) 9
dīves, dīvitis reich 47
docēre, doceō, docuī lehren, unterrichten 4
doctus, a, um gelehrt, gebildet 71
dolēre, doleō schmerzen, wehtun 2
  Caput mihi dolet. Der Kopf tut mir weh. 53
dolēre *m. Abl.* traurig sein über 33
  iniūriā dolēre über ein Unrecht traurig sein 33
dolor, dolōris *m* Schmerz 25
dolus List, Täuschung 9
domina Herrin, Dame 8
dominus Herr 3
domus, domūs *f (Abl. Sg. -ō, Gen. Pl. -ōrum,*
Akk. Pl. -ōs) Haus 51
dōnāre, dōnō schenken 36
dōnum Geschenk 12
dubitāre, dubitō zweifeln; zögern *(m. Inf.)* 9
dūc! führe! 29
dūcere, dūco, dūxī, ductum führen, ziehen;
m. dopp. Akk. halten für 17. 31. 57. 62
dulcis, e angenehm, süß 38
dum *Subj.* während, solange, bis 22
duo, duae, duo zwei 53
duodecim *indekl.* zwölf 53
duodēvīgintī *indekl.* achtzehn 53
dux, ducis *m/f* Anführer(in) 56

E

ē / ex *Präp. m. Abl.* aus, von … her 13
  ē patriā aus der Heimat 13
  ex aedificiō aus dem Gebäude 13
eā hōrā in dieser Stunde 33
ecce Schau! Sieh da! Schaut! Seht da! 31
ēdūcere, ēdūcō herausführen 18
efficere, efficiō, effēcī, effectum bewirken,
herstellen 66
effugere, effugiō, effūgī *(m. Akk.)* entfliehen,
entkommen 64
effundere, effundō, effūdī ausgießen, vergießen 54
ego *Nom.* ich *(betont)* 14
eius modī / eiusmodī derartig, so beschaffen 59
enim *(nachgestellt)* nämlich 31
ēnsis, ēnsis *m* Schwert 71
eō annō in diesem Jahr 33
equidem (ich) allerdings, freilich 48
equus Pferd 1
ergō *Adv.* also, deshalb 42
errāre, errō umherirren, (sich) irren 14
esse, sum, fuī sein, sich befinden 2. 28
et und, auch 1
et … et sowohl … als auch 40
etiam auch, sogar 5
Etrūscus, a, um etruskisch, *Subst.* Etrusker 56

etsī auch wenn, obwohl **31**

Eurōpa Europa *(Erdteil)* **9**

Eurōpa Europa *(die Tochter des phönizischen Königs Agenor)* **58**

Eurydica Eurydike *(Gattin des Orpheus)* **63**

Eurystheus *m* Eurystheus *(mythischer König von Mykene)* **33**

excitāre, excitō erregen, ermuntern, wecken **49**

exercēre, exerceō üben, trainieren; quälen **25**

exercitus, exercitūs *m* Heer **67**

eximius, a, um außergewöhnlich, außerordentlich **50**

exīre, exeō, exiī herausgehen, hinausgehen **45**

exīstimāre, exīstimō meinen, einschätzen **24**

expellere, expellō, expulī, expulsum vertreiben, verbannen **69**

exspectāre, exspectō warten (auf), erwarten **11**

---

fābula Erzählung, Geschichte, Theaterstück **32**

fac! tu! mach! handle! **29**

facere, faciō, fēcī, factum machen, tun, handeln; *m. dopp. Akk.* jdn. zu etw. machen **19. 32. 57. 62**

  sacrum facere ein Opfer bringen, opfern **19**

facilis, e leicht (zu tun) **46**

factum Handlung, Tat, Tatsache **32**

fallere, fallō, fefellī täuschen, betrügen **64**

falsus, a, um falsch **73**

fāma (guter / schlechter) Ruf, Gerücht **73**

familia Familie **9**

Faustulus Faustulus *(Hirte, der Romulus und Remus entdeckte)* **37**

fēlīx, fēlīcis erfolgreich, glückbringend, glücklich **47**

fēmina Frau **46**

fenestra Fenster **55**

ferōx, ferōcis wild, trotzig **71**

ferrum Eisen; Waffe **36**

fidem servāre die Treue halten; sein Wort halten **64**

fidēs, fideī *f* Glaube, Treue, Vertrauen, Zuverlässigkeit **64**

figūra Figur, Form, Gestalt **71**

fīlia Tochter **8**

fīlius Sohn **9**

fīnis, fīnis *m (Gen. Pl. -ium)* Ende, Grenze, Ziel, Zweck; *Pl.* Gebiet **35**

flāgitium Schandtat, Gemeinheit **49**

flectere, flectō, flexī, flexum biegen, (hin)lenken, umstimmen **63**

flēre, fleō, flēvī weinen, beweinen **5. 28**

flōs, flōris *m* Blume, Blüte **54**

fluvius Fluss **32**

foedus, a, um hässlich, schändlich, grässlich **75**

fōns, fontis *m (Gen. Pl. -ium)* Quelle, Ursprung **26**

fōrma Form, Gestalt, Schönheit **46**

fōrmōsus, a, um schön, hübsch **61**

---

fortis, e kräftig, tapfer **38**

fortūna Schicksal, Glück **40**

forum Forum, Marktplatz **12**

frangere, frangō, frēgī, frāctum zerbrechen *(trans.)* **66**

  Servus tabulam frangit. Der Sklave zerbricht die Schreibtafel. **66**

  Tabula frangitur. Die Schreibtafel wird zerbrochen. Die Schreibtafel zerbricht. **66**

frāter, frātris *m* Bruder **23**

fraus, fraudis *f* Betrug, List **61**

frequēns, frequentis häufig, zahlreich **73**

frūmentum Getreide **12**

fuga Flucht **28**

fugā salūtem petere in der Flucht die Rettung suchen, die Flucht ergreifen **30**

fugere, fugiō, fūgī *(m. Akk.)* fliehen (vor), meiden **53**

  ad portum fugere zum Hafen fliehen **53**

  perīculum fugere vor der Gefahr fliehen, die Gefahr meiden **53**

fulmen, fulminis *n* Blitz **54**

fundere, fundō, fūdī (aus)gießen, zerstreuen **52**

fūr, fūris *m* Dieb **22**

furor, furōris *m* Wahnsinn, Wut **72**

Gallus, a, um gallisch, *Subst.* Gallier **67**

gaudēre, gaudeō sich freuen **4**

gaudēre *m. Abl.* sich freuen über **33**

  auxiliō gaudēre sich über die Hilfe freuen **33**

gemitus, gemitūs *m* Seufzen, Traurigkeit **43**

gēns, gentis *f (Gen. Pl. -ium)* Familienverband, Stamm, Volk **52**

genus, generis *n* Abstammung, Art, Geschlecht **51**

gerere, gerō, gessī, gestum ausführen, führen, tragen **42. 74**

  bellum gerere Krieg führen **42**

gladiātor, gladiātōris *m* Gladiator **25**

gladius Schwert **5**

glōria Ruhm, Ehre **40**

Graecī, ōrum *m Pl.* die Griechen **34**

grātia Dank **6**

grātiam habēre danken **6**

gravis, e schwer **58**

---

habēre, habeō haben, halten **6**

habitāre, habitō wohnen, bewohnen **11**

haerēre, haereō, haesī hängen, stecken bleiben **67**

Hamilcar, Hamilcaris *m* Hamilkar *(Vater Hannibals)* **68**

Hannibal, Hannibalis *m* Hannibal *(kartagischer Feldherr, 247–183 v. Chr.)* **68**

Herculēs, Herculis *m* Herkules *(berühmtester Held der griechischen Sagenwelt)* **31**

herī *Adv.* gestern **23**

Hersilia Hersilia *(die sabinische Ehefrau des Romulus)* **41**

Lateinisch-deutsches Register

hīc *Adv.* hier **3**

hic, haec, hoc dieser, diese, dieses (hier); folgender **46**
Hunc mīlitem laudō. Diesen Soldaten (hier) lobe ich. **46**
Mīles haec dīxit: Der Soldat sagte Folgendes: **46**
In hāc cīvitāte libenter vīvō. In diesem (unserem) Staat lebe ich gerne. **46**

hodiē *Adv.* heute **21**

homō, hominis *m* Mensch **26**

honestus, a, um ehrenhaft, angesehen **34**

honor, honōris *m* Ehre, Ehrenamt **21**
in honōre esse in Ehren stehen, angesehen sein **21**

hōra Stunde **26**
eā hōrā in dieser Stunde **33**

hortus Garten **71**

hostia Opfertier, Schlachtopfer **52**

hostis, hostis *m (Gen. Pl. -ium)* Feind (Landesfeind) **40**
hostibus īnstāre den Feinden hart zusetzen **49**

hūc *Adv.* hierher **56**

---

iacēre, iaceō liegen **29**

iam *Adv.* schon, bereits; nun **4**
nōn iam nicht mehr **4**

ibī *Adv.* dort **3**

Īcarus Ikarus *(der Sohn des Dädalus)* **60**

īdem, eadem, idem derselbe, der gleiche **67**
īdem ... quī derselbe ... wie **67**

ideō *Adv.* deshalb **20**

idōneus, a, um geeignet, passend **39**

igitur *Adv.* also, folglich **43**

ignis, ignis *m* Feuer **59**

īgnōtus, a, um unbekannt **70**

ille, illa, illud jener, jene, jenes; der (dort); damalig, berühmt **46**
Ille vir est servus. Jener Mann (der Mann dort) ist ein Sklave. **46**
Vōcem illīus audiō. Ich höre die Stimme von jenem (seine Stimme). **46**
Illud bellum crūdēle fuit. Der damalige (dieser berühmte) Krieg war grausam. **46**

immānis, e furchtbar, schrecklich **61**

imminēre, immineō drohen, herüberragen (über) **54**

immō *Adv.* im Gegenteil, ja sogar **64**

immortālis, e unsterblich **68**

impedīre, impediō hindern, verhindern **55**

impellere, impellō, impulī, impulsum antreiben, veranlassen **74**

imperāre, imperō befehlen, herrschen (über) **16**
populīs imperāre über (die) Völker herrschen **16**

imperātor, imperātōris *m* Befehlshaber, Feldherr, Kaiser **21**

imperium Befehl, Herrschaft, Reich **15**

impetus, impetūs *m* Angriff, Schwung **48**

in *Präp. m. Abl.* in, an, auf, bei *(wo?)* **13**
in aquā im Wasser **13**

in *Präp. m. Akk.* in (... hinein), nach *(wohin?)*; gegen **13. 62**
in aquam ins Wasser **13**

in animō habēre im Sinn haben, vorhaben **22**

in honōre esse in Ehren stehen, angesehen sein **21**

in vincula dare in Fesseln legen, fesseln, gefangen nehmen **59**

inānis, e leer, wertlos **40**

incipere, incipiō, coepī (incēpī), inceptum anfangen, beginnen **48. 69**

inclūdere, inclūdō, inclūsī, inclūsum einschließen **75**

indicāre, indicō anzeigen, melden **13**

īnfēlīx, īnfēlīcis unglücklich **49**

īnferī, īnferōrum *m Pl.* die Bewohner der Unterwelt, Unterwelt **64**

īnfundere, īnfundō, īnfūdī hineingießen, darübergießen, verbreiten (über) **54**

ingenium Begabung, Talent, Verstand **12**

ingēns, ingentis gewaltig, ungeheuer **48**

inicere, iniciō, iniēcī, iniectum hineinwerfen, einflößen; anlegen, anziehen **75**

inīre, ineō, iniī hineingehen (in), beginnen **45**

iniūria Unrecht, Beleidigung **9**

īnsidiae, īnsidiārum *f Pl.* Falle, Attentat, Hinterlist **69**

īnstāre, īnstō, īnstitī bevorstehen, hart zusetzen **49**
hostibus īnstāre den Feinden hart zusetzen **49**
Perīculum īnstat. Eine Gefahr steht bevor. **49**

īnsula Insel; Wohnblock **7**

interficere, interficiō, interfēcī, interfectum töten, vernichten **25. 32. 57**

interrogāre, interrogō fragen **59**

intrā *Präp. m. Akk.* innerhalb (von) **66**
intrā mūrōs innerhalb der Mauern **66**
intrā decem annōs innerhalb von zehn Jahren **66**

intrāre, intrō betreten, eintreten **8**

intus *Adv.* im Inneren, innen **47**

invādere, invādō, invāsī, invāsum eindringen, sich verbreiten, befallen **71**

invenīre, inveniō, invēnī, inventum finden, erfinden **14. 32. 57**

invītāre, invītō einladen **10**

invītus, a, um ungern, gegen den Willen **73**

ipse, ipsa, ipsum (er, sie, es) selbst; persönlich; gerade; sogar *(hervorhebend)* **62**

īra Zorn, Wut **55**

īre, eō, iī, itum gehen **45**

is, ea, id dieser, diese, dieses; er, sie, es **29**
eā hōrā in dieser Stunde **33**
eō annō in diesem Jahr **33**

iste, ista, istud dieser, diese, dieses (da) **73**

ita *Adv.* so **32**

Lateinisch–deutsches Register

Italia Italien 36
itaque deshalb 5
iter, itineris *n* Reise, Marsch, Weg 69
iterum *Adv.* wiederum, zum zweiten Mal 5
iterum atque iterum *Adv.* immer wieder 49
iubēre, iubeō, iussī, iussum *(m. Akk.)* anordnen, befehlen 63
   Servum labōrāre iubeō. Ich befehle dem Sklaven zu arbeiten. Ich befehle, dass der Sklave arbeitet. 63
iūdex, iūdicis *m* Richter 55
Iūnō, Iūnōnis *f* Juno *(Ehefrau des Jupiter, Göttin der Ehe und der Frauen)* 67
Iuppiter, Iovis *m* Jupiter *(höchster Gott der Römer)* 24
iūrāre, iūrō schwören 68
iuvāre, iuvō, iūvī *m. Akk.* unterstützen, helfen; erfreuen 65
iuvenis, iuvenis *m* junger Mann; *Adj.* jung 37
iuventūs, iuventūtis *f* Jugend 72

labor, labōris *m* Arbeit, Anstrengung 33
labōrāre, labōrō arbeiten, sich anstrengen 8
labōrāre *m. Abl.* leiden an, in Not / Sorge sein wegen 33
   dolōribus labōrāre an Schmerzen leiden 33
lacrima Träne 7
laedere, laedō, laesī, laesum beschädigen, verletzen, beleidigen 48. 57
laetitia Freude 7
laetus, a, um froh; fruchtbar 43
Lāocoōn, Lāocoontis *m* Laokoon *(trojanischer Priester)* 34
latēre, lateō verborgen sein 5
Latīnī, Latīnōrum *m Pl.* die Latiner *(Volksstamm in Italien)* 36
Latīnus Latinus *(König der Latiner)* 36
Lātōna Latona *(Göttin, Mutter der Zwillinge Apollo und Diana)* 62
lātus, a, um breit, ausgedehnt 60
laudāre, laudō loben 15
legere, legō, lēgī, lēctum lesen; auswählen 46. 62
leō, leōnis *m* Löwe 26
lēx, lēgis *f* Gesetz, Bedingung 55
libenter *Adv.* gerne 12
liber, librī *m* Buch 47
līber, lībera, līberum frei 16
līber, lībera, līberum (ā) *m. Abl.* frei von 33
   līber (ā) timōre frei von Angst 33
līberāre, līberō befreien, freilassen 22
līberī, līberōrum *m Pl.* Kinder 29
lībertās, lībertātis *f* Freiheit 23
licet es ist erlaubt, es ist möglich 21
lingua Sprache, Rede 3
littera Buchstabe; *Pl.* Brief; Literatur, Wissenschaft 57
lītus, lītoris *n* Küste, Strand 58

Līvius Titus Livius *(berühmter röm. Geschichtsschreiber, 59 v. Chr.–17 n. Chr.)* 39
locus Ort, Platz, Stelle 38
Lucrētia Lukretia *(Heldin der römischen Frühgeschichte)* 44
lūctus, lūctūs *m* Trauer 70
lūdus Spiel; Schule 11
lūx, lūcis *f* Licht, Tageslicht 28
   prīmā lūce bei Tagesanbruch 33
luxuria Luxus, Genusssucht 10

magis mehr 19
magis ... quam mehr ... als 19
magister, magistrī *m* Lehrer, Meister 16
magnificus, a, um großartig, prächtig 20
magnitūdō, magnitūdinis *f* Größe 26
magnus, a, um groß, bedeutend 15
   magnā vōce mit lauter Stimme 28
malus, a, um schlecht, schlimm 27
manēre, maneō, mānsī bleiben, (er)warten 13. 31
manus, manūs *f* Hand; Schar (von Bewaffneten) 43
Mārcus Antōnius Marcus Antonius *(röm. Politiker und Feldherr, um 85–30 v. Chr.)* 74
mare, maris *n (Abl. Sg. -ī, Nom. / Akk. Pl. -ia, Gen. Pl. -ium)* Meer 53
marītus Ehemann 35
Mārs, Mārtis *m* Mars *(der römische Kriegsgott)* 46
māter, mātris *f* Mutter 23
maximē *Adv.* am meisten, besonders 39
mē *Akk.* mich 14
mēcum mit mir 14
medius, a, um der mittlere, in der Mitte (von) 44
   mediā in turbā mitten in der Menge 44
memoria Erinnerung, Gedächtnis; Zeit 46
   memoriā tenēre im Gedächtnis behalten 46
mēnsa (Ess-)Tisch 8
mercātor, mercātōris *m* Kaufmann, Händler 21
Mercurius Merkur *(der Götterbote)* 24
metuere, metuō, metuī (sich) fürchten 74
metus, metūs *m* Angst 43
meus, a, um mein 15
mihi *Dat.* mir 14
mīles, mīlitis *m* Soldat 37
Minerva Minerva *(Göttin der Weisheit)* 24
Mīnotaurus der Minotaurus *(ein halb stier-, halb menschengestaltiges Ungeheuer)* 61
mīrus, a, um erstaunlich, sonderbar 27
miser, misera, miserum arm, erbärmlich, unglücklich 16
miseria Not, Unglück 61
mittere, mittō, mīsī, missum (los)lassen, schicken, werfen 17. 31. 57
modestia Anstand, Bescheidenheit 10
modus Art, Weise; Maß 59

Lateinisch–deutsches Register

moenia, moenium *n Pl.* Mauern, Stadtmauern **53**

monēre, moneō, monuī, monitum mahnen, ermahnen **2. 56**

mōns, montis *m (Gen. Pl. -ium)* Berg **26**

  summus mōns *m* Berggipfel, die höchste Stelle des Berges **64**

mōnstrum Ungeheuer **27**

monumentum Denkmal **31**

mora Aufenthalt, Verzögerung **60**

mors, mortis *f (Gen. Pl. -ium)* Tod **25**

mortālis, e sterblich; *Subst.* Mensch **59**

mortuus, a, um gestorben, tot **18**

mōs, mōris *m* Sitte, Brauch; *Pl.* Charakter **41**

movēre, moveō, mōvī, mōtum bewegen, beeindrucken **7. 32. 59**

mox *Adv.* bald **7**

mulier, mulieris *f* Frau **22**

multa, ōrum *n Pl.* viel(es) **47**

  multa scīre viel(es) wissen **47**

multitūdō, multitūdinis *f* große Zahl, Menge **26**

multī, ae, a viele **15**

multum *Adv.* sehr, viel **39**

multum valēre großen Einfluss haben **39**

multus, a, um viel **15**

mundus Welt **20**

mūnīre, mūniō bauen, befestigen, schützen **36**

mūrus Mauer **1**

mūtāre, mūtō (ver)ändern, verwandeln **58**

N

nam denn, nämlich **3**

narrāre, narrō erzählen **15**

  dē lūdō narrāre vom Spiel / über das Spiel erzählen **15**

nātiō, nātiōnis *f* Volk, Volksstamm **26**

nātūra Natur, Wesen, Beschaffenheit **39**

nāvigium Schiff **50**

nāvis, nāvis *f (Gen. Pl. -ium)* Schiff **53**

-ne *Partikel im dir. Fragesatz (unübersetzt)* **14**

nē *Subj. m. Konj.* dass nicht; *(nach Ausdrücken des Fürchtens)* dass; damit nicht, um nicht zu *(m. Inf.)* **70. 72**

  perīculum est, nē es besteht die Gefahr, dass **70**

  timēre, nē fürchten, dass **70**

nē ... quidem nicht einmal **46**

  nē Mārs quidem nicht einmal Mars **46**

necāre, necō töten **73**

necessārius, a, um notwendig **59**

necesse (est) (es ist) notwendig **74**

nefārius, a, um gottlos, verbrecherisch **62**

negāre, negō leugnen, verneinen, verweigern **51**

neglegere, neglegō, neglēxī, neglēctum nicht (be)achten, vernachlässigen **65**

negōtium Aufgabe, Geschäft; Angelegenheit **25**

nēmō niemand **60**

Neptūnus Neptun *(Gott des Meeres)* **24**

neque und nicht, auch nicht **3**

neque ... neque weder ... noch **3**

Nerō, Nerōnis *m* Nero *(röm. Kaiser 54–68 n. Chr.)* **75**

nescīre, nesciō nicht wissen, nicht kennen, nicht verstehen **11**

niger, nigra, nigrum schwarz, dunkel **16**

nihil nichts **11**

Nioba Niobe *(Königin von Theben)* **62**

nisī *Subj.* wenn nicht **26**

nocte nachts **33**

noctū *Adv.* nachts **10**

nōmen, nōminis *n* Name **51**

nōmināre, nōminō nennen **62**

nōn nicht **2**

nōn iam nicht mehr **4**

nōn sōlum ..., sed etiam nicht nur ..., sondern auch **63**

nōndum *Adv.* noch nicht **28**

nōnne? (etwa) nicht? **19**

nōnnūllī, ae, a einige, manche **47**

nōnus, a, um der (die, das) neunte **56**

nōs *Nom.* wir *(betont)* **14**

noster, nostra, nostrum unser **16**

novem *indekl.* neun **53**

novus, a, um neu, ungewöhnlich **15**

nox, noctis *f (Gen. Pl. -ium)* Nacht **28**

nūbere, nūbō, nūpsī, nūptum *m. Dat.* heiraten **63**

  iuvenī nūbere einen jungen Mann heiraten **63**

nūllus, a, um *(Gen. nūllīus, Dat. nūllī)* kein **51**

num? *(im Hauptsatz)* etwa? **66**

numerus Zahl, Menge **53**

Numitor, Numitōris *m* Numitor *(König von Alba, Großvater von Romulus und Remus)* **38**

numquam *Adv.* niemals **4**

nunc *Adv.* nun, jetzt **2**

nūntiāre, nūntiō melden **24**

nūntius Bote, Nachricht **17**

O

obicere, obiciō, obiēcī, obiectum darbieten, vorwerfen **49. 69**

  scelerātum bēstiīs obicere einen Verbrecher den wilden Tieren vorwerfen **49**

  comitī iniūriam obicere dem Gefährten ein Unrecht vorwerfen **49**

obsecrāre, obsecrō anflehen, bitten **64**

observāre, observō beobachten **30**

occidere, occidō, occidī (zu Boden) fallen, umkommen, untergehen **31**

occīdere, occīdō, occīdī, occīsum niederschlagen, töten **36. 70**

occultē *Adv.* heimlich **74**

occupāre, occupō besetzen, einnehmen **40**

octō *indekl.* acht **53**

octāvus, a, um der (die, das) achte **56**

Lateinisch-deutsches Register

oculus Auge **2**

odiō esse verhasst sein **68**

Rōmānī Hannibalī odiō erant. Die Römer waren Hannibal verhasst. Die Römer wurden von Hannibal gehasst. **68**

odium Hass **68**

officium Dienst, Pflicht(gefühl) **33**

omittere, omittō, omīsī aufgeben, beiseite lassen **41**

omnia, omnium *n Pl.* alles **47**

omnia posse alles können **47**

omnis, e jeder, ganz; *Pl.* alle **38**

oportet es gehört sich, es ist nötig **35**

oppidum Stadt (Kleinstadt) **17**

opportūnus, a, um geeignet, günstig **39**

opprimere, opprimō, oppressī, oppressum bedrohen, niederwerfen, unterdrücken **72**

ōra Küste **31**

ōrāre, ōrō (an)beten, bitten **70**

ōrātiō, ōrātiōnis *f* Rede **69**

ōrnāmentum Schmuck(stück) **13**

ōrnāre, ōrnō ausstatten, schmücken **8**

Orpheus, Orpheī Orpheus *(berühmter thrakischer Sänger)* **63**

ōs, ōris *n* Gesicht, Mund **56**

ostendere, ostendō, ostendī zeigen, erklären **17. 33**

---

paene *Adv.* fast **55**

Palātium der Palatin *(einer der sieben Hügel Roms)* **39**

parāre, parō (vor)bereiten, vorhaben *(m. Inf.)*; erwerben **8**

parcere, parcō, pepercī *m. Dat.* schonen, verschonen **65**

captīvīs parcere die Kriegsgefangenen (ver)schonen **65**

parere, pariō, peperī, partum zur Welt bringen, gebären; schaffen **62**

fīlium parere einen Sohn zur Welt bringen **62**

glōriam parere (sich) Ruhm (ver)schaffen **62**

pārēre, pāreō gehorchen **2**

pars, partis *f (Gen. Pl. -ium)* Teil, Seite **25**

parvus, a, um klein, gering **15**

patefacere, patefaciō, patefēcī aufdecken, öffnen **54**

pater, patris *m* Vater **23**

patēre, pateō offenstehen **7**

patria Heimat **9**

paucī, ae, a wenige **57**

paulātim *Adv.* allmählich **34**

paulō (um) ein wenig **74**

paulō post (ein) wenig später **33**

pauper, pauperis arm **47**

pectus, pectoris *n* Brust, Herz **51**

pecūnia Geld, Vermögen **22**

pellere, pellō, pepulī, pulsum stoßen, schlagen, (ver)treiben **37. 68**

per *Präp. m. Akk.* durch, hindurch **17**

per silvam durch den Wald **17**

---

perdere, perdō, perdidī, perditum verlieren, verschwenden, zugrunde richten **63**

vōcem perdere seine Stimme verlieren **63**

tempus perdere Zeit verschwenden **63**

rem pūblicam perdere den Staat zugrunde richten **63**

pergere, pergō, perrēxī aufbrechen; weitermachen **72**

perīculum Gefahr **27**

perīculum est, nē es besteht die Gefahr, dass **70**

perīre, pereō, periī umkommen, zugrunde gehen **52**

perniciēī esse Verderben bringen **66**

perniciēs, perniciēī *f* Verderben, Vernichtung **44**

persuādēre, persuādeō, persuāsī, persuāsum *m. Dat.* überreden, überzeugen *(m. AcI)* **65**

senātōribus persuādēre die Senatoren überzeugen **65**

perterrēre, perterreō, perterruī, perterritum sehr erschrecken, einschüchtern **49. 58**

pertinēre, pertineō ad *m. Akk.* betreffen, gehören (zu), sich erstrecken (bis) **43**

Hoc ad deōs pertinet. Das betrifft die Götter. **43**

Montēs ad castra pertinent. Die Berge erstrecken sich (reichen) bis zum Lager **43**

pervenīre, perveniō, pervēnī, perventum ad / in *m. Akk.* kommen zu / nach **73**

ad forum pervenīre zum Forum kommen **73**

pēs, pedis *m* Fuß **51**

petere, petō, petīvī, petītum aufsuchen, (er)streben, bitten, verlangen **21. 34. 56**

fugā salūtem petere in der Flucht die Rettung suchen, die Flucht ergreifen **30**

placēre, placeō gefallen **5**

placet *m. Dat.* es gefällt jdm., jd. beschließt **59**

mihi placet es gefällt mir, ich beschließe **59**

placidus, a, um friedlich, ruhig, sanft **73**

plēbs, plēbis *f* (nicht adeliges, einfaches) Volk **65**

plēnus, a, um (m. Gen.) voll (von / mit) **18. 59**

plēnus timōris voller Angst **59**

Plūtō, Plūtōnis *m* Pluto *(Gott der Unterwelt)* **33**

poena Strafe **55**

poenam solvere Strafe bezahlen, bestraft werden **60**

Poenus, a, um punisch, karthagisch; *Subst.* Punier, Karthager **69**

Pompēiānus, a, um pompejanisch, *Subst.* Pompejaner, Einwohner von Pompeji **21**

Pompēī, Pompēiōrum *m Pl.* Pompeji *(Stadt in Mittelitalien)* **29**

pōnere, pōnō, posuī, positum (auf)stellen, (hin)legen, setzen **66**

populus Volk **6**

porta Tor **12**

portāre, portō bringen, tragen **18**

portus, portūs *m* Hafen **43**

posse, possum, potuī können **18. 28**

Lateinisch-deutsches Register

post *m. Akk.* hinter, nach **13**
  post vīllam hinter dem Landhaus **13**
  post cēnam nach dem Essen **13**
posteā *Adv.* nachher, später **29**
postquam *Subj. m. Ind.* nachdem, als **38**
postrēmō *Adv.* schließlich **70**
pōstulāre, pōstulō fordern **70**
potēns, potentis mächtig, stark **62**
potestās, potestātis *f* (Amts-)Gewalt, Macht **23**
praebēre, praebeō geben, hinhalten **4**
praeclārus, a, um großartig **58**
praeda Beute **70**
praeesse, praesum, praefuī *m. Dat.* leiten, an der Spitze stehen **65**
  Imperātor mīlitibus praeest. Der Feldherr steht an der Spitze der Soldaten. **65**
praemium Belohnung, Lohn **42**
praestāre, praestō, praestitī *m. Akk.* gewähren, leisten, zeigen **31**
praeterīre, praetereō, praeteriī übergehen, vorbeigehen (an) **45**
  castra praeterīre am Lager vorbeigehen **45**
  factum praeterīre eine Tatsache übergehen **45**
premere, premō, pressī, pressum (unter)drücken, bedrängen **64**
pretium Preis, Wert **13**
prex, precis *f* Bitte, Gebet **52**
prīmā lūce bei Tagesanbruch **33**
prīmō *Adv.* zuerst **4**
prīmum *Adv.* erstens, zum ersten Mal **27**
  ubī (prīmum) *Subj. m. Ind.* sobald **74**
prīmus, a, um der erste **33**
  prīmā lūce bei Tagesanbruch **33**
priusquam *Subj.* bevor, eher als **60**
  Aderam, priusquam vēnistī. Ich war da, bevor du gekommen bist. Ich war eher da, als du gekommen bist. **60**
prō *Präp. m. Abl.* vor; anstelle von, für **65**
  prō domō sedēre vor dem Haus sitzen **65**
  prō amīcō respondēre für den Freund, anstelle des Freundes antworten **65**
probāre, probō prüfen, beweisen, für gut befinden **13**
prōcēdere, prōcēdō, prōcessī (vorwärts)gehen, vorrücken **69**
proelium Kampf, Schlacht **67**
profectō *Adv.* sicherlich, tatsächlich **6**
prohibēre, prohibeō (ā *m. Abl.*) abhalten (von), hindern (an) **33**
  (ā) lacrimīs prohibēre von den Tränen abhalten, am Weinen hindern **33**
Promētheus, Promētheī Prometheus (Göttersohn, Schöpfer der Menschen) **59**
prōmittere, prōmittō, prōmīsī, prōmissum versprechen **64**

prōnūntiāre, prōnūntiō bekannt geben, vortragen **75**
properāre, properō eilen, sich beeilen **8**
propter *Präp. m. Akk.* wegen **25**
  propter amōrem wegen der Liebe **25**
prōtinus *Adv.* sofort **74**
prōvidēre, prōvideō, prōvīdī, prōvīsum *m. Akk.* vorhersehen; *m. Dat.* sorgen für **65**
  perīculum prōvidēre eine Gefahr vorhersehen **65**
  cīvibus prōvidēre für die Bürger sorgen **65**
prōvincia Provinz **9**
puella Mädchen, Freundin **1**
puer, puerī *m* Junge **16**
pūgna Kampf **9**
pūgnāre, pūgnō kämpfen **9**
pulcher, pulchra, pulchrum schön **16**
pūnīre, pūniō bestrafen **75**
putāre, putō glauben, meinen; *m. dopp. Akk.* halten für **34. 62**

---

quaerere, quaerō, quaesīvī, quaesītum ex / dē *m. Abl.* erwerben wollen, suchen; jdn. fragen **35. 56. 65**
  ē mercātōre pretium quaerere den Händler nach dem Preis fragen **65**
quālis, e wie (beschaffen), was für ein(e) **67**
  tālis ... quālis so beschaffen ... wie (beschaffen) **67**
quam als, wie **19**
  magis ... quam mehr ... als **19**
  tam ... quam so ... wie **23**
  Quam pulchrum est templum! Wie schön ist der Tempel! **19**
quamquam *Subj.* obwohl **22**
quandō wann **41**
quārtus, a, um der (die, das) vierte **56**
quattuor *indekl.* vier **53**
quattuordecim *indekl.* vierzehn **53**
-que (angehängt) und **15**
  servī servaeque Sklaven und Sklavinnen **15**
quemadmodum auf welche Weise, wie **40**
quī, quae, quod welcher, welche, welches; der, die, das **39**
quia *Subj.* weil **22**
quid? was? **2**
quīdam, quaedam, quiddam *subst.* ein gewisser, (irgend)einer; *Pl.* einige **74**
quīdam, quaedam, quoddam *adj.* ein gewisser, (irgend)ein; *Pl.* einige **74**
quidem *Adv.* freilich, gewiss, wenigstens, zwar **36**
quiētus, a, um ruhig, untätig **71**
quīn? (im Hauptsatz) warum nicht? **19**
quīndecim *indekl.* fünfzehn **53**
quīnque *indekl.* fünf **53**
quīntus, a, um der (die, das) fünfte **56**
quis? wer? **3**
quō? wohin? wo? **56**

222

Lateinisch-deutsches Register

quod *Subj.* weil; dass **22**
quoque *(nachgestellt)* auch **48**
  Ego quoque gaudeō. Auch ich freue mich. **48**
quot? wie viel(e)? **53**
  Quot senātōrēs adsunt? Wie viele Senatoren
  sind da? **53**
  tot ... quot so viele ... wie (viele) **67**

---

radius Strahl, (Rad-)Speiche **71**
rapere, rapiō, rapuī, raptum wegführen, rauben,
wegreißen **51. 58**
recitāre, recitō vortragen, vorlesen **57**
rēctē *Adv.* richtig, zu Recht **4**
recūsāre, recūsō zurückweisen, ablehnen **10**
reddere, reddō, reddidī, redditum zurückgeben,
etw. zukommen lassen; *m. dopp. Akk.* jdn. zu etw.
machen **62**
redīre, redeō, rediī, reditum zurückgehen,
zurückkehren **58**
redūcere, redūcō, redūxī, reductum zurückführen,
zurückziehen **63**
regere, regō, rēxī, rēctum beherrschen, leiten,
lenken **64**
regiō, regiōnis *f* Gebiet, Gegend, Richtung **26**
religiō, religiōnis *f* Glaube, Aberglaube, (Gottes-)
Verehrung, Frömmigkeit, Gewissenhaftigkeit **72**
relinquere, relinquō, relīquī, relictum verlassen,
zurücklassen **17. 32. 59**
reliquiae, reliquiārum *f Pl.* Überbleibsel, Überrest,
Ruine **29**
remanēre, remaneō, remānsī (zurück)bleiben **55**
repellere, repellō, reppulī zurückstoßen, abweisen,
vertreiben **37**
reprehendere, reprehendō, reprehendī, reprehēnsum
schimpfen, kritisieren **52. 57**
rēs, reī *f* Angelegenheit, Ding, Sache **44**
rēs adversae *f Pl.* Unglück **44**
rēs futūrae *f Pl.* Zukunft **44**
rēs pūblica Staat **44**
rēs secundae *f Pl.* Glück **44**
resistere, resistō, restitī stehen bleiben;
Widerstand leisten **42**
respicere, respiciō, respexī, respectum zurückblicken,
berücksichtigen **63**
respondēre, respondeō, respondī, respōnsum
antworten **3. 31. 72**
restituere, restituō, restituī, restitūtum
wiederherstellen **72**
retinēre, retineō, retinuī, retentum behalten, festhalten,
zurückhalten **60**
rēx, rēgis *m* König **32**
rīdēre, rīdeō, rīsī, rīsum lachen, auslachen **2. 31. 57**
rogāre, rogō bitten, fragen **8**

Rōma Rom **7**
Rōmae in Rom *(wo?)* **72**
Rōmānus, a, um römisch; *Subst.* Römer **9. 15**
Rōmulus / Remus Romulus und Remus *(Zwillingsbrüder
und sagenhafte Gründer Roms)* **37**

Sabīnus, a, um sabinisch; *Subst.* Sabiner *(in der Nähe
Roms lebender Volksstamm)* **41**
sacer, sacra, sacrum *(m. Gen.)* (jdm.) heilig, geweiht **67**
sacerdōs, sacerdōtis *m/f* Priester(in) **52**
sacrum Opfer, Heiligtum **19**
sacrum facere ein Opfer bringen, opfern **19**
saepe *Adv.* oft **4**
salūs, salūtis *f* Gesundheit, Rettung, Gruß, Glück **28**
  dē salūte dēspērāre die Hoffnung auf Rettung
  aufgeben **36**
  fugā salūtem petere in der Flucht die Rettung suchen,
  die Flucht ergreifen **30**
salūtāre, salūtō (be)grüßen **23**
salvē! salvēte! sei gegrüßt! seid gegrüßt! **23**
sānctus, a, um ehrwürdig, heilig **52**
sanguis, sanguinis *m* Blut **52**
sapiēns, sapientis klug, weise **47**
Sāturnus Saturn *(Gott der Saat und der Zeit)* **12**
saxum Fels, Stein **64**
scelerātus, a, um verbrecherisch, schändlich; *Subst.* Verbrecher **5. 73**
scelus, sceleris *n* Verbrechen; Schurke **51**
scīre, sciō wissen, kennen, verstehen **11**
scrībere, scrībō, scrīpsī, scrīptum schreiben,
beschreiben **17. 31. 72**
sē *Akk. / Abl.* sich **22**
sēcum mit sich, bei sich **35**
secundus, a, um der (die, das) zweite; günstig **56**
  rēs secundae *f Pl.* Glück **44**
  secundum factum Herculis die zweite Tat des
  Herkules **56**
  ventus secundus günstiger Wind **56**
sed aber, sondern **3**
sēdecim *indekl.* sechzehn **53**
sedēre, sedeō, sēdī sitzen **3. 32**
semper *Adv.* immer **6**
senātor, senātōris *m* Senator **21**
senātus, senātūs *m* Senat, Senatsversammlung **52**
senex, senis *m* Greis, alter Mann **65**
sentīre, sentiō, sēnsī fühlen, meinen, wahrnehmen **31**
septem *indekl.* sieben **53**
septendecim *indekl.* siebzehn **53**
septimus, a, um der (die, das) siebte **56**
serva Sklavin, Dienerin **1**
servāre, servō bewahren, retten; beobachten **24**
  fidem servāre die Treue halten; sein Wort halten **64**
servāre ā *m. Abl.* bewahren vor, retten vor **33**

223

Lateinisch-deutsches Register

servīre, serviō   dienen, Sklave sein   **56**
servitūs, servitūtis *f*   Sklaverei   **23**
servus   Sklave, Diener   **1**
sevērus, a, um   streng, hart   **50**
sex *indekl.*   sechs   **39**
sextus, a, um   der (die, das) sechste   **56**
sī *Subj.*   wenn, falls   **22**
sibi *Dat.*   sich   **35**
sīc *Adv.*   so   **8**
Sicilia   Sizilien *(Insel im Mittelmeer)*   **11**
sīgnum   Merkmal, Zeichen; Statue   **37**
silentium   Schweigen   **67**
silva   Wald   **1**
simul *Adv.*   gleichzeitig, zugleich   **63**
sine *Präp. m. Abl.*   ohne   **13**
  sine amīcō   ohne den Freund   **13**
  sine mē   ohne mich   **14**
sinere, sinō, sīvī   (zu)lassen, erlauben   **46**
  Līberōs vīnum bibere nōn sinimus.   Wir lassen nicht
  zu (erlauben nicht), dass die Kinder Wein trinken.
  Wir lassen die Kinder keinen Wein trinken.   **46**
singulus, a, um   je ein, jeder einzelne   **70**
Sīsyphus   Sisyphos *(König von Korinth)*   **64**
socius   Gefährte, Verbündeter   **56**
sōl, sōlis *m*   Sonne   **26**
sollicitāre, sollicitō   aufhetzen, beunruhigen, erregen   **48**
sōlum *Adv.*   nur   **24**
solvere, solvō, solvī, solūtum   lösen, auflösen;
bezahlen   **60**
  vincula solvere   die Fesseln lösen   **60**
  poenam solvere   Strafe bezahlen, bestraft werden   **60**
somnus   Schlaf   **60**
sonus   Ton, Klang, Geräusch   **5**
soror, sorōris *f*   Schwester   **22**
sors, sortis *f (Gen. Pl. -ium)*   Los, Orakelspruch,
Schicksal   **47**
speciēs, speciēī *f*   Anblick, Aussehen, Schein   **55**
spectāculum   Schauspiel   **30**
spectāculō esse   als Schauspiel dienen   **75**
spectāre, spectō   betrachten, anschauen, hinsehen   **9**
spērāre, spērō   erwarten, hoffen   **36**
spēs, speī *f*   Erwartung, Hoffnung   **44**
Spurius Tarpēius   Spurius Tarpeius *(römischer
Befehlshaber)*   **42**
stāre, stō, stetī   stehen   **17. 31**
statim *Adv.*   sofort   **5**
statua   Statue   **31**
statuere, statuō, statuī, statūtum   aufstellen,
beschließen, festsetzen   **59**
studēre, studeō   sich bemühen, studieren   **4**
studium   Beschäftigung, Engagement, Interesse   **31**
stultus, a, um   dumm   **42**
sub *Präp. m. Abl.*   unter *(wo?)*   **27**

sub carrō esse   unter dem Wagen liegen   **27**
sub *Präp. m. Akk.*   unter *(wohin?)*   **27**
  sub carrum trahere   unter den Wagen ziehen   **27**
subīre, subeō, subiī   auf sich nehmen, herangehen   **69**
subitō *Adv.*   plötzlich   **5**
suī, suōrum *m Pl.*   die Seinen, die Ihren, seine (ihre)
Leute   **70**
summus, a, um   der höchste, oberste   **19**
summus mōns *m*   Berggipfel, die höchste Stelle des
Berges   **64**
superāre, superō   besiegen, überwinden, übertreffen   **9**
superbus, a, um   stolz, überheblich   **43**
superesse, supersum, superfuī   überleben, übrig
sein   **69**
superī, superōrum *m Pl.*   die Götter   **62**
supplicium   Strafe, Hinrichtung, flehentliches Bitten   **49**
  supplicium timēre   vor der Strafe (Hinrichtung) Angst
  haben   **49**
  suppliciīs deōs movēre   durch flehentliches Bitten die
  Götter bewegen   **49**
surgere, surgō, surrēxī   aufrichten; sich erheben,
aufstehen   **26. 36**
sustinēre, sustineō, sustinuī   ertragen, standhalten   **73**
  iniūriās sustinēre   die Beleidigungen ertragen, den
  Beleidigungen standhalten   **73**
suus, a, um   sein, ihr   **35**
Syria   Syrien   **9**

T

taberna   Laden, Wirtshaus   **46**
tabula   (Schreib-)Tafel, Gemälde   **4**
tacēre, taceō   schweigen, verschweigen   **2**
tālis, e   derartig, ein solcher, so (beschaffen)   **43**
tālis ... quālis   so beschaffen ... wie (beschaffen)   **67**
tam   so   **23**
tam ... quam   so ... wie   **23**
  Capua nōn tam pulchra est quam Rōma.   Capua ist nicht
  so schön wie Rom.   **23**
tamen   dennoch, jedoch   **33**
tamquam *Adv.* wie; *Subj.* wie wenn, als ob   **37**
tandem *Adv.*   endlich   **7**
tangere, tangō, tetigī, tāctum   berühren   **58**
Tantalus   Tantalus *(Sohn des Jupiter und Vater
der Niobe)*   **62**
tantum *Adv. (nachgestellt)*   nur   **5**
  Lingua tantum servōs terret.   Nur die Sprache erschreckt
  die Sklaven.   **5**
tantum ... quantum   so viel ... wie (viel)   **67**
tantus, a, um   so groß, so viel   **21**
tantus ... quantus   so groß ... wie (groß)   **67**
Tarpēia   Tarpeia *(Tochter des Spurius Tarpeius)*   **42**
Tarquinius Superbus   Tarquinius Superbus *(etruskischer
König von Rom)*   **43**
Tartarus   der Tartarus, die Unterwelt   **63**

224

Lateinisch-deutsches Register

Tatius Tatius *(König der Sabiner)* **42**

taurus Stier **58**

tēctum Dach; Haus **28**

tēcum mit dir **14**

tegere, tegō, tēxī bedecken, schützen, verbergen **49**

tēlum (Angriffs-)Waffe, Geschoss **49**

templum Tempel **12**

temptāre, temptō angreifen; prüfen, versuchen **29**

tempus, temporis *n* (günstige) Zeit, Umstände **51**

  brevī tempore nach kurzer Zeit, bald (darauf) **64**

tenebrae, tenebrārum *f Pl.* Dunkelheit, Finsternis **29**

tenēre, teneō halten, festhalten, besitzen **4**

  memoriā tenēre im Gedächtnis behalten **46**

tergum Rücken **58**

terra Erde, Land **24**

terrēre, terreō, terruī, territum erschrecken **3. 56**

tertius, a, um der (die, das) dritte **56**

thermae, thermārum *f Pl.* warme Bäder, Thermen **47**

thēsaurus Schatz **10**

Thēseus, Thēseī Theseus *(athenischer Held)* **61**

tibi *Dat.* dir **14**

timēre, timeō fürchten, Angst haben **2**

timēre, nē *m. Konj.* fürchten, dass **70**

timor, timōris *m* Angst, Furcht **28**

Titus Titus *(röm. Kaiser 79-81 n. Chr.)* **21**

torquēre, torqueō, torsī, tortum drehen; quälen **5. 31. 59**

tot *indekl.* so viele **67**

tot ... quot so viele ... wie (viele) **67**

tōtus, a, um *(Gen. tōtīus, Dat. tōtī)* ganz, gesamt **55**

trādere, trādō, trādidī, trāditum übergeben, überliefern **72**

trahere, trahō, trāxī, tractum schleppen, ziehen **17. 31. 57**

trāns *Präp. m. Akk.* über (... hinaus), jenseits **68**

  trāns montēs über die Berge, jenseits der Berge **68**

trānsīre, trānseō, trānsiī durchqueren, hinübergehen, überschreiten **69**

trēdecim *indekl.* dreizehn **53**

trēs, trēs, tria drei **53**

tribuere, tribuō, tribuī, tribūtum schenken, zuteilen **52. 74**

tribūnus Tribun *(führender Vertreter eines Stadtbezirkes, einer Legion oder der Plebs)* **65**

triclīnium Esszimmer, Triklinium **30**

trīstis, e traurig, unfreundlich **38**

Trōiānus, a, um trojanisch; *Subst.* Trojaner *(Einwohner von Troja)* **34**

tū *Nom.* du *(betont)* **14**

tum *Adv.* da, dann, darauf, damals **4**

turba (Menschen-)Menge **7**

turbāre, turbō durcheinanderbringen, stören **48**

Turnus Turnus *(Anführer der Rutuler, Gegner des Äneas)* **36**

turpis, e unanständig, hässlich, schändlich **38**

turris, turris *f (Akk. Sg. -im, Abl. Sg. -ī, Gen. Pl. -ium)* Turm **53**

tūtus, a, um sicher **40**

tuus, a, um dein **15**

---

ubī? wo? **11**

ubī (prīmum) *Subj. m. Ind.* sobald **74**

umbra Schatten **13**

umerus Schulter, Oberarm **46**

umquam *Adv.* jemals **46**

unda Welle, Gewässer **60**

unde? woher? **9**

ūndecim *indekl.* elf **53**

ūndēvīgintī *indekl.* neunzehn **53**

undique *Adv.* von allen Seiten, von überallher **57**

ūnus, a, um einer, ein einziger **38**

ūnus ē / ex *m. Abl.* einer von **38**

urbs, urbis *f (Gen. Pl. -ium)* Stadt; die Stadt Rom **25**

ūsque ad *m. Akk.* bis (zu) **69**

  ūsque ad campum īre bis zum Feld gehen **69**

ūsuī esse von Nutzen sein, nützlich sein **66**

ūsus, ūsūs *m* Nutzen, Benutzung **66**

ut *Adv.* wie **15**

ut *Subj. m. Konj.* dass, sodass, damit, um zu *(m. Inf.)* **70. 72**

uxor, uxōris *f* Ehefrau **21**

---

valēre, valeō gesund sein, stark sein, Einfluss haben **7**

  multum valēre großen Einfluss haben **39**

valē! valēte! Leb wohl! Lebt wohl! **7**

varius, a, um bunt, verschieden, vielfältig **24**

vehemēns, vehementis energisch, heftig **60**

vel oder **25**

  aqua vel vīnum Wasser oder Wein **25**

velle, volō, voluī wollen **22. 28**

vēndere, vēndō verkaufen **21**

venia Gefallen; Nachsicht, Verzeihung **36**

venīre, veniō, vēnī, ventum kommen **11. 32. 57**

  auxiliō venīre zu Hilfe kommen **66**

ventum est man kam **57**

ventus Wind **6**

  ventus secundus günstiger Wind **56**

verbum Wort, Äußerung **12**

vertere, vertō, vertī, versum drehen, wenden **32. 68**

Vespasiānus Vespasian *(röm. Kaiser 69-79 n. Chr.)* **23**

vester, vestra, vestrum euer **16**

vestīgium Fußsohle, Spur, Stelle **67**

vestis, vestis *f (Gen. Pl. -ium)* Kleidung, Pl. Kleider **65**

Vesuvius Vesuv *(Vulkan in Kampanien)* **17**

vetāre, vetō, vetuī, vetitum *(m. Akk.)* verbieten **63**
Tē abīre vetō. Ich verbiete dir wegzugehen.
Ich verbiete, dass du weggehst. **63**

vetus, veteris alt **47**

via Weg, Straße **1**

victor, victōris *m* Sieger **25**

victōria Sieg **70**

vīcus Dorf, Gasse **1**

vidēre, videō, vīdī, vīsum sehen **7. 32. 57**

vigilāre, vigilō wachen; unermüdlich tätig sein **10**

vīgintī *indekl.* zwanzig **53**

vīlla Haus, Landhaus **1**

vincere, vincō, vīcī, victum (be)siegen,
übertreffen **32. 57**

vinculum Band, Fessel; *Pl.* Gefängnis **59**
in vincula dare in Fesseln legen, fesseln, gefangen
nehmen **59**
vincula solvere die Fesseln lösen **60**

vindicāre, vindicō beanspruchen, bestrafen; **in** *m. Akk.*
vorgehen gegen **62**
omnia sibi vindicāre alles für sich beanspruchen **62**
dolum vindicāre eine List bestrafen **62**
in hostēs vindicāre gegen die Feinde vorgehen **62**

vīnea Weinberg, Weinstock **17**

vīnum Wein **18**

violāre, violō verwunden, verletzen, entehren **36**

vir, virī *m* Mann **16**

virgō, virginis *f* Mädchen, Jungfrau **58**

virtūs, virtūtis *f* Tapferkeit, Tüchtigkeit, Leistung **25**

vīs *f (Akk.* **vim**, *Abl.* **vī)** Gewalt, Kraft, Menge **57**

vīta Leben **16**

vītam agere ein Leben führen, leben **41**

vītāre, vītō meiden, vermeiden **60**

vīvere, vīvō, vīxī leben **35**

vix *Adv.* kaum, (nur) mit Mühe **32**

vōbīscum mit euch **14**

vocāre, vocō nennen, benennen, rufen **8**

volāre, volō fliegen, eilen **60**

voluntās, voluntātis *f* Wille, Absicht **23**

volvere, volvō, volvī, volūtum rollen, wälzen;
überlegen **64**

vōs *Nom.* ihr *(betont)* **14**

vōx, vōcis *f* Stimme, Äußerung, Laut **28**
magnā vōce mit lauter Stimme **28**

Vulcānus Vulkan(us) *(Gott des Feuers)* **11**

vulnerāre, vulnerō verwunden, verletzen **50**

vulnus, vulneris *n* Wunde, Verlust *(milit.)* **51**

vultus, vultūs *m* Gesicht, Gesichtsausdruck;
Pl. Gesichtszüge **43**

Eigennamenverzeichnis

Achillēs, is *m* Achilles (stärkster der griech. Helden im Trojanischen Krieg) **34**

aedīlis, is *m* Ädil (röm. Beamter; ursprünglich gab es zwei plebejische Ädilen, die die Polizeigewalt innerhalb der Stadt innehatten. Im 4. Jh. v. Chr. kamen zwei Ädilen hinzu, denen die Besorgung der Spiele und die Beaufsichtigung der Tempel oblag. Allen vier Beamten gemeinsam war die Aufsicht über die öffentlichen Gebäude, Thermen, Wasserleitungen, Straßen, Märkte und das Bauwesen.) **21. VII. 56. 57**

Aegeus, eī *m* Aigeus (König von Athen, Vater des Theseus; nach ihm ist die Ägäis bzw. das Ägäische Meer benannt.) **61**

Aenēās, ae *m* Äneas (trojanischer Held, Sohn der Venus und des Anchises; Stammvater der Römer; nach der Zerstörung Trojas musste er gemeinsam mit seinem Vater, seinem Sohn Askanius und seinen Gefährten lange Irrfahrten bestehen, bis er zu der von den Göttern geweissagten neuen Heimat Italien gelangte; vgl. „Vergilius") **35. 36. XI. 37. 51**

Aeolus Äolus (griech. Aiolos; der Gott der Winde) **6. 9. 10**

Aetna der Ätna (Vulkan auf Sizilien) **11**

Āfrica Afrika (Die Römer verstanden darunter in erster Linie das ihnen bekannte Nordafrika.) **9. 16. 35. 70**

Agamemnō, onis *m* Agamemnon (König von Mykene, Bruder des Menelaos, einer der Anführer der Griechen im Trojanischen Krieg) **34**

Alba Longa Alba Longa (Stadt in Latium, die von Askanius gegründet wurde, nachdem Lavinium – die alte Hauptstadt der trojanischen Einwanderer – zu klein geworden war. Alba Longa blieb Hauptstadt, bis Romulus Rom gründete. Die Ruinen der Stadt sind südöstlich von Rom gefunden worden.) **XI. 37**

Alcmēna Alkmene (Frau des Amphitryon, des Königs von Theben. Wurde von Jupiter schwanger und gebar ihm den Herkules.) **32**

Allia Allia (Fluss in der Nähe von Rom. In der Schlacht an der Allia wurden die Römer 387 v. Chr. von einfallenden Galliern besiegt. Rom wurde daraufhin von den Galliern unter der Führung des Brennus erobert und geplündert. Die Römer bezeichneten die Schlacht an der Allia fortan als „Dies ater".) **67**

Alpēs, ium *f* die Alpen **69. XXI. 72**

Alphēus, eī der Alpheios (Fluss in der griech. Landschaft Elis. Mit Hilfe dieses Flusses reinigte Herkules den Stall des Augias.) **32**

Amor, ōris *m* Amor (griech. Eros; der Liebesgott)

Amūlius Amulius (König von Alba Longa. Er vertrieb seinen älteren Bruder Numitor und tötete dessen Söhne. Numitors Enkel, Romulus und Remus, töteten später Amulius und gaben Numitor die Herrschaft zurück.) **XI. 37–39**

Anchīsēs, ae *m* Anchises (trojanischer Fürst, Vater des Äneas) **35**

Ancus Mārcius Ancus Marcius (Vierter König Roms. Er gründete an der Mündung des Tiber die Stadt Ostia als Hafen für Rom.)

Antiochīa Antiochia (Hafenstadt am Mittelmeer, Hauptstadt der röm. Provinz Syria, heute Antakya in der Türkei)

(Mārcus) Antōnius Markus Antonius (um 85–30 v. Chr.; röm. Politiker und Feldherr. Unter Julius Cäsar (einem Cousin seiner Mutter) machte er eine steile militärische und politische Karriere. Nach Cäsars Tod kam es zwischen Antonius und Oktavian (dem späteren Kaiser Augustus) zum offenen Kampf um die Herrschaft. In der Schlacht bei Aktium (31 v. Chr.) wurden Antonius und seine Verbündete, die ägyptische Königin Kleopatra, vernichtend geschlagen. Dort nahm sich Antonius – wie etwas später auch Kleopatra – beim Herannahen der Truppen Oktavians das Leben.) **74. 75**

Aphrodītē, ēs *f* Aphrodite (vgl. „Venus")

Apollō, Apollinis *m* Apoll (griech. Apollon; Gott des Lichts, der Musik und Künste sowie der Heilkunst und Weissagung. Sohn des Jupiter und der Göttin Latona. Zwillingsbruder der Diana. In der griech. Stadt Delphi befand sich sein berühmtestes Heiligtum mit Orakelstätte. Kaiser Augustus wählte Apollo zu seiner besonderen Schutzgottheit. Ihm zu Ehren ließ er auf dem Palatin, in unmittelbarer Nähe seines Wohnhauses, den Tempel des Apollo Palatinus erbauen.) **24. 62. 72. 74**

Arausiō Arausio (Stadt in Südfrankreich (heute Orange). Im Jahre 105 v. Chr. wurde bei Arausio ein röm. Heer von den einfallenden germanischen Stämmen der Kimbern und Teutonen vernichtend geschlagen.)

Āra Pācis Augustae der Altar des Augustusfriedens (Der röm. Senat gab den Altar im Jahre 13 v. Chr. in Auftrag und widmete ihn Kaiser Augustus, der von Feldzügen gegen Spanien und Gallien siegreich nach Rom zurückgekehrt war. Eingeweiht wurde der Altar im Jahr 9. v. Chr. Auf den Reliefbildern des Altars werden Frieden und Wohlstand als Ergebnis der kaiserlichen Politik dargestellt.) **74**

Archimēdēs, is *m* Archimedes von Syrakus (um 287 – 212 v. Chr., griech. Mathematiker, Physiker und Ingenieur. Seine Werke waren auch noch im 16./17. Jh. bei der Entwicklung der höheren Analysis von Bedeutung. Archimedes war an der Verteidigung von Syrakus gegen die röm. Belagerung im 2. Punischen Krieg beteiligt. Er entwickelte Katapulte und soll die Schiffe der Römer mit Hilfe von Hohlspiegeln in Brand gesteckt haben. Bei der Eroberung von Syrakus – nach dreijähriger Belagerung – wurde Archimedes von einem Soldaten getötet.) **71**

Arēs, is *m* Ares (vgl. „Mars")

Ariadna Ariadne (Tochter des Königs Minos; half Theseus mit dem roten Faden bei der Überwindung des Minotaurus. Theseus ließ sie während der Überfahrt von Kreta nach Athen alleine auf der Insel Naxos zurück. Dies geschah auf Geheiß des Bacchus, der die verlassene Ariadne aufsuchte und sich mit ihr vermählte.) **61**

Artemis, idis *f* Artemis (vgl. „Diana")

Ascanius Askanius bzw. Julus (Sohn des Äneas, Gründer von Alba Longa) 35. XI. 37

Asia Kleinasien (seit 129 v. Chr. röm. Provinz) 9

Athēna Athene (Schutzgöttin Athens; vgl. „Minerva")

Athēnae, ārum *f Pl.* Athen (bedeutendste Stadt in Griechenland) 75

Athēniēnsis, e athenisch; Athener, Einwohner von Athen 61

Augiās, ae *m* Augias (König der griech. Landschaft Elis. Er besaß einen Stall mit 3.000 Rindern, der 30 Jahre lang nicht ausgemistet worden war. Herkules musste ihn auf Befehl des Eurystheus in einem Tage reinigen.) 32. 33. X

augur, uris *m* Augur (Der Augur war ein röm. Beamter, der zu ergründen hatte, ob ein vom Staat oder von einer Einzelperson geplantes Unternehmen den Göttern genehm sei. Wichtige Staatshandlungen durften nicht ohne Befragung eines Augurs durchgeführt werden. Er verkündete den Götterwillen, den er aus dem Flug und dem Geschrei der Vögel und aus verschiedenen anderen Naturphänomenen las. Das Zeichen der Auguren war ein Krummstab (lituus). Mit diesem Krummstab bezeichnete der Augur an dem Ort und Tag, an dem die geplante Handlung stattfinden sollte, einen viereckigen Bereich (das sog. templum), in dem er seine Zeremonie vornahm.) 39. 51

(Imperātor Caesar dīvī fīlius) **Augustus** Augustus (63 v. Chr. – 14 n. Chr., erster röm. Kaiser, ursprüngl. Name Gaius Octavius, Großneffe und Adoptivsohn Julius Cäsars; mit seinem Sieg über Markus Antonius hatte er 31 v. Chr. die Alleinherrschaft über das röm. Reich erlangt. Damit gingen die Jahrzehnte der röm. Bürgerkriege zuende. 27 v. Chr. verlieh ihm der Senat den Ehrentitel Augustus („der Erhabene"); dieses Datum gilt als Beginn des röm. Kaisertums bzw. als Ende der röm. Republik. Die Herrschaft des Augustus, die man als eine Epoche des inneren Friedens, der wirtschaftlichen und kulturellen Blüte wahrnahm, wird Augusteisches Zeitalter genannt.) 26. 50. 56. 74. 75

Augustus Augustus (Der Ehrentitel Augustus („der Erhabene" von lat. augere) wurde 27 v. Chr. Octavian, dem Begründer des röm. Kaisertums, vom Senat verliehen und war – wie auch der Titel Caesar – fortan Bestandteil der Kaisertitulatur.) 74

Aventīnus (mōns) der Aventin (einer der sieben Hügel Roms; auf dem Aventin weideten der Sage nach Amulius und Numitor ihre Herden, stellte Remus die Vogelschau für die Gründung Roms an.) 39. XII. 45

Bacchus Bacchus (griech. Dionysos; Gott des Weines.) 74

basilica Aemilia Basilika Ämilia (Die Basilika Ämilia ist die einzige noch sichtbare der vier großen Basiliken aus der Zeit der röm. Republik und befindet sich auf dem Forum Romanum. Sie wurde 179 v. Chr. errichtet. Die patrizische Familie der Ämilier ließ bis in die Kaiserzeit hinein die Basilika immer wieder restaurieren und erweitern. Die dem Forum zugewandte Fassade (70 Meter lang) war in 16 Bögen unterteilt, hinter denen sich Geschäftsräume (tabernae) befanden.) 13. IV

basilica Iūlia Basilika Julia (Halle, die ab 54 v. Chr. von Julius Cäsar auf dem Forum Romanum errichtet wurde. Sie beherbergte eine Gerichtshalle und Ladengeschäfte und diente auch als Versammlungsort des Senates. Von der Basilika sind nur wenige Überreste erhalten. Interessant sind jedoch die in die Treppenstufen geritzten Spielbretter, die auf das bunte Alltagsleben in und bei der Basilika schließen lassen.) 12. 13. IV

Brennus Brennus (gallischer Heerführer im 4. Jh. v. Chr. Die Schlacht an der Allia (387 v. Chr.), in der Brennus' Heer die Römer besiegte, ging als dies ater, als schwarzer Tag, in die röm. Geschichte ein. Die Gallier plünderten in der Folge die Stadt Rom.) 67

Brundīsium Brindisi (Stadt im Süden Italiens, am „Stiefelabsatz", röm. Flottenstützpunkt und Endpunkt der Via Appia; von Brundisium liefen vor allem die Schiffe mit dem Reiseziel Griechenland aus.) 7

(Lūcius Iūnius) **Brūtus** Lucius Junius Brutus (Freund des Collatinus und seiner Frau Lukretia; um 500 v.Chr. Anführer der Verschwörer gegen den letzten röm. König Tarquinius Superbus. Später soll er – zusammen mit Collatinus – erster röm. Konsul geworden sein.) 43. 44. XIV. 65

Caelius (mōns) der Cälius (einer der sieben Hügel Roms. Hier befand sich in republikanischer Zeit ein stark bevölkertes Stadtviertel mit vielen Mietskasernen. Nach einer Feuersbrunst im 1. Jh. n. Chr. wurde der Cälius zu einer bevorzugten Wohngegend der Oberschicht.) 45

Caere, Caeretis *f* Caere (heute Cerveteri; bedeutende etruskische Stadt und Handelsmetropole, nordwestl. von Rom, Mitglied des etruskischen Zwölfstädtebundes. Blütezeit der Stadt war das 7. und 6. Jh. v. Chr. Im Jahr 353 v. Chr. wurde Caere von den Römern unterworfen. Berühmt sind die Hügelgräber der Nekropole von Caere, in denen man Wandmalereien und Kunstgegenstände gefunden hat.) 57

(Gāius Iūlius) **Caesar,** aris *m* Gajus Julius Cäsar (100–44 v. Chr., röm. Politiker, Feldherr und Schriftsteller. Eroberer Galliens von 58–51 v. Chr. Als Politiker strebte er die Alleinherrschaft in Rom an. Am 15. März 44 v. Chr. wurde er von einer Gruppe röm. Senatoren ermordet, die in ihm einen Tyrannen sahen. Cäsar war auch als Schriftsteller tätig: „De bello Gallico", „De bello civili".) 13. 50. 56. 74

Caesar, aris *m* Cäsar / Kaiser (Der Begriff „Caesar" war seit Augustus Teil des Namens und damit Titel der röm. Herrscher.) 23. VII. 47. 49. 50

(Mārcus Fūrius) **Camillus** Camillus (röm. Feldherr und Staatsmann im 4. Jh. v. Chr.; nach dem gallischen Sieg über die Römer an der Allia 387 v. Chr. und der Plünderung Roms durch die Gallier soll Camillus in Abwesenheit

Eigennamenverzeichnis

zum Diktator ernannt worden sein. Der Sage nach versammelte er dann ein Heer und vertrieb die Gallier aus Rom. Tatsächlich aber zogen sich die Gallier wohl unversehrt zurück, nachdem die Römer ein hohes Lösegeld entrichtet hatten.) **67**

Campānia Kampanien (mittelitalische Landschaft, 100 km südlich von Rom. Kampanien war berühmt für seinen Reichtum an Getreide, Gemüse, Obst, Oliven und Wein, denn der vulkanische Boden brachte eine besondere Fruchtbarkeit des Landes mit sich und gestattete 3-4 Ernten pro Jahr. Bedeutende Städte Kampaniens waren Capua, Neapel, Pompeji und Herkulaneum.) **17. 18. 26**

Campus Mārtius das Marsfeld (ursprünglich ein außerhalb der Stadtgrenze Roms gelegenes militärisches Übungsfeld und politischer Versammlungsort; später wurde das Marsfeld mit prachtvollen öffentlichen Gebäuden ausgeschmückt.) **50**

Cannae, ārum *f Pl.* Cannae (Stadt in Italien; Schauplatz der Schlacht 216 v. Chr., bei der die Römer dem karthagischen Feldherrn Hannibal unterlagen.) **70. XXI. 72**

Capitōlium das Kapitol (einer der sieben Hügel Roms; heiligster Ort Roms, denn hier stand der Tempel des Iuppiter Optimus Maximus.) **7. 42. XIII. 45. 67. XXI**

Capua Capua (Stadt im westlichen Mittelitalien, bedeutende Stadt Kampaniens) **17. 28**

Capuānī, ōrum *m Pl.* die Capuaner (Einwohner von Capua) **20**

Carthāginiēnsis, e karthagisch; Karthager (Einwohner von Karthago) **35. 71**

Carthāgō, ginis *f* Karthago (Stadt in Nordafrika, in der Nähe des heutigen Tunis; der Sage nach war Dido die Gründerin und Königin der Stadt. Karthago war erbitterte Konkurrentin Roms im Kampf um die Beherrschung des Mittelmeerraumes; nach dem Ende des 3. Punischen Krieges 146 v. Chr. wurde die Stadt von den Römern zerstört.) **35. 36. 68. 65. 74**

Caucasus (mōns) der Kaukasus (Gebirge zwischen Schwarzem und Kaspischem Meer) **59. XVIII**

Cerberus Zerberus (der dreiköpfige Hund, der den Eingang zum Hades (Unterwelt) bewachte: Er wedelte mit dem Schwanz vor den Geistern, die den Hades betraten, fraß aber die auf, die versuchten, den Hades zu verlassen. Herkules zerrte ihn – im Auftrag von König Eurystheus – mit Gewalt zur Oberwelt, zeigte ihn dem König – und brachte ihn wieder zurück.) **33. X. 63**

Cerēs, Cereris *f* Ceres (griech. Demeter; Göttin des Ackerbaus und der fruchttragenden Erde. Von Jupiter Mutter der Proserpina.) **XVIII. XIX**

Charōn, ōntis *m* Charon (der Fährmann, der die Verstorbenen in seinem Kahn über den Unterweltsfluss Styx in den Hades (die Unterwelt) brachte. Für diesen Dienst verlangte er ein Fährgeld; die Toten wurden deshalb stets mit einer Münze im Mund beigesetzt.) **33**

Chrīstiānī, ōrum *m Pl.* die Christen **75. XXII**

Chrīstus Christus (griech. Übersetzung für das hebräische Wort Messias, das „der Gesalbte" bedeutet, und den königlichen Erlöser des Volkes Israel und der Menscheit bezeichnet. Ehrentitel Jesu.) **XXII**

Cimbrī, ōrum *m Pl.* die Kimbern (nordgermanischer Volksstamm, fielen um 115 v. Chr in Gallien und Italien ein; wurden 101 v. Chr. von den Römern unter der Führung des Konsuls Gajus Marius in Norditalien vernichtend geschlagen.)

Circus Maximus Circus Maximus (größte Rennbahn Roms zwischen den Hügeln Palatin und Aventin; angeblich bereits im 6. Jh. v. Chr. von König Tarquinius Priscus erbaut, später von Cäsar erneuert.) **45. 56**

(Tiberius) Claudius (Nerō Germānicus) Claudius (röm. Kaiser 41-54 n. Chr. Unter der Herrschaft des Claudius wurde das röm. Reich um zahlreiche neue Provinzen erweitert. Unter Claudius hat sich auch die Vergabe des Bürgerrechts an Auxiliarsoldaten nach 25 Jahren Dienst durchgesetzt. Im Jahr 52 ließ Claudius auf dem Fuciner See eine Naumachie veranstalten, die als die größte Inszenierung einer Seeschlacht in der Geschichte gilt. Claudius war auch als Schriftsteller tätig: Er verfasste Werke über die Herrschaft des Augustus, über die Geschichte Karthagos sowie ein etruskisches Wörterbuch. Angeblich soll seine letzte Gattin Agrippina ihn durch ein vergiftetes Pilzgericht ermordet haben.) **50. 57**

Cleopatra Kleopatra VII. (letzte Königin Ägyptens von 51-30 v. Chr., war von ihrem Bruder und Mitregenten Ptolemaios XIII. verstoßen, wurde aber von Cäsar, den die Verfolgung des Pompejus nach Ägypten geführt hatte, wieder eingesetzt. Kleopatra hatte zuerst ein Verhältnis mit Cäsar, dann mit Antonius. 31 v. Chr. unterlagen sie und Antonius dem Heer des Oktavian / Augustus bei Aktium, beide begingen daraufhin Selbstmord.) **67. 74. 75**

Collātia Collatia (alte sabinische Stadt östlich von Rom, Heimat der Lukretia und des Collatinus) **44**

(Lūcius Tarquinius) Collātīnus Lucius Tarquinius Collatinus (Ehemann der Lukretia, die von Sextus Tarquinius vergewaltigt wurde, was die Vertreibung der Tarquinier aus Rom auslöste.) **44**

Colosseum (Amphitheātrum Flāvium) Kolosseum (das größte Amphitheater der Antike; die Bezeichnung Amphitheatrum Flavium leitet sich von den Kaisern der flavischen Dynastie her, unter deren Herrschaft das Kolosseum von 72-80 n. Chr. errichtet wurde. 80 n. Chr. wurde es von Kaiser Titus mit hunderttägigen Spielen eröffnet, unter anderem mit Gladiatorenkämpfen, nachgestellten Seeschlachten und Tierhetzen. Im Kolosseum fanden ca. 50.000 Zuschauer Platz. Sein Umfang beträgt 527 Meter, die Höhe 48 Meter. Als Arena war das Kolosseum über 400 Jahre lang in Betrieb.) **48. 49. XV**

Concordia Concordia (röm. Göttin der Eintracht. Sie förderte und erhielt die Eintracht und die Einheit der Bürger Roms. Ihre Attribute waren Füllhorn, Opferschale und

Eigennamenverzeichnis

ineinandergeschlungene Hände. Der Göttin Concordia war ein prachtvoller Tempel am Fuße des Kapitols geweiht, der anlässlich der Aussöhnung der röm. Stände (Plebejer und Patrizier) im 4. Jh. v. Chr. errichtet worden war.) 12. IV

cōnsul, cōnsulis *m* Konsul (röm. Beamter; mit dem 43. Lebensjahr konnte das Konsulat, das höchste zivile und militärische Amt, ausgeübt werden. Dieses war für eine einjährige Amtszeit auf zwei Konsuln aufgeteilt. Die Konsuln saßen den Senatssitzungen vor, brachten Gesetzesanträge ein und überwachten die Durchführung der Beschlüsse und Gesetze.) 65. 70. 71

Corinthus, ī *f* Korinth (reiche griech. Handelsstadt am Isthmos) 64

(Gnaeus Mārcius) Coriolānus Coriolan (sagenhafter röm. Feldherr im 5. Jh. v. Chr.; als Patrizier war er entschiedener Gegner der Volkstribunen und plädierte für deren Abschaffung. Die Plebejer klagten ihn des Verfassungsumsturzes an und schickten ihn in die Verbannung. Coriolan schloss sich daraufhin den Volskern, den ärgsten Feinden Roms, an und führte sie gegen seine Heimatstadt (489 / 488 v. Chr.). Durch die Intervention seiner Mutter Veturia und seiner Frau Volumnia ließ er von dem Angriff ab. Die Volsker warfen ihm dies als Verrat vor und ermordeten ihn.) 66–68

Crēta Kreta (griech. Insel. Jupiter entführte die phönizische Königstochter Europa dorthin. Sie gebar ihm Minos, den späteren König der Insel.) 11. 58. 60. 61. XVIII. 62

Creūsa Krëusa (Ehefrau des Äneas und Mutter des Askanius; kam während der Eroberung und Zerstörung Trojas ums Leben.) 35

cūria die Kurie (das Versammlungsgebäude des Senates auf dem Forum Romanum. Die erste Kurie – die Curia Hostilia – wurde der Sage nach von König Tullus Hostilius errichtet. Nachdem sie 52 v. Chr. einem Brand zum Opfer gefallen war, veranlasste Julius Cäsar einen Neubau der Kurie (Curia Iulia).

Cyanē Kyane (eine Quellnymphe, die den Raub der Proserpina durch Pluto vergeblich zu verhindern suchte) XVIII. XIX

Daedalus Dädalus (sagenhafter athenischer Künstler und Baumeister. Wegen des Mordes an seinem Neffen Talus musste er Athen verlassen und fand Asyl auf der Insel Kreta. Dort errichtete er auf Verlangen des Königs Minos ein Labyrinth, in dem das Ungeheuer Minotaurus gefangen gehalten wurde. Als Minos ihn nicht von der Insel fortlassen wollte, schuf Dädalus für sich und seinen Sohn Ikarus Flügel und floh mit ihm durch die Luft. Da Ikarus den Anweisungen seines Vaters nicht folgte, stürzte er ins Meer, das seither Ikarisches Meer genannt wird.) 60. 61. XVIII. 62–64

Dānubius / Dānuvius die Donau

Delphī, ōrum *m Pl.* Delphi (Ort in Griechenland, berühmte griech. Orakelstätte des Gottes Apollon) 43. 65. 72

Dēlus *f* Delos (griech. Insel in der Ägäis. Der Sage nach gebar die Göttin Latona auf Delos das göttliche Zwillingspaar Apollon und Diana.) 62

Dēmēter, tros *f* Demeter (vgl. „Ceres")

Diāna Diana (griech. Artemis; Göttin der Jagd, des Waldes und des Mondes, Schützerin der Frauen und der Jungfräulichkeit. Tochter des Jupiter und der Göttin Latona. Zwillingsschwester des Apollo.) 24. 62. 73

dictātor, ōris *m* Diktator (röm. Sonderbeamter; in Zeiten höchster Gefahr für den Staat konnte einer der beiden Konsuln im Auftrag des Senates einen dictator ernennen, der die höchste militärische, politische und richterliche Macht in seiner Person vereinigte. Alle Ämter, auch der Senat, waren außer Kraft gesetzt. Der dictator ernannte zu seinem Gehilfen und Stellvertreter einen sog. magister equitum („Reiteroberst"). Seine Amtsgewalt war auf ein halbes Jahr beschränkt.) 67

Dīdō, ōnis *f* Dido (Gründerin und Königin von Karthago; verliebte sich in Äneas, den es auf seiner Irrfahrt an die afrikanische Küste verschlagen hatte; gab sich den Tod, nachdem Äneas sie auf Geheiß Jupiters verlassen musste.) 35. 36

Diomēdēs, is *m* Diomedes (König im nordgriech. Thrakien. Er besaß vier menschenfressende Stuten, an die er seine besiegten Feinde verfütterte. Herkules tötete den grausamen Diomedes und warf ihn seinen eigenen Stuten zum Fraß vor.) 33

Dionysus *m* Dionysos (vgl. „Bacchus")

duumvir Duumvir (Ein Duumvir war Bestandteil eines – wie der Name schon sagt – Zweimänneramtes. Die beiden Duumvirn waren die Spitzenbeamten von Städten, die nach röm. Recht verfasst waren. Das Duumvirat war also eine „Kopie" des röm. Konsulates. Die Duumvirn übten die Rechtsprechung aus und nahmen Beurkundungen vor. Sie beriefen Volksversammlungen ein und organisierten die Wahlen zu anderen öffentlichen Ämtern.) 21–23

Elysium das Elysium (der Teil der Unterwelt, in den diejenigen Toten eingehen durften, die tugendhaft gelebt hatten. Die Verstorbenen führten im Elysium ein paradiesisches Dasein ohne Sorgen und Arbeit.) 33

Ephesus *f* Ephesos (wichtige Hafenstadt im kleinasiatischen Karien (heute Efes, an der Westküste der Türkei); der dortige Artemis-Tempel gehörte zu den sieben Weltwundern. Zu den bedeutenden Bauwerken der Stadt zählt die Celsusbibliothek.)

Erōs, ōtis *m* Eros (vgl. „Amor")

Ēsquiliae, ārum *f Pl.* (collis Ēsquilīnus) der Esquilin (der größte der sieben Hügel Roms) 45

Etrūria Etrurien (antike Landschaft in Mittelitalien; umfasste die Toskana, den nördlichen Teil des heutigen Latium und Teile Umbriens. Etrurien war das Kerngebiet der Etrusker.)

Eigennamenverzeichnis

Etrūscī, ōrum (auch: Tūscī) m Pl. die Etrusker (Volk im nördl. Mittelitalien. Ab dem 7. Jh. v. Chr. beherrschten die Etrusker, zusammen mit den verbündeten Karthagern, das westl. Mittelmeer. Sie expandierten im Süden bis nach Kampanien, im Norden bis an den Rand der Alpen. Ihre Städte waren in einem losen Bund zusammengeschlossen. Einen Zentralstaat gab es nicht. Die Etrusker beherrschten auch Rom. Im 6. Jh. jedoch wurden die etruskischen Herrscher – die Tarquinier – aus Rom vertrieben; damit begann der allmähliche Niedergang der Etrusker. Zug um Zug eroberten die Römer die etruskischen Städte bzw. schlossen Bündnisverträge mit ihnen. Die Römer haben viele Elemente der etruskischen Kultur und Religion übernommen.) 45. 43. 51. 52. 54. XVI. 56. 57. XVII. 65

Eurōpa 1. Europa (Tochter des phönizischen Königs Agenor. Jupiter verliebte sich in sie und entführte sie in Gestalt eines weißen Stieres nach Kreta. Mutter des Minos)
2. Europa (als Erdteil. Bereits im 5. Jh. v. Chr. teilte der griech. Historiker und Geograf Herodot die Welt in die drei Erdteile Europa, Asien und Libyen (Afrika) ein. Diese Einteilung behielt in der gesamten Antike Gültigkeit.) 11. 58-60. XVIII. 63

Eurydica, ae Eurydike (die Gattin des Orpheus) 63

Eurystheus, eī m Eurystheus (König von Mykene. Ein Cousin des Herkules, aber auch sein erbittertster Feind: Beide waren Enkel des Perseus, des Gründers von Mykene, und konkurrierten deshalb um den Thron von Mykene. Vor Herkules' Geburt erklärte Jupiter, dass der erstgeborene Enkel des Perseus dessen Königreich erhalten solle. Juno, die Herkules hasste (weil er aus einer unehelichen Verbindung ihres Mannes Jupiter stammte), veranlasste daraufhin, dass Eurystheus früher geboren und damit König von Mykene wurde. Später musste Herkules im Auftrag des Eurystheus die berühmten „zwölf Arbeiten" erledigen.) 32. 33. X. 59

(Quīntus) Fabius Maximus (Cūnctātor) Quintus Fabius Maximus (um 280 – 203 v. Chr.; röm. Staatsmann und Feldherr. Nach der verheerenden Niederlage gegen Hannibal am Trasimenischen See 217 v. Chr. wurde Fabius zum Diktator ernannt. Mit seiner Hinhaltetaktik ging er bewusst einer Entscheidung mit den überlegenen Karthagern aus dem Weg; damit gewann er wertvolle Zeit für den Ausbau der röm. Truppen. Seine Hinhaltetaktik brachte ihm den Beinamen Cunctator („der Zögerer") ein.) 70. 71

(Quīntus) Fabius Pictor Quintus Fabius Pictor (um 254 – 201 v. Chr.; röm. Patrizier und Geschichtsschreiber. Er kämpfte im 2. Punischen Krieg 217 v. Chr. am Trasimenischen See gegen die Karthager. Als Senator wurde er beauftragt, zum Orakel von Delphi zu reisen, um nach der Niederlage in der Schlacht bei Cannae Rat einzuholen.) 72

Faustulus Faustulus (Hirte, der die ausgesetzten Zwillinge Romulus und Remus fand und gemeinsam mit seiner Frau Acca aufzog) 37. 38

forum Boārium das Forum Boarium (der Rindermarkt in Rom am Ufer des Tiber) V

forum Iūlium das Forum Julium (Das Forum Julium – auch Cäsarforum genannt – ist das älteste der Kaiserforen in Rom (Baubeginn 54 v. Chr.) und bildet eine Erweiterung des Forum Romanum.) 15. V

forum Rōmānum das Forum Romanum (der Marktplatz und später das politische, geschäftliche und religiöse Zentrum von Rom. Das ursprünglich sumpfige Gebiet wurde im 6. Jh. v. Chr. trockengelegt und zum Marktplatz umgestaltet. Die ältesten Bauwerke waren die Tempel für Saturn (498 v. Chr.), Castor (484) und Concordia (367). Ab dem 2. Jh. v. Chr. wurden die Volksversammlungen hier abgehalten. Die Händler und Marktstände mussten zugunsten des politischen Geschehens weichen. Basiliken wurden errichtet, in denen die Gerichte tagten und Geschäfte abgewickelt wurden.) 12. 13. 15. V. 22

Fūcinus (lacus) der Fuciner See (war bis zu seiner Trockenlegung im Jahre 1875 das größte Binnengewässer Mittelitaliens. 52 n. Chr. ließ Kaiser Claudius auf dem Fuciner See die größte Naumachie (künstliche Seeschlacht) der Geschichte ausrichten. Auf beiden Seiten kämpften dabei je 19.000 Sklaven auf je 50 Schiffen.) 50

Gallī, ōrum m Pl. die Gallier, die Kelten 67. 68

Gallia Gallien (Land der Gallier / Kelten, die seit etwa 700 v. Chr. von Osten eingewandert waren; umfasste Oberitalien und das heutige Frankreich und Belgien.) 16

Geryōn, ōnis m Geryon (dreileibiger Riese auf der Insel Erythea, unterlag Herkules im Kampf und verlor seine Rinderherde an ihn.)

Graecī, ōrum m Pl. die Griechen 17. 31. 34. 35. 45. 51. 53

Graecia Griechenland (seit 146 v. Chr. röm. Provinz Achaia) 3. 74

Graecus, a, um griechisch, Grieche 17

Hamilcar, aris m Hamilkar (Vater des Hannibal; karthagischer Feldherr im 1. Punischen Krieg 264-241 v. Chr.) 68. 70. 71

Hannibal, alis m Hannibal (247-183 v. Chr.; Feldherr der Karthager im 2. Punischen Krieg 218-202 v. Chr. Sein Vater Hamilkar brachte ihn 237 v. Chr. nach Spanien, nachdem er ihn ewigen Hass auf Rom hatte schwören lassen. Hannibals kühner Plan, den Krieg gegen Rom in Italien auszutragen (Alpenübergang), brachte die Römer mehrfach an den Rand des Zusammenbruchs. Nach sechzehn Kriegsjahren in Italien musste er 203 v. Chr. mit seinem unbesiegten Heer nach Afrika zurückkehren, um Karthago gegen einen Angriff der Römer zu verteidigen. 202 v. Chr. wurde er von Scipio in der Schlacht bei Zama geschlagen. 183 v. Chr. nahm sich Hannibal, auf der Flucht vor den Römern, das Leben.) 68-71. XXI. 72

Eigennamenverzeichnis

haruspex, icis *m* Haruspex (Angehöriger eines altröm. Priesterkollegiums. Seine Aufgabe war, aus der Beschaffenheit der Eingeweide geschlachteter Opfertiere den Willen der Götter vorauszusagen. Ursprünglich war diese Art der Vorzeichendeutung als Eingeweideschau bei den Etruskern heimisch, doch wurden Amt und Bezeichnung in früher Zeit von den Römern übernommen. Die Weissagungen der Haruspizes mussten durch den Senat bestätigt werden.) **51. 52. 54. XVII**

Helena Helena (Frau des Spartanerkönigs Menelaos; wurde vom Trojaner Paris geraubt, was den Trojanischen Krieg auslöste.) **34. 67**

Hēphaistos *m* (vgl. „Vulcanus")

Hēra, ae *f* Hera (vgl. „Iuno")

Herculāneī, ōrum *m Pl.* die Herkulaneer (Einwohner von Herkulaneum) **31**

Herculāneum Herkulaneum (Stadt in Kampanien am Golf von Neapel. Der Sage nach soll die Stadt eine Gründung des Herkules gewesen sein. Herkulaneum ist wie Pompeji beim Ausbruch des Vesuv untergegangen. Mit seinen ca. 4.000 Einwohnern war Herkulaneum deutlich kleiner als Pompeji: eine kleine wohlhabende Hafenstadt. Wegen der natürlichen Schönheit, des prächtigen Blicks über den Golf von Neapel und seiner reinen Luft erbauten viele reiche Römer ihre Sommervillen in Herkulaneum.) **IX. 31. 32**

Herculēs, is *m* Herkules (griech. Herakles; berühmtester der griech. Helden mit übermenschlichen Kräften. Sohn des Jupiter und der Alkmene. Um sich von einer im Wahnsinn begangenen Freveltat reinzuwaschen, musste er auf Geheiß eines Orakels dem König Eurystheus von Mykene dienen. Eifersüchtig auf Herkules' Stärke, bürdete Eurystheus ihm zwölf so ungeheuer schwierige Aufgaben auf, dass nur ein Sohn des Jupiter sie erfüllen konnte: Er musste verschiedene Ungeheuer erlegen (den Nemeischen Löwen, die Lernäische Hydra, die Stymphalischen Vögel), wilde Tiere einfangen (die kerynithische Hirschkuh, den Erymanthischen Eber, den Kretischen Stier), den Stall des Augias ausmisten und dem Eurystheus bestimmte Dinge rauben und herbeiholen (die Stuten des Diomedes, den Gürtel der Hippolyte, das Vieh des Geryones, die Äpfel der Hesperiden). Die letzte und schwierigste Aufgabe war der Abstieg in die Unterwelt, aus der Herakles den Höllenhund Zerberus heraufholen sollte. Nachdem Herkules alle zwölf Aufgaben erfüllt und überlebt hatte, überließ Eurystheus ihm seinen Thron. Nach seinem Tod wurde Herkules in den Kreis der Götter aufgenommen.) **V. 31-33. X. 51. 59-61. XVIII. 62**

Hermēs *m* Hermes (vgl. „Mercurius")

Hērodotus Herodot (um 490 – um 425 v. Chr., griech. Historiker aus der kleinasiatischen Stadt Halikarnassos) **11**

Hersilia Hersilia (Sabinerin, Ehefrau des Romulus) **41. 42**

Hesperidēs, um *f Pl.* (weibliche Gottheiten, Töchter der Nacht; sie hüteten in einem Garten am westlichen Ende der Welt die goldenen Äpfel, die den Göttern ewige Jugend verliehen. Diese Äpfel zu pflücken war eine der zwölf Aufgaben des Herkules.) **59**

Hierosolyma, ōrum *n Pl.* Jerusalem (größte und bedeutendste Stadt im antiken Israel (Iudaea). Sitz des röm. Statthalters zur Zeit Jesu) **XXII**

(**Mārcus**) **Holcōnius Rūfus** Marcus Holconius Rufus (die bedeutendste uns bekannte Persönlichkeit Pompejis im 1. Jh. n. Chr. Er war ein reicher Kaufmann, der einen überregionalen Weinhandel und eine Tongrube samt Ziegelei betrieb. Er finanzierte mit seinem Vermögen u.a. den Umbau des Großen Theaters in Pompeji. Er bekleidete mehrfach hohe politische Ämter in der Stadt und erreichte sogar die selten verliehene Ehrenbürgerschaft (patronus coloniae).) **VII. 25**

Homērus Homer (ältester griech. Dichter im 8. Jh. v. Chr., unter seinem Namen sind die beiden bedeutendsten griech. Epen, die „Ilias" und die „Odyssee", überliefert.) **34. 35**

Hydra Lernaea die Hydra von Lerna (ein vielköpfiges schlangenartiges Untier, das im See Lerna nahe der gleichnamigen griech. Stadt hauste. Wenn man ihr einen ihrer Köpfe abschlug, wuchsen zwei neue nach. Herkules besiegte das Ungeheuer mit Hilfe seines Gefährten Iolaos.) **X. 59**

Ibērus der Ebro (Fluss im Nordosten Spaniens. Im sog. „Ebrovertrag" hatten die Römer und Karthager um 226 v. Chr. den Ebro als Grenze ihrer jeweiligen Einflussgebiete festgelegt. Die Überschreitung des Ebro durch Hannibals Truppen löste 218 v. Chr. den 2. Punischen Krieg aus.)

Īcaria Ikaria (griech. Ägäisinsel, westlich von Samos. Die Insel leitet ihren Namen von Ikarus her: Dädalus beerdigte hier seinen Sohn Ikarus, der bei der Flucht aus Kreta ins Meer gestürzt war.) **60**

Īcarus Ikarus (Sohn des Dädalus. Trotz der Warnungen seines Vaters stieg er bei der Flucht aus Kreta mit seinen Flügeln so hoch hinauf, dass die Sonne das Wachs seiner Flügel schmolz, die Federn sich lösten und er ins Meer stürzte.) **60. 61. XVIII. 62-64**

Iericho Jericho (Stadt am Westufer des Jordans in Palästina) **XXII**

Īlias, adis *f* die „Ilias" (Epos des griech. Dichters Homer über den Trojanischen Krieg) **34. 36**

Iolāus Iolaos (Wagenlenker und treuer Gefährte seines Onkels Herkules) **X**

Īsis, Īsidis *f* Isis (Hauptgöttin Ägyptens; Gattin und Schwester des Osiris, Göttin der Fruchtbarkeit. Im 2. Jh. v. Chr. gelangte der Isiskult über den Seehandel mit der ägyptischen Stadt Alexandria auch nach Italien.)

Italia Italien **35. 36. 68-70. XXI. 72**

Iūlus Julus (anderer Name des Äneas-Sohnes Askanius) **37**

Iūnō, ōnis *f* Juno (griech. Hera; Schwester und Gemahlin des Jupiter. Schützerin der Ehe und der Frauen; Fruchtbarkeits- und Geburtsgöttin.) **24. 32. 36. 62. 67. 73**

Eigennamenverzeichnis

Iuppiter, Iovis *m* Jupiter (griech. Zeus; Göttervater und höchster Gott der Römer, griech. Name: Zeus. Möglicherweise haben bereits die Etrusker den Kult des Iuppiter Optimus Maximus in Rom eingeführt. Im Jupitertempel brachten die röm. Beamten am Anfang ihres Amtsjahres Opfer dar, und die siegreichen Feldherrn legten dort ihre Beutestücke nieder. Die erste Senatssitzung eines jeden Jahres fand ebenfalls dort statt.) 24. 32. 35. 36. XIII. 43. 47. 54. 58–60. XVIII. 62. 64. XIX. 73. XXII

Lāocoōn, Lāocoontis *m* Laokoon (trojanischer Priester; warnte die Trojaner vergeblich vor dem hölzernen Pferd der Griechen; er und seine beiden Söhne wurden daraufhin auf Geheiß Apollons, der auf Seiten der Griechen stand, von zwei Seeschlangen erwürgt.) 34

Larēs, um *m Pl.* die Laren (röm. Gottheiten, die Haus und Familie beschützten)

Latīnus, a, um 1. lateinisch („latinisch", nach der Landschaft Latium und dem Stamm der Latiner, die in Mittelitalien siedelten) 36. 37
2. Latinus (König von Latium. Sohn des Gottes Faunus. Nach dem Krieg zwischen den Latinern und den einwandernden Trojanern heiratete Äneas Lavinia, die Tochter des Latinus.) 36

Latium Latium (Landschaft in Mittelitalien, Urheimat der Latiner) 37

Lātōna Latona (griech. Leto; Göttin. War von Jupiter Mutter des Apollo und der Diana. Flieht als Schwangere vor der eifersüchtigen Juno, gebiert ihre Zwillinge schließlich auf der griech. Insel Delos.) 62

Laurentum Laurentum (alte Küstenstadt der Latiner, Sitz des Königs Latinus. Während des Kampfes um Latium belagerten Äneas und seine Trojaner die Stadt.) 36

Lāvīnia Lavinia (Tochter des Königs Latinus, zweite Frau des Äneas) XI

Lāvīnium Lavinium (Stadt in Latium, südlich von Rom; wurde von Äneas gegründet und nach seiner Ehefrau Lavinia benannt.) 37

lēvīta, lēvītae *m* Levit (Die Leviten, benannt nach ihrem Stammvater Levi, sind einer der Zwölf Stämme Israels, die von den Söhnen Jakobs abstammen. Die Leviten sind laut 5. Mose 18, 1–8 allein zum Priesterdienst für alle Israeliten erwählt. Für die Leviten galt eine Reihe besonderer Gesetze und Vorschriften.) XXII

(Titus) **Līvius** Livius (röm. Geschichtsschreiber 59 v. Chr. – 17 n. Chr.; beschrieb die Geschichte Roms – von der Gründung der Stadt bis auf die eigene Zeit – in seinem 142 Bücher umfassenden Werk „Ab urbe condita".) 39. XII. XIII

Lucrētia Lukretia (Frau des Collatinus; wurde von Sextus Tarquinius vergewaltigt, was die Vertreibung der etruskischen Tarquinier als Herrscher von Rom nach sich zog.) 44

(Lūcius Licinius) **Lūcullus** Lukull (röm. Feldherr in Kleinasien um 70 v. Chr.; sein Reichtum und sein exquisiter Geschmack sind sprichwörtlich.) 17

Lydia Lydien (Landschaft an der Westküste Kleinasiens, 133 v. Chr. wurde Lydien Teil der röm. Provinz Asia.) 3

Magna Māter die Magna Mater (kleinasiatische Muttergottheit; der Kult der Magna Mater (auch: Kybele) wurde während des 2. Punischen Krieges in Rom eingeführt, als die Stadt nach Niederlagen im Krieg gegen Hannibal in eine existenzielle Krise geraten war. Das Orakel von Delphi, das die Römer in ihrer Not befragten, empfahl die Überführung der Magna Mater nach Rom. Eine Delegation bat in Kleinasien um die Herausgabe des schwarzen Steines (wohl ein Meteorit), in dessen Gestalt die Göttin verehrt wurde. 204 v. Chr. wurde der heilige Stein in einer großen Prozession nach Rom gebracht. Auf dem Palatin errichtete man der Göttin einen prachtvollen Tempel.)

Maharbal, alis *m* Maharbal (Offizier und Anführer der karthagischen Reiterei im 2. Punischen Krieg. Nach dem Sieg der Karthager in der Schlacht bei Cannä forderte er Hannibal auf, sofort gegen Rom zu marschieren. Als der karthagische Feldherr dies ablehnte, soll Maharbal ihm geantwortet haben: „Zu siegen weißt du, Hannibal, nicht aber, den Sieg zu nutzen.") XXI

Mārs, Mārtis *m* Mars (griech. Ares; Gott des Krieges. Von Rea Silvia wurde er Vater der Zwillinge Romulus und Remus. Der berühmteste Tempel des Mars in Rom war der Tempel des Mars Ultor, des „rächenden Mars", auf dem Augustusforum. Kaiser Augustus hatte den Tempel errichten lassen zur Erinnerung an seinen Sieg über die Cäsarmörder.) 24. XI. 37. XII. 46. 64. 74. XXII

Menelāus Menelaos (König von Sparta, Ehemann der von Paris geraubten schönen Helena) 34

Menēnius Agrippa *m* Menenius Agrippa (röm. Patrizier, der zur Zeit der Ständekämpfe mit diplomatischem Geschick die aus Rom ausgewanderten Plebejer wieder in die Stadt zurückholte.) XX

Mercurius Merkur (griech. Hermes; Götterbote, Gott des Handels, der Reise und der Diebe.) 24. 35. 36. 63

Minerva Minerva (griech. Athene; Göttin der Weisheit und des Handwerks. Tochter des Jupiter) 24. 47. 59

Mīnus Minos (König von Kreta, Sohn des Jupiter und der Europa. Vater der Ariadne) 58. 60–62

Mīnōtaurus Minotaurus (Sohn der Pasiphaë. Mit einem Stier gezeugt, daher halb Mensch und halb Stier. Der Mann der Pasiphaë, König Minos von Kreta, sperrte das Ungeheuer in einem Labyrinth ein und fütterte ihn mit den Jünglingen und Mädchen, die ihm die Athener als Tribut liefern mussten, bis endlich Theseus den Minotaurus tötete und mit Hilfe der Ariadne wieder aus dem Labyrinth herausfand.) 60. 61

Mīsēnum Misenum (Stadt am Nordrand des Golfes von Neapel (heute Miseno). Der durch eine Bucht geschützte Hafen von Misenum war ein Hauptstützpunkt der röm. Kriegsflotte.) IX

Molossus der Molosser, der Molosserhund (eine griechische Jagdhundrasse, die als besonders wild und bissig galt) 10

233

Eigennamenverzeichnis

Mōns Sacer *m* der „heilige Berg" (in der Nähe von Roms gelegener Berg; hierhin zog sich 494 v. Chr. die streikende röm. Plebs zurück, um gegen Willkürmaßnahmen der Patrizier zu protestieren.) **XX**

Mycēnae, ārum *f Pl.* Mykene (in alter Zeit eine der bedeutendsten Städte Griechenlands. In Homers Epos „Ilias" wird Mykene als Hauptstadt des Königs Agamemnon erwähnt. Seine größte Blüte hatte Mykene im 14. und 13. Jh. v. Chr.) **32**

(Tiberius Claudius) **Narcissus** Narcissus (Freigelassener am Hof des Kaisers Claudius. Als Vertrauter des Claudius und Leiter der kaiserlichen Kanzlei (ab epistulis) besaß er großen politischen Einfluss.) **50**

Naxus *f* Naxos (griech. Insel) **61**

Neāpolis, is *f* Neapel (bedeutende Stadt in Kampanien. Griech. Kolonisten gründeten die Stadt („Neustadt") im 5. Jh. v. Chr. Neapolis wurde bald eines der führenden Wirtschaftszentren der Region. 89 v. Chr. erhielt Neapolis das röm. Bürgerrecht. Griech. Sprache und Kultur blieben in der Stadt aber auch unter röm. Herrschaft stets lebendig.) **30. IX**

Nemeaeus leō *m* der Nemeische Löwe (Ungeheuer nahe der griech. Stadt Nemea. Die Tötung dieses Löwen war die erste der zwölf Arbeiten des Herkules. Nach seinem Sieg trug er das Fell des Löwen als Trophäe.) **31. 32. X. 59**

Neptūnus Neptun (griech. Poseidon; Gott des Meeres. Bruder des Jupiter.) **24. 41. 62**

Nerō, ōnis *m* Nero (röm. Kaiser 54-68 n. Chr.; in den ersten Jahren regierte er unter dem positiven Einfluss seines Lehrers Seneca. Nachdem Nero diesen zum Rückzug aus der Politik gezwungen hatte (61 n. Chr.), begann eine Willkürherrschaft. Während Neros Herrschaft (64 n. Chr.) brannte Rom aus ungeklärten Gründen nieder; er beschuldigte die Christen, den Brand gelegt zu haben, und verfolgte sie. Nero waren seine Betätigungen als Künstler häufig wichtiger als die Regierungsgeschäfte; sein ausschweifender Lebenswandel verschaffte ihm viele Feinde. Als schließlich ein Aufstand der Prätorianergarde ausbrach, musste Nero aus Rom fliehen und setzte seinem Leben selbst ein Ende.) **75**

Nioba Niobe (Tochter des Tantalus; im kleinasiatischen Phrygien aufgewachsen, später durch die Heirat mit Amphion Königin von Theben.) **62**

Nīlus der Nil (Fluss in Ägypten) **53**

(Mārcus) **Nōnius Balbus** Marcus Nonius Balbus (röm. Senator und prominenter Einwohner der Stadt Herkulaneum. Der Stadt Herkulaneum stiftete er die Basilika, Stadttore und Stadtmauer. Die Stadt ernannte ihn zum Ehrenbürger (patrōnus) und errichtete mindestens zehn Statuen für ihn.) **31. 32**

Nōricum Noricum (Siedlungsgebiet des keltischen Stammes der Noriker auf dem Gebiet des heutigen Österreich, Ostbayerns und Sloweniens. Noricum wurde 15 v. Chr. unter Kaiser Augustus Teil des röm. Reichs. Zunächst behielt es eine eingeschränkte Autonomie als tributpflichtiges Fürstentum; unter Kaiser Claudius (41-54 n. Chr.) wurde es endgültig röm. Provinz.) **47**

Numa Pompilius Numa Pompilius (zweiter König Roms, galt als besonders weise und fromm. Die Römer schrieben ihm viele ihrer religiösen Einrichtungen zu: Feste, Opfer und Riten, die Pontifices und Vestalinnen.)

Numitor, ōris *m* (König von Alba Longa, Sohn des Prokas, Vater der Rea Silvia. Numitor wurde von seinem jüngeren Bruder Amulius abgesetzt. Seine Enkel Romulus und Remus rächten dieses Verbrechen und gaben ihm die Herrschaft zurück.) **XI. 37-39**

Odyssēa die „Odyssee" (Epos des griech. Dichters Homer über die Irrfahrten des Odysseus) **35. 36**

Odysseus vgl. „Ulixes" **34. 35. 64**

Orpheus, eī *m* Orpheus (berühmter thrakischer Sänger; sein Gesang war so schön, dass selbst Tiere, Pflanzen und leblose Dinge von ihm gerührt wurden. Nachdem Orpheus' Frau Eurydike an einem Schlangenbiss gestorben war, stieg Orpheus in die Unterwelt hinab, um durch seinen Gesang und das Spiel seiner Lyra die Unterweltsgötter zu bewegen, ihm seine Geliebte zurückzugeben. Seine Kunst war so groß, dass ihm seine Bitte gewährt wurde – jedoch unter der Bedingung, dass er sich während des Aufstiegs in die Oberwelt nicht nach Eurydike umschauen dürfe. Da er die Schritte der Eurydike nicht hörte, sah er sich um – und sie verschwand für immer in der Unterwelt.) **63. 64**

Ōstia Ostia (Hafenstadt Roms an der Tibermündung, seit dem 4. Jh. v. Chr. bestehende Hafenanlage, später auch Flottenstützpunkt. Mit der Anlage eines gut funktionierenden Hafens unter Kaiser Trajan erlebte die Stadt einen sprunghaften Aufschwung und entwickelte sich zu einer bevölkerungsreichen Großstadt. In Ostia landeten die für Rom bestimmten Lebensmittellieferungen, vor allem die Getreideschiffe aus Ägypten, Afrika, Sardinien und Sizilien.) **49. 53. 55-57**

(Publius) **Ovidius** (Nāsō) Ovid (röm. Dichter 43 v. Chr. – 18 n. Chr., seine freizügigen Dichtungen brachten ihn in Konflikt mit Kaiser Augustus' Programm einer moralischen Erneuerung; auf Lebenszeit nach Tomi am Schwarzen Meer verbannt. Werke u.a.: „Metamorphosen", „Ars amatoria", „Fasti", „Tristia", „Heroides". Neben Vergil und Horaz ist er der bedeutendste Dichter der augusteischen Zeit.) **62**

Palātium (mōns Palātīnus) der Palatin (einer der sieben Hügel Roms; ältester besiedelter Teil der Stadt. Viele prominente Römer hatten hier ihre Häuser. Kaiser Augustus errichtete hier seinen Wohnsitz, den man palātia nannte, davon leitet sich das deutsche Wort „Palast" her.) **38. XII. 45. 67. 74**

Pallās, antis *m* Pallas (Sohn des italischen Königs Euander. Er wurde von Turnus im Zweikampf getötet und von Äneas – dem Bundesgenossen des Euander – gerächt.) **36**

Eigennamenverzeichnis

Paris, idis *m* Paris (Sohn des trojanischen Königs Priamos; raubte die schöne Helena aus Sparta und löste damit den Trojanischen Krieg aus.) **34**

patriciī, ōrum *m Pl.* Patrizier (röm. Adelsfamilien; nach der Vertreibung der Könige Anfang des 5. Jh.s v. Chr. hatten sie die politische Macht inne.) **65. 66. XX**

Patroclus Patroklos (Freund und Kampfgefährte des Achilles im Trojanischen Krieg; von Hektor getötet.) **34**

Penātēs, ium *m Pl.* die Penaten (röm. Haus- und Schutzgötter)

Pēnelopa Penelope (Gattin des Odysseus) **64**

Phaeācēs, um *m Pl.* die Phäaken (mythisches Seefahrervolk auf der griech. Insel Scheria (Korfu). Homer berichtet, dass Odysseus auf der letzten Station seiner Irrfahrten zur Insel der Phäaken kam. Mit Hilfe der gastfreundlichen Phäaken gelang es Odysseus schließlich, in seine Heimat Ithaka zurückzukehren.) **64**

Phoenīces, um *m Pl.* die Phönizier (Seefahrervolk, das in Phönizien, einer historische Landschaft an der heutigen syrisch-libanesischen Mittelmeerküste beheimatet war. Die Stadtstaaten der Phönizier (z.B. Tyros und Sidon) waren bedeutende Handelszentren, die Kontakte im gesamten Mittelmeerraum pflegten und zahlreiche Handelskolonien gründeten. Die berühmteste dieser Kolonien war Karthago. Die Phönizier schufen im 11. Jh. v. Chr. die Urform des europäischen Alphabets.) **58**

(Titus Maccius) Plautus Plautus (röm. Komödiendichter, um 254 – um 184 v. Chr. Seine Komödien sind von griech. Vorbildern beeinflusst. Die Motive und Charaktere wurden jedoch der röm. Erfahrungswelt und Lebenswirklichkeit angepasst. Lieder und Flötenspiel ergänzten die gesprochenen Dialoge. Bedeutende Dichter wie Shakespeare, Kleist, Molière oder Lessing ließen sich von den Werken des Plautus inspirieren.) **46. 47**

plēbēī, ōrum *m Pl.* Plebejer (größter Teil der röm. Bevölkerung; zunächst ohne politischen Einfluss, im Laufe der Ständekämpfe im 5./4. Jh. v. Chr. setzten sie immer mehr Rechte durch.) **65. XX**

(Gāius) Plīnius (Caecilius Secundus) Māior Plinius der Ältere (röm. Schriftsteller, Gelehrter und Feldherr, um 23 – 79 n. Chr. Sein naturwissenschaftliches Werk „Naturalis historia" (Naturgeschichte) ist eine Zusammenfassung des naturkundlichen Wissens seiner Zeit in 37 Büchern. Plinius d. Ä. starb 79 n. Chr. beim Ausbruch des Vesuv. Sein Neffe, Plinius der Jüngere, überlieferte die Todesumstände seines Onkels in einem Brief an Tacitus.) **30. IX**

(Gāius) Plīnius (Caecilius Secundus) Minor Plinius der Jüngere (röm. Schriftsteller, 61 – ca. 113 n. Chr., er veröffentlichte eine große Sammlung literarischer Briefe, die ein meisterhaftes Bild der Kaiserzeit in allen Lebensbereichen vermitteln; die berühmtesten Briefe beschäftigen sich mit dem Vesuvausbruch des Jahres 79 n. Chr.) **30. IX**

Plūtō, ōnis *m* Pluto (griech. Hades; Gott der Unterwelt) **33. XVIII. 63. 64. XIX. 65. 73**

Poenī, ōrum *m Pl.* die Punier, Karthager **68-70**

Pompēiānī, ōrum *m Pl.* die Bewohner von Pompeji, die Pompejaner **21-26. 29-31**

Pompēī, ōrum *m Pl.* Pompeji (Stadt in Kampanien am Golf von Neapel; wurde 79 n. Chr. beim Ausbruch des nahegelegenen Vulkans Vesuv verschüttet. Erst in der Neuzeit wurde die Stadt – die durch die Lavamassen nahezu perfekt konserviert wurde – wiederentdeckt und ausgegraben. Im 1. Jh. n. Chr. war Pompeji eine blühende Hafen- und Marktstadt. Die Überreste der Stadt vermitteln einen Eindruck vom florierenden städtischen Leben: Tempel, Markthallen und Werkstätten, Theater, Thermen und Sportstätten, prachtvolle Villen und Vergnügungsviertel. Die riesige Zahl an Gegenständen, die bei den Ausgrabungen zutage gekommen sind (Schmuck, Haushaltsgeräte, Werkzeug, Statuen, Inschriften, Wandmalereien usw.), sind für die Kenntnis des Alltagslebens der Römer von unschätzbarer Bedeutung. Zur Zeit des Untergangs hatte Pompeji schätzungsweise 20.000 Einwohner. Ca. 2.000 Menschen sollen beim Vesuvausbruch umgekommen sein.) **7. 17. 19. 20. VI. 21. 22. VII. 24-30. IX. 31**

(Gnaeus) Pompēius (Magnus) Gnäus Pompejus Magnus (106-48 v. Chr., einflussreicher Politiker und Feldherr) **48**

Pompōniānus Pomponianus (ein Freund von Plinius d.Ä. Während des Vesuvausbruchs versuchte Plinius, ihn und dessen Familie auf dem Seeweg aus Stabiä zu evakuieren.) **30**

Poseidōn *m* (vgl. „Neptunus")

Priamus Priamos (König von Troja zur Zeit des Trojanischen Krieges, Vater des Paris) **34**

Procās, ae *m* Prokas (König von Alba Longa, Vater des Amulius und des Numitor) **XI. 37**

Promētheus, eī *m* Prometheus (Sohn des Titanen Japetos; erschuf die Menschen aus Lehm und Wasser und schenkte ihnen das – eigentlich den Göttern vorbehaltene – Feuer. Er wurde dafür auf Geheiß des Jupiter von Vulcanus an den Kaukasus geschmiedet.) **59-61. XVIII. 62**

Proserpina Proserpina (griech. Persephone. Tochter des Jupiter und der Ceres. Wird von Pluto in die Unterwelt entführt und zu seiner Gemahlin und Königin der Unterwelt gemacht. Zwei Drittel des Jahres darf sie zu ihrer Mutter und zur Oberwelt zurück.) **XVIII. XIX**

Pyrenaeī (montēs) *m Pl.* die Pyrenäen (Gebirgszug zwischen Spanien und Frankreich) **69**

Pyrrhus Pyrrhos (um 319/18 – 272 v. Chr.; König des griech. Stammes der Molosser, später auch König von Epirus und Makedonien. Er errang 280 und 279 v. Chr. im Pyrrhischen Krieg gegen Rom mehrere Siege, die jedoch mit hohen Verlusten verbunden waren (daher der Ausdruck „Pyrrhussieg"). Er erlitt 275 v. Chr. in der Schlacht bei Beneventum eine entscheidende Niederlage gegen die Römer.) **73**

Eigennamenverzeichnis

Pythia die Pythia (Titel der Apollopriesterin, die im Tempel von Delphi den Ratsuchenden weissagte (Orakel von Delphi). Das Amt ist nicht als das einer Prophetin anzusehen, da die – oft zweideutigen – Orakelsprüche noch gedeutet werden mussten. Die Pythia saß auf einem Dreifuß, der über einer Erdspalte stand. Aus dieser quoll Gas, das sie in einen Rauschzustand versetzte. Man glaubte, dass in diesem entrückten Zustand der Gott Apollon aus ihr sprach.) 72

Quirīnālis (collis) *m* der Quirinal (einer der sieben Hügel Roms. Der Sage nach befand sich auf dem Quirinal das Grab des Romulus. König Titus Tatius und die Sabiner sollen nach dem Frieden zwischen Römern und Sabinern auf dem Quirinal gesiedelt haben.) 45

Rēa Silvia Rea Silvia (die Tochter des Königs Numitor von Alba Longa. Ihr Onkel Amulius, der seinen Bruder Numitor vom Thron gestürzt hatte, machte Rea zur Vestapriesterin, um zu verhindern, dass sie Kinder bekäme, denn die Vestalinnen mussten unverheiratet und kinderlos bleiben. Der Kriegsgott Mars durchkreuzte aber diese Pläne und zeugte mit Rea die Zwillinge Romulus und Remus.) XI. 37. 39

Remus Remus (Zwillingsbruder des Romulus, von dem er erschlagen wurde) V. XI. 37–39. XII. 40. 51

Rōma Rom 7 ff.

Rōmānī, ōrum *m Pl.* die Römer 9 ff.

Rōmānus, a, um römisch; Römer(in) 15 ff.

Rōmulus Romulus (sagenhafter Gründer und erster König Roms im 8. Jh. v. Chr. Zwillingsbruder von Remus. Wurden als Kinder von ihrem Großonkel Amulius in einem Weidenkorb auf dem Tiber ausgesetzt, denn dieser ahnte, dass die Enkel seines Bruders Numitor ihm den Thron von Alba Longa streitig machen würden. Eine Wölfin säugte sie jedoch, bis der Hirte Faustulus sich ihrer annahm. Als die Zwillinge erwachsen waren, stürzten sie Amulius und setzten ihren Großvater wieder in die Herrschaft ein. Zum Dank gestattete Numitor ihnen, eine Stadt zu gründen. Romulus und Remus gerieten jedoch in Streit, wer der Bauherr und damit der Namensgeber der Stadt sein würde. Bei diesem Streit erschlug Romulus seinen Bruder. Gegründet wurde Rom der Sage nach am 21. April 753 v. Chr.) V. 35. XI. 37–39. XII. 40–42. XIII. 43. 51

Sabīnī, ōrum *m Pl.* die Sabiner (Bewohner des Berglandes nördlich von Rom; sie wurden – wegen des in Rom herrschenden Frauenmangels – auf Geheiß des Romulus ihrer Töchter beraubt. Die gefangenen Sabinerinnen ließen sich jedoch eine nach der anderen von den Römern zur Heirat bewegen. Als die Sabiner Rom angriffen, drängten sich die Frauen auf das Schlachtfeld und beschwichtigten die gegnerischen Parteien. Romulus und Titus Tatius, der König der Sabiner, verbrüderten sich daraufhin und verschmolzen ihren Staat unter einer Doppelherrschaft.) 41. 42. XIII. 45

Saguntum Sagunt (Stadt im Osten Spaniens. Die wirtschaftliche bedeutende Stadt war mit Rom gegen Karthago verbündet. 219 v. Chr. eroberte Hannibal die Stadt und löste damit den 2. Punischen Krieg aus.) 68. 69

saltus Teutoburgiēnsis *m* der Teutoburger Wald (vermeintlicher Schauplatz der Schlacht zwischen Varus und Arminius im Jahr 9 n. Chr., die der Cheruskerfürst für sich entschied. Der genaue Ort der Schlacht wurde bei Kalkriese in der Nähe von Osnabrück lokalisiert.)

Samarītānus Samariter (Die Samariter bzw. Samaritaner bilden eine Religionsgemeinschaft, die wie das Judentum aus dem Volk Israel hervorgegangen ist.) XXII

Sardinia Sardinien (nach Sizilien die zweitgrößte Insel im Mittelmeer. Infolge des 1. Punischen Krieges wurde die strategisch wichtige Insel 227 v. Chr. zur röm. Provinz.)

Sāturnus Saturn (röm. Gott der Fruchtbarkeit, besonders des Ackerbaus. In seinem Tempel auf dem Forum Romanum war das aerārium, in dem die Staatskasse, das Staatsarchiv und die Feldzeichen der röm. Legionen aufbewahrt wurden.) 12. IV

(Publius Cornēlius) **Scīpiō** (Āfricānus), Scīpiōnis *m* Scipio (röm. Politiker und Feldherr; im Jahr 206 v. Chr. hat er die Karthager aus Spanien vertrieben; Sieger über Hannibal 202 v. Chr. in der Schlacht bei Zama, erhielt daraufhin den ehrenden Beinamen Africanus.) 68

senātor, ōris *m* der Senator (Mitglied des röm. Senates) 19. 21. 31. 32. 52. 65. 66. XX. 70. 71. XXI. 72

senātus, ūs *m* der Senat (die wichtigste politische Institution der röm. Republik. Er bestimmte die Richtlinien der Politik, erließ Gesetze, kontrollierte die Beamten und verwaltete die Staatsfinanzen. Die Senatsversammlung wurde von rund 300 Senatoren gebildet. In der Spätzeit der Republik wurde die Mitgliederzahl auf bis zu 900 erweitert. Die Senatoren setzten sich ursprünglich zusammen aus den „senēs", also älteren und erfahrenen Männern, sowie den „patrēs", den Oberhäuptern des röm. Adels. Zeichen der Senatorenwürde waren ein breiter Purpurstreifen auf der Toga und ein goldener Siegelring. Die Senatssitzungen waren öffentlich und fanden zweimal im Monat in der Kurie statt. Senatsbeschlüsse wurden niedergeschrieben und im Saturntempel aufbewahrt. In der röm. Kaiserzeit existierte der Senat weiter, die meisten senatorischen Rechte jedoch gingen in die Hand des Kaisers über. Der Rang des Senators wurde nun zum Ehrentitel, der verdienten Personen aus dem ganzen Reich verliehen wurde.) 65. 67. 70

(Lūcius Annaeus) **Seneca,** ae *m* Seneca (röm. Schriftsteller, Politiker und Philosoph, 4 v. Chr. – 65 n. Chr.) VIII

Servius Tullius Servius Tullius (sechster König Roms; errichtete im 6. Jh. v. Chr. den ersten röm. Mauerring; wurde von seinem Nachfolger Tarquinius Superbus ermordet.)

Sicilia die Insel Sizilien (größte Insel des Mittelmeeres, an der „Stiefelspitze" Italiens gelegen, wurde 241 v. Chr. erste röm. Provinz.) 9. 11. XVIII. 68. 71

Eigennamenverzeichnis

Sīsyphus Sisyphos (Gründer und König von Korinth. Wegen seiner Freveltaten muss er im Tartarus auf ewig büßen.) **64. 65**

Stabiae, ārum *f Pl.* Stabiä (röm. Siedlung direkt am Fuße des Vesuvs; beim Ausbruch des Vulkans im Jahre 79 n. Chr. wurde sie daher am stärksten zerstört.) **30. IX**

Stymphāliae avēs *f Pl.* die Stymphalischen Vögel (gefräßige Raubvögel mit eisernen Federn, die beim griech. Stymphalos-See ihr Unwesen trieben und Menschen anfielen. Diese Vögel zu erlegen war eine der zwölf Arbeiten des Herkules.) **32. 59**

Styx, Stygis *f* der Styx (einer der Unterweltsflüsse, bei dem die Götter den heiligsten Eid schwuren) **33**

Syrācūsae, ārum *f Pl.* Syrakus (bedeutendste Stadt auf der Insel Sizilien; wurde im 8. Jh. v. Chr. von griech. Kolonisten aus Korinth gegründet. Während des 2. Punischen Krieges wurde Syrakus 212 v. Chr. von den Römern nach dreijähriger Belagerung erobert.) **71**

Syria Syrien (seit 64 v. Chr. röm. Provinz mit der Hauptstadt Antiochia (heute Antakya)) **3. 9. III. 11**

Tālus Talos (athenischer Jüngling. Die griech. Sage berichtet, dass sein Onkel Dädalus so neidisch auf das künstlerische Talent des Talus war, dass er diesen vom Felsen der Akropolis stieß.) **60**

Tantalus Tantalus (Sohn des Jupiter, König von Lydien, Vater der Niobe und des Pelops. Als Sohn des Jupiter durfte er an den Gastmählern der Götter teilnehmen; durch einen schrecklichen Frevel verspielte er dieses Privileg und musste ewige Strafen im Tartarus verbüßen.) **62**

Tarpēia Tarpeia (Tochter des röm. Feldherrn Spurius Tarpeius. Sie nahm eine Bestechung von dem feindlichen Sabinerkönig Titus Tatius an und ließ dessen Soldaten in die röm. Burg ein. Der Verrat und ihre Gier nach Gold wurden ihr zum Verhängnis.) **42. XIII. 45**

(Spurius) Tarpēius Spurius Tarpeius (Kommandant der röm. Burg unter der Herrschaft des Romulus. Vater der Tarpeia) **42**

Tarquinius Prīscus Tarquinius Priscus (fünfter König Roms; er soll den Circus Maximus erbaut und mit dem Bau des kapitolinischen Tempels begonnen haben. Tarquinius Priscus soll als Erster öffentliche Spiele veranstaltet haben. Auch die Einführung des Triumphes in Rom wird ihm zugeschrieben.) **45**

Tarquinius Superbus Tarquinius Superbus (siebter und letzter König Roms, wurde wegen seiner Grausamkeit 509 v. Chr. gestürzt. Dieses Datum gilt als Gründungsjahr der röm. Republik.) **43. 44. XIV. 65**

(Sextus) Tarquinius Sextus Tarquinius (Sohn des Tarquinius Superbus; vergewaltigte Lukretia, eine Frau aus angesehener Familie, und löste damit die Vertreibung der Tarquinier als Herrscher von Rom aus.)

Tartarus Tartarus (die Hölle; der Teil der Unterwelt, in dem Verbrecher und Übeltäter nach dem Tod ihre Strafen verbüßen mussten.) **24. 33. 63. 64. XIX**

(Titus) Tatius Titus Tatius (König der Sabiner; führte sein Volk gegen Rom, um den Raub der sabinischen Frauen zu rächen.) **42**

(Publius) Terentius (Āfer) Terenz (röm. Komödiendichter, 185-159 v. Chr.; seine Komödien gehen zumeist auf Vorlagen des Menander zurück und spielen im griech. Bereich.) **47**

Teutonī, ōrum *m Pl.* die Teutonen (nordgermanischer Volksstamm; fielen um 115 v. Chr in Gallien und Italien ein; wurden 102 v. Chr. von den Römern unter der Führung des Konsuls Gajus Marius in Südgallien vernichtend geschlagen.)

Thēbae, ārum *f Pl.* Theben (Hauptstadt der Landschaft Böotien in Griechenland. Ihr Gründer und erster König war Kadmos.) **62**

Theodōsius Theodosius I. (Kaiser des oströmischen Reiches in Konstantinopel, 379-395 n. Chr. Er erließ Gesetze gegen alle heidnischen (d.h. nichtchristlichen) Kulte und machte das Christentum 380 n. Chr. zur Staatsreligion.)

Thēseus, eī *m* Theseus (athenischer Held. Er wuchs bei seiner Mutter Aithra in Troizen auf. Als er erfuhr, dass Aigeus, der König von Athen, sein Vater sei, machte er sich dorthin auf. Auf Kreta tötete er mit Hilfe der Ariadne den Minotaurus.) **61**

Tiberis, is *m* (Akk. Tiberim) der Tiber (Fluss durch Rom; Hauptfluss in Mittelitalien, natürliche Grenze zwischen Etrurien und Latium) **XI. 37. 39. 47. 53. 55**

Tītān, Tītānis *m* Titan (Die Titanen waren ein griech. Göttergeschlecht, die Söhne des Uranos (Himmel) und der Gaia (Himmel); sie kämpften mit Zeus um die Herrschaft, wurden von diesem nach zehnjährigem Kampf („Titanomachie") besiegt und in den Tartaros geworfen.)

Titus (Flāvius Sabīnus Vespasiānus) Titus (röm. Kaiser von 79-81 n. Chr., Sohn des Kaisers Vespasian; eroberte 70 n. Chr. Jerusalem und wurde dafür mit dem noch heute erhaltenen „Titusbogen" in Rom geehrt. Den Betroffenen des Vesuvausbruches gewährte er großzügig Hilfe. Unter die Bautätigkeit des Titus fällt die Weiterführung und Einweihung des von Vespasian begonnenen Kolosseums.) **21. 23**

tribūnus plēbis *m* Volkstribun (Zur Zeit der Ständekampfe geschaffenes Amt, das nur Plebejern zugänglich war. Das Volkstribunat diente zum Schutz der Plebejer vor der Willkür der Patrizier: Ein Veto eines Volkstribunen setzte jegliche Maßnahme eines Beamten oder des Senats außer Kraft. Zum Schutz seiner Tätigkeit galt er persönlich als unantastbar (sacrosanctus). Er konnte Volksversammlungen einberufen und Abstimmungen durchführen.) **XX**

Trōia Troja (Stadt im Nordwesten Kleinasiens (heutige Türkei); wurde im Trojanischen Krieg von den Griechen erobert.) **34. 35. 75**

Trōiānī, ōrum *m Pl.* die Trojaner, Einwohner von Troja **34. 36. 37**

Trōiānus trojanisch, Trojaner

Eigennamenverzeichnis

Tullus Hostīlius Tullus Hostilius (dritter König Roms, verachtete die friedliche und fromme Art seines Vorgängers Numa Pompilius. Er eroberte und zerstörte Alba Longa und bekämpfte erfolgreich die mächtigen Sabiner.)

Turnus Turnus (Fürst und Anführer der Rutuler, eines Volksstammes in Latium. Turnus wollte Lavinia, die Tochter des Königs Latinus, zur Frau nehmen. Aber Latinus bot – veranlasst von einem Orakelspruch – seine Tochter dem Äneas an. Als es zum Krieg zwischen Latium und den Trojanern kam, tötet Turnus im Zweikampf den jugendlichen Pallas, einen Freund und Verbündeten des Äneas. Turnus fällt schließlich im Zweikampf mit Äneas.) 36. XI. 37

Tūscī, ōrum vgl. „Etrusci"

Ulixēs, is *m* Ulixes (lat. Name des Odysseus; König der griech. Insel Ithaka, konnte im Trojanischen Krieg die Trojaner mit dem hölzernen Pferd überlisten, zog sich damit den Zorn des Neptun zu und musste auf seinem zehn Jahre dauernden Heimweg viele Gefahren überstehen.) 34. 35

Veiī, ōrum *m Pl.* Veji (etruskische Stadt, etwa 18 km nordwestlich von Rom; gehörte zum etruskischen Zwölfstädtebund. Schon im 8. / 7. Jh. v. Chr. kam es zu kriegerischen Auseinandersetzungen zwischen Veji und Rom. 396 v. Chr. wurde Veji von Rom erobert.) 67

Venus, Veneris *f* Venus (griech. Aphrodite; Göttin der Liebe und der Schönheit) 24. 73

(Publius) **Vergilius** (Marō) Vergil (röm. Dichter zur Zeit des Augustus, 70–19 v. Chr.; Verfasser des röm. Nationalepos „Aeneis") 36

(Titus Flāvius) **Vespasiānus** Vespasian (röm. Kaiser von 69–79 n. Chr., Vater der Kaiser Titus und Domitian; bekannt für seinen bescheidenen Lebenswandel und seine sparsame, effiziente Verwaltung. Er ließ u.a. das Kolosseum errichten (unter Titus fertiggestellt).) 23

Vesta Vesta (die Göttin des heiligen Herd- und Opferfeuers, Hüterin über Heim und Herd. Der Tempel der Vesta stand auf dem Forum Romanum.) IV. V

Vestālis, is *f* (virgō Vestālis bzw. sacerdōs Vestālis) Vestalin (Priesterin der Göttin Vesta. Das Kollegium der Vestalinnen bestand aus sechs Priesterinnen, die im Alter von 6-10 Jahren für eine 30-jährige Dienstzeit berufen wurden. Ihre Hauptaufgabe war das Hüten des heiligen Herdfeuers im Tempel der Vesta, das niemals erlöschen durfte; denn dies galt als das schlimmste Vorzeichen für den Staat. Die Vestalinnen waren zu absoluter Keuschheit verpflichtet. Verstieß eine Vestalin gegen diese Vorschrift, wurde sie lebendig begraben.) XI. 37

Vesuvius der Vesuv (Vulkan in Kampanien, der bei einem Ausbruch am 24. August 79 n. Chr. die Städte Pompeji, Herkulaneum und Stabiä verschüttete) 17-19. 26-30. IX. 31

Veturia Veturia (die Mutter des Coriolan) 66. 68

via Appia Via Appia (Straße, die von Rom aus in südlicher Richtung durch ganz Italien bis nach Brundisium führte, Baubeginn 312 v. Chr.) 7

Vīminālis (collis) *m* der Viminal (einer der sieben Hügel Roms) 45

Volscī, ōrum *m Pl.* die Volsker (italischer Volksstamm; seit dem 6. Jh. v. Chr. führten sie immer wieder Krieg gegen Rom. Den Römern gelang es um 330 v. Chr., die Volsker zu unterwerfen. Sie gestanden den Volskern den Status von Bundesgenossen zu und gaben ihnen das latinische Bürgerrecht.) 66

Volumnia Volumnia (die Gattin des Coriolan) 66. 67

Vulcānus Vulkan (griech. Hephaistos; Gott der Feuerflamme und der Schmiedekunst. Seine Schmiede lag unter dem sizilischen Vulkan Ätna. Schmiedete die Blitze des Jupiter.) 11

Zeus *m* (vgl. „Iuppiter")

Zeittafel

um 900	Erste Hirtensiedlungen auf dem Palatin
8. Jh.	Entstehung der homerischen Epen „Ilias" und „Odyssee"
753	sagenhaftes **Gründungsdatum der Stadt Rom**
um 750	**Beginn der Griechischen Kolonisation:** Einwanderung der Griechen nach Unteritalien und Sizilien
um 550	**Herrschaft etruskischer Könige in Rom;** Errichtung des **Circus Maximus** und der ersten römischen Stadtmauer
510/509	Vertreibung des Tarquinius Superbus: Ende der etruskischen Königsherrschaft und **Beginn der römischen Republik**
507	Einweihung des Tempels des Iuppiter Capitolinus
450	**Zwölftafelgesetz:** Erste schriftliche Fixierung des römischen Rechts
387	Schlacht an der Allia und Plünderung Roms durch die Gallier unter Brennus
367	Zulassung der Plebejer zum Konsulat
seit 312	Bau der Via Appia
269	Erste römische Münzprägungen
um 264	Nach zahlreichen Kriegen gegen die umliegenden Völker ist die **römische Herrschaft in Mittel- und Süditalien** gefestigt.
264–241	**1. Punischer Krieg** gegen Karthago
242	Einrichtung der ersten römischen Provinz (Sicilia)
227	Einrichtung der Provinzen Sardinia et Corsica
218–201	**2. Punischer Krieg**
219/218	**Hannibal** zieht durch Spanien bis nach Italien: **Alpenübergang**
216	Schlacht bei Cannae: Verheerende Niederlage der Römer gegen die Karthager
202	Schlacht bei Zama: Sieg der Römer über Hannibal
197	Spanien wird römische Provinz (Hispania).
149–146	**3. Punischer Krieg**
148	Einrichtung der Provinz Macedonia
146	**Zerstörung Karthagos:** Africa wird römische Provinz. Griechenland wird zur römischen Provinz Achaia.
	Herrschaft der Römer über den Mittelmeerraum
129	Einrichtung der Provinz Asia
91–88	Bundesgenossenkrieg: Forderung der italischen Bundesgenossen nach dem römischen Bürgerrecht
59	**Konsulat Cäsars**
58–51	**Eroberung Galliens** durch Cäsar
51	Einrichtung der Provinz Gallia
49–46	**Bürgerkrieg:** Cäsar gegen Pompejus
46–44	Diktatur Cäsars
45	Einführung des julianischen Kalenders
15.3.44	**Ermordung Cäsars**
42	**Schlacht bei Philippi:** Niederlage der Cäsarmörder
31	**Seeschlacht bei Aktium:** Sieg Oktavians über Markus Antonius und Kleopatra
30	Selbstmord des Antonius und der Kleopatra; Ägypten wird römische Provinz.
27	Der Senat verleiht Oktavian den Ehrentitel **Augustus: Beginn des Prinzipats**
um 25	Livius beginnt mit der Herausgabe seines Geschichtswerks „Ab urbe condita"
19	Veröffentlichung der „Aeneis" Vergils

Zeittafel

9 n. Chr.	**„Schlacht im Teutoburger Wald":** Sieg des Cheruskerfürsten Arminius über die Legionen des römischen Feldherrn Varus (Kalkriese bei Osnabrück)
14	Tod des Augustus
14–68	**Julisch-Claudisches Herrscherhaus**
um 30	Kreuzigung Jesu
14–37	**Kaiser Tiberius**
37–41	**Kaiser Caligula**
41–54	**Kaiser Claudius**
43	Britannien wird römische Provinz.
54–68	**Kaiser Nero**
um 55	Missionsreisen des Apostels Paulus (u.a. nach Ephesos)
64	**Brand Roms:** erste Christenverfolgungen
66–70	Aufstand der Juden gegen die römische Besatzung
68–69	Vierkaiserjahr (Galba, Otho, Vitellius, Vespasian)
69–96	**Flavisches Herrscherhaus**
69–79	**Kaiser Vespasian**
70	**Eroberung Jersualems** durch Titus
79–81	**Kaiser Titus**
79	**Vesuv-Ausbruch:** Zerstörung von Pompeji und Herkulaneum
80	Bau des **Kolosseums** beendet
81–96	**Kaiser Domitian**
84	Baubeginn des **Limes** in Germanien
90	Einrichtung der Provinzen Germania superior und inferior
96–192	**Adoptivkaiser**
96–98	**Kaiser Nerva**
98–117	**Kaiser Trajan**
106–115	**Größte Ausdehnung des römischen Reiches** (Schaffung der Provinzen Arabia, Dacia, Armenia, Mesopotamia und Assyria)
117–138	**Kaiser Hadrian**
122	Errichtung des Hadrianswalls in Nordengland
138–161	**Kaiser Antoninus Pius**
161–180	**Kaiser Mark Aurel**
180–192	**Kaiser Commodus**
193–235	**Severisches Kaiserhaus**
235–305	**Soldatenkaiser**
um 250	Christenverfolgung unter den Kaisern Decius und Valerian
284–305	**Kaiser Diokletian**
303–311	Christenverfolgung unter Diokletian
306–337	**Kaiser Konstantin der Große**
313	Toleranzedikt von Mailand: Religionsfreiheit für die Christen
330	**Konstantinopel wird Hauptstadt des römischen Reiches.**
um 375	Die Hunnen erobern im Norden große Teile des römischen Reiches. Beginn der **Völkerwanderung**
379–395	**Kaiser Theodosius der Große**
380	Das **Christentum wird Staatsreligion.**
390	Hieronymus beginnt mit der Übertragung der Bibel ins Lateinische („**Vulgata**").
391	Verbot heidnischer Kulte
395	**Reichsteilung** nach dem Tod des Theodosius (Entstehung eines west- und eines oströmischen Reiches)
410	Rom wird von den Westgoten (Alarich) eingenommen.
455	Plünderung Roms durch die Vandalen
476	Absetzung des letzten weströmischen Kaisers durch den Germanen Odoaker: **Ende des weströmischen Reiches**
527–565	**Kaiser Justinian** (Sein Versuch, die Reichseinheit wiederherzustellen, scheitert.)
seit 7. Jh.	Ausbreitung des Islam: Die Provinzen der östlichen Reichshälfte fallen an die Araber.
800	Kaiserkrönung Karls des Großen
1453	**Ende des oströmischen Reiches** (Einnahme Konstantinopels durch die Osmanen)

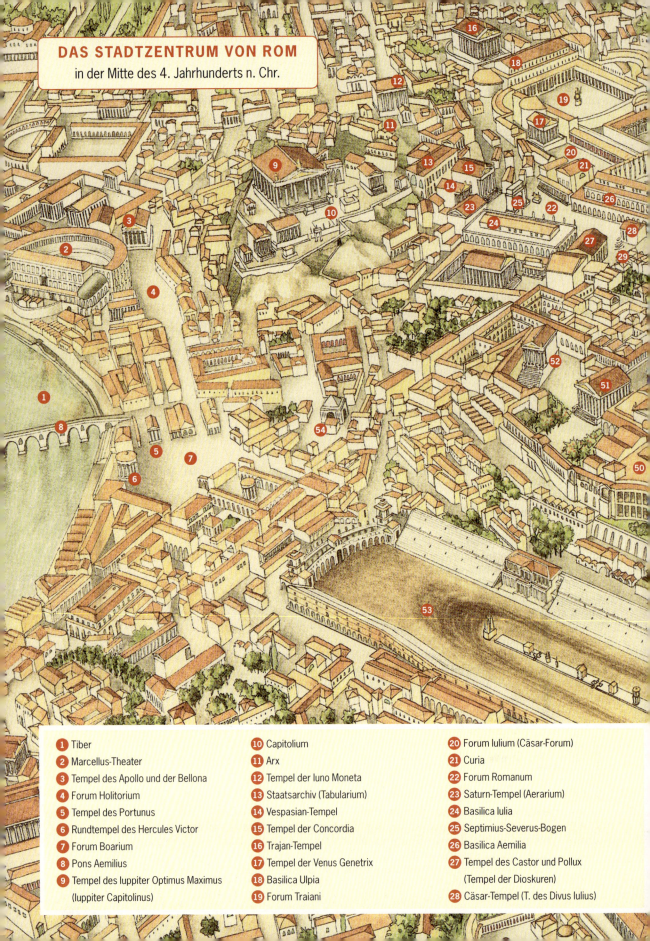

- 29 Tempel der Vesta
- 30 Haus der Vestalinnen (Atrium Vestae)
- 31 Forum Nervae (F. Transitorium)
- 32 Forum Augusti
- 33 Tempel des Mars Ultor
- 34 Tempel des Antoninus Pius und der Faustina
- 35 Forum Vespasiani (Forum Pacis)
- 36 Tempel des Romulus (bzw. Tempel des Iuppiter Stator)
- 37 Maxentius-Basilica (Konstantins-Basilika)
- 38 Tempel der Pax
- 39 Titus-Bogen
- 40 Tempel der Venus und der Roma
- 41 Kolossalstatue Neros
- 42 Colosseum (Amphitheatrum Flavium)
- 43 Titus-Thermen
- 44 Trajans-Thermen
- 45 Claudius-Tempel
- 46 Konstantins-Bogen
- 47 Aquädukt (Aqua Claudia)
- 48 Hippodrom des Domitian
- 49 Kaiserpaläste (Domus Augustana, D. Tiberiana, D. Flavia)
- 50 Palatin
- 51 Tempel des Apollon
- 52 Tempel der Kybele (Magna Mater)
- 53 Circus Maximus
- 54 Ianus-Bogen

Abkürzungen

Abl.	Ablativ
Acl	Akkusativ mit Infinitiv
Adj.	Adjektiv
Adv.	Adverb
Akk.	Akkusativ
Dat.	Dativ
Dekl.	Deklination
dir.	direkt
dopp.	doppelt(er)
dt.	deutsch
e.	englisch
f	feminin
f.	französisch
Fut.	Futur
Fw.	Fremdwort
Gen.	Genitiv
griech.	griechisch
i.	italienisch
Imp.	Imperativ
Impf.	Imperfekt
indekl.	indeklinabel
Ind.	Indikativ
Inf.	Infinitiv
jd.	jemand
jdm.	jemandem
jdn.	jemanden
intrans.	intransitiv
Jh.	Jahrhundert
Konjug.	Konjugation
Konj.	Konjunktiv
kons.	konsonantisch
lat.	lateinisch
m	maskulin
m.	mit
n	neutrum
Nom.	Nominativ
örtl.	örtlich
p.	portugiesisch
Perf.	Perfekt
Pers.	Person
Pl.	Plural
Plusqpf.	Plusquamperfekt
Präd. nom.	Prädikatsnomen
Präp.	Präposition
Präs.	Präsens
Pron.	Pronomen
r.	rumänisch
röm.	römisch
s.	spanisch
Sg.	Singular
Subj.	Subjunktion
Subst.	Substantiv
trans.	transitiv
vgl.	vergleiche
Vok.	Vokativ
wörtl.	wörtlich
zeitl.	zeitlich

Bildnachweis

akg-images 30 (1). 48. 57. 66. 70 | akg-images / Bildarchiv Steffens 21. 31 (4) | akg-images / Electa 76 | akg-images / Erich Lessing 12 (1). 27. 31 (5). 50 (3). 51 (5). 58 (3). 58 (4). 61. 67. 69. 90. 95 | akg-images / Hervé Champollion 72 (1) | akg-images / Nimatallah 19. 58 (1). 68 | akg-images / Peter Connolly 12 (2). 15. 28. 59 (6) | akg-images / Rabatti – Domingie 13 (1). 33 | akg-images / SMPK 92 (3) | akg-images / Werner Forman 79. 93 (6) | Archiv Dr. Klaus Mühl, Spardorf 53. 100 | Bibliothèque Nationale, Paris 96 | Bildarchiv Preußischer Kulturbesitz 93 (4) | British Museum, London 72 (2). 75 | dpa picture-alliance / akg-images 65 | dpa picture-alliance / akg-images / Peter Connolly 73 (4) | dpa picture-alliance / epa Gouliamaki 51 (4) | dpa picture-alliance / Ralf Braun 92 (2) | dpa picture-alliance / Report / Matthias Hiekel 120 | Fotolia / Oliver Hirte 38 | interfoto / La Collection / Gilles Mermet 87 | interfoto / Prof. Mag. Michael Floiger / C.C. Buchner 73 (5) | Kunsthistorisches Museum, Wien 56 | Luciano Pedicini, Archivio dell'Arte, Neapel 86 | Ludwig-Roselius-Sammlung der Böttcherstraße, Bremen 102 | mauritius images / imagebroker / Christian Handl 45 | mauritius images / imagebroker / Helmut Meyer zur Capellen 50 (2) | mauritius images / imagebroker / Stella 59 (7) | mauritius images / John Warburton-Lee 6 | mauritius images / Pixtal 88 | mauritius images / Radius images 51 (7) | Ny Carlsberg Glyptothek, Kopenhagen / Archiv Dr. Klaus Mühl, Spardorf 37 | Scala, Florenz 16. 30 (2). 30 (3). 31 (6). 35. 39. 47. 51 (6). 92 (1). 93 (5). 93 (7) | Scala, Florenz / Luciano Romano 97 | The Bridgeman Art Library 25. 50 (1). 59 (5). 101 | The Bridgeman Art Library / Agnew's, London 83 | The Bridgeman Art Library / Alinari 62 | The Bridgeman Art Library / Ancient Art and Architecture Collection Ltd. 99 | The Bridgeman Art Library / Giraudon 43. 73 (6) | The Bridgeman Art Library / Julian Hartnoll 71 | The Bridgeman Art Library / Look and Learn 85 | The Bridgeman Art Library / Manchester Art Gallery 13 (4) | ullstein bild / Frischmuth 58 (2) | ullstein bild / The Granger Collection 89 | Wien, Parlament 80 | Verlagsarchiv.

Einband Vorderseite: Die **Chimäre von Arezzo**: ein Fabelwesen aus Löwe, Ziege und Schlange. Etruskische Bronze aus dem 5./4. Jh. v. Chr. Florenz, Museo Archeologico. akg-images / Rabatti – Domingie. | **Der Trajantempel in Pergamon (Türkei).** mauritius images / José Fuste Raga | **Getreidespeicher in Ostia (Italien).** ullstein bild / imagebroker | Der **Dianatempel in Evora (Portugal).** ullstein bild / KPA.

Einband Rückseite: Die **Celsus-Bibliothek in Ephesos (Türkei).** mauritius images / René Mattes | **Die Engelsburg in Rom (Italien).** mauritius images / imagebroker / Sabine Lubenow | Die **Maison Carrée in Nîmes (Frankreich).** mauritius images / age.